Diccionario de Informática e Internet

Computer and Internet Technology Definitions in Spanish

THOMSON
COURSE TECHNOLOGY

Australia • Canada • Mexico • Singapore • Spain • United Kingdom • United States

THOMSON

COURSE TECHNOLOGY

Diccionario de Informática e Internet: Computer and Internet Technology Definitions in Spanish is published by Course Technology.

Managing Editor:
Rachel Goldberg

Product Manager:
Karen Stevens

Editorial Assistant:
Shana Rosenthal

Marketing Manager:
Joy Stark

Developmental Editors:
Kim Crowley, Karen Stevens

Translator:
Armando S. Fernández

Senior Production Editor:
Elena Montillo

Composition:
GEX Publishing Services

Book Designer:
GEX Publishing Services

Cover Designer:
Nancy Goulet

Special thanks go to the following instructors for their assistance and insight: Susana Contreras de Finch, Community College of Southern Nevada; R. ChiChi Hoquee, Collin County Community College; Johanna James, Santa Rosa Junior College; Jacinto Juarez, Laredo Community College; Irma Reyes, Great Basin College; Lloyd Sandmann, Pima Community College; Julio Seijo, Seminole Community College; Georgina Tezer, Collin County Community College; Melinda White, Seminole Community College.

Printed in Canada

1 2 3 4 5 6 7 8 9 WC 08 07 06 05 04

For more information, contact Course Technology, 25 Thomson Place, Boston, Massachusetts, 02210.

Or find us on the World Wide Web at: www.course.com

ISBN 0-619-26788-7

.NET / *.NET*
Aplicaciones Web de Microsoft que permiten a los usuarios tener acceso al software creado para la plataforma punto NET desde cualquier tipo de dispositivo o computadora que pueda conectarse a Internet o a una red empresarial interna.

10-Gigabit Ethernet / Ethernet de 10 *Gigabits*
Norma de red de Ethernet que admite velocidades de transferencia de datos de hasta 10 Gbps.

28-bit encryption / cifrado de 128 bits
Nivel de cifrado ofrecido por algunos navegadores de Web para proporcionar una transmisión de datos más segura.

GL / *1GL*
Lenguajes de máquina que se utilizaban para programar las primeras computadoras. 1GL es la forma abreviada de *1st Generation Language* (Lenguaje de primera generación).

NF / *1NF*
Formulario de una base de datos en el cual ésta se normaliza a partir del 0NF eliminando los grupos que se repiten y colocándolos en una segunda tabla. INF es la forma abreviada de *1st Normal Form* (primer formulario normal).

.5G wireless system / sistema inalámbrico de 2.5G
Red inalámbrica que transfiere datos a una velocidad de 144 hasta 384 Kbps.

GL / *2GL*
Lenguajes ensambladores que siguieron a los lenguajes de máquina de primera generación. 2GL es la forma abreviada de *2nd Generation Language* (Lenguaje de segunda generación).

NF / *2NF*
Significa segundo formulario normal. Formulario de una base de datos en el cual ésta se normaliza a partir de 1NF eliminando las dependencias parciales.

-D reference / referencia 3-D
Hace referencia a la misma celda o rango de celdas en más de una hoja de cálculo en el mismo libro de trabajo.

GL / *3GL*
Lenguajes de programación, como FORTRAN, BASIC o COBOL, que asignaban nombre o nombres a una secuencia de instrucciones del programa, llamada procedimiento, que le dice a la computadora lo que debe hacer y cómo hacerlo. 3GL es la forma abreviada de *3rd Generation Language* (Lenguaje de tercera generación).

NF / *3NF*
Significa tercer formulario normal. Formulario de una base de datos en el cual ésta se normaliza a partir de 2NF eliminando las dependencias transitivas.

A

40-bit encryption / cifrado de 40 bits
Nivel de cifrado ofrecido por algunos navegadores de Web para proporcionar seguridad en la transmisión de datos.

4GL / *4GL*
Lenguajes de programación y de consulta, como SQL y RPG, que se parecen mucho más a los lenguajes humanos que los lenguajes de la tercera generación y permiten a los usuarios y programadores tener acceso a datos en una base de datos. 4GL es la forma abreviada de *4th Generation Language* (Lenguaje de cuarta generación).

5GL / *5GL*
Lenguaje de programación que proporciona una interfaz visual o gráfica para crear códigos fuente. 5GL es la forma abreviada de *5th Generation Language* (Lenguaje de quinta generación).

802.11
Familia de normas para LANs inalámbricas desarrolladas por IEEE.

A+ / A+
Certificación que somete a prueba los conocimientos de nivel de entrada de la instalación, configuración, mantenimiento y solución de problemas de computadoras, y las capacidades básicas de redes y el software.

abrupt cutover / corte abrupto
Estrategia de conversión para implementar un nuevo sistema de información, en la cual los usuarios dejan de usar el sistema antiguo y comienzan a usar el sistema nuevo en una fecha especificada.

absolute path / ruta de acceso absoluta
Ruta de acceso que proporciona la ubicación exacta de un archivo dentro de toda una estructura de carpetas de computadora, utilizando la sintaxis /carpeta1/ carpeta2/carpeta3/.../archivo, en la cual la carpeta1 es la carpeta principal en el árbol de carpetas de la computadora, seguida por la carpeta2, la carpeta3, etc.

absolute reference / referencia absoluta
Referencia de celda que apunta a una celda específica y no cambia cuando se copia; aparece con un signo dólar ($) delante de la designación de cada columna y fila.

AC adapter / adaptador de CA
Alimentación de energía eléctrica externa, utilizada por algunos dispositivos periféricos.

accelerated graphics port / puerto de gráficos acelerados
Bus diseñado para mejorar la velocidad de los gráficos y vídeos 3-D. También se le conoce como AGP.

accelerator key / tecla aceleradora
Tecla que se mantiene oprimida mientras se pulsa otra tecla para activar un comando de acceso directo (generalmente la tecla Alt en Windows o la tecla Ctrl en una Macintosh).

acceptable use policy / política de uso aceptable
Política de una escuela, empleador o proveedor de servicio de Internet (ISP) que especifica las condiciones bajo las cuales se pueden utilizar sus conexiones de Internet. También se le conoce como AUP.

acceptance test / prueba de aceptación
Prueba de un nuevo sistema de información durante la fase de implementación del ciclo de desarrollo del sistema.

Access / *Access*
Programa de base de datos creado por Microsoft que se utiliza para introducir, organizar, visualizar y recuperar información relacionada.

access control / control de acceso
Medida de seguridad que define quién puede tener acceso a una computadora y qué operaciones puede realizar mientras tenga acceso a la computadora.

access key / tecla de acceso
Tecla que se pulsa junto con una tecla aceleradora para activar un comando de acceso directo.

access point / punto de acceso
Dispositivo de hardware, con una o más antenas, que permite establecer comunicación entre redes alámbricas e inalámbricas, de manera que los clientes que utilicen sistemas inalámbricos puedan enviar y recibir datos.

access privileges / privilegios de acceso
Autorizaciones del DBMS que definen las operaciones que un usuario o grupo de usuarios específico puede realizar en la base de datos.

access provider / proveedor de acceso
Comercio que proporciona a las personas y compañías acceso a Internet, gratis o por una cuota.

access time / tiempo de acceso
Cantidad de tiempo que toma a un dispositivo de almacenamiento localizar un elemento en un medio de almacenamiento, o el tiempo requerido para entregar un artículo desde la memoria al procesador.

accessible information / información accesible
Información que está disponible cuando una persona que toma decisiones la necesita.

account name / nombre de la cuenta
Combinación exclusiva de caracteres, por ejemplo, letras del alfabeto o números, que identifican un usuario específico. También se le conoce como ID de usuario.

accounting software / software de contabilidad
Software que ayuda a las compañías a registrar e informar sus transacciones financieras.

accurate information / información exacta
Información que no tiene errores.

action button / botón de acción
Icono prediseñado para el cual se puede definir fácilmente un hipervínculo con otras diapositivas o documentos, así como varias otras operaciones.

active cell / celda activa
Celda seleccionada en la hoja de cálculo, señalada con un borde oscuro.

active chart / gráfico activo
Gráfico de un libro de trabajo de Microsoft Excel actualmente seleccionado, según indican los controladores de selección, que está listo para ser editado, modificado en tamaño, movido o formateado.

Active Directory / Directorio activo
Función de Windows que permite controlar la información sobre los usuarios y recursos de la red.

active program / programa activo
Programa actualmente en uso.

active-matrix display / visualización de matriz activa
Tipo de pantalla que se encuentra con frecuencia en monitores de pantalla plana y pantallas LCD.

ActiveX / *ActiveX*
Tecnologías orientadas a objetos que permiten que los componentes de una red se comuniquen entre sí.

ActiveX component / componente *ActiveX*
Tecnología de Microsoft para escribir pequeñas aplicaciones que realizan operaciones en páginas Web.

ActiveX control / control *ActiveX*
Pequeño programa que se ejecuta en una computadora cliente, cuando la misma está conectada a la Web.

actor / actor
Usuario u otra entidad, como por ejemplo, software de aplicación, que interacciona con un sistema informático.

ad blocker / bloqueador de anuncios
Programa que busca y elimina los softwares espías (*spyware*) en la computadora de un usuario. Algunos bloqueadores de anuncios también impiden al navegador abrir ventanas emergentes (*pop-up*) y mostrar anuncios.

Ada / *Ada*
Lenguaje de programación derivado de Pascal, desarrollado por el Departamento de Defensa de EE.UU., y al cual se le puso el nombre de Augusta Ada Lovelace Byron, quien se cree que fue la primera mujer programadora de computadoras.

adapter card / tarjeta adaptadora
Tarjeta de circuito que mejora las funciones de un componente de una unidad de sistema y/o proporciona las conexiones con los periféricos.

add-on / programa complementario (*add-on*)
Clasificación general de extensiones de navegador que incluye herramientas para mejorar la experiencia de navegación, por ejemplo, barras de herramientas que permiten tener acceso a un motor de búsqueda sin abrir el sitio Web, o programas que impiden la apertura de anuncios desplegables (*pop-up*) y de ventanas adicionales del navegador cuando se visita un sitio Web.

address / dirección
1. Número exclusivo que identifica la ubicación de un byte en la memoria. **2.** Ubicación en un chip de RAM donde se cruzan una columna y una fila.

Address bar / Barra de direcciones
Elemento de la ventana del navegador de Internet Explorer en el cual se puede introducir la URL de una página Web que se desee abrir.

address book / libreta de direcciones
Conjunto de direcciones de correo electrónico almacenadas por un programa de correo electrónico. Se puede usar la libreta de direcciones para mantener un registro de todas las personas y organizaciones con las cuales se mantiene correspondencia electrónica. Además de almacenar direcciones de correo electrónico, se puede buscar y almacenar direcciones particulares, números de teléfonos particulares, direcciones de empresas, números de teléfono de empresas e información personal, tales como aniversarios y cumpleaños.

address bus / bus de direcciones
Parte de un bus que transfiere información sobre dónde deben residir los datos en la memoria.

address harvester / recolector de direcciones
Programas que analizan los códigos HTML en busca de las direcciones de correo electrónico contenidas en los URLs *mailto*. También se les conoce como recolectores de direcciones de correo electrónico.

adjacent range / rango adyacente
Un solo bloque rectangular que incluye un grupo de celdas contiguas.

adjustment handle / controlador de ajuste
Controlador amarillo que aparece cuando se selecciona una *AutoShape* (autoforma) que se pueda arrastrar para modificar el tamaño de un elemento de la *AutoShape* sin modificar el tamaño general del objeto.

administrative address / dirección administrativa
En una lista de correo, la dirección de correo electrónico a la cual se envía comandos, por ejemplo, la dirección que se utiliza para suscribirse a una lista.

Adobe Certified Expert / Certificación de experto en Adobe
Certificación que avala la experiencia de un usuario en el software Adobe. También se le conoce como ACE.

A

ADSL / *ADSL*
Tipo de DSL que soporta velocidades de transferencia mayores al recibir datos (velocidad descendente) que al enviarlos (velocidad ascendente). ADSL es la forma abreviada de *Asymmetric Digital Subscription Line* (Línea de suscripción asimétrica digital).

advanced encryption standard / norma de cifrado avanzado
El sistema de cifrado de clave privada más popular. También se le conoce como AES.

Advanced File Search task pane / panel de tarea Búsqueda de archivo avanzado
Panel de tarea que se utiliza para buscar archivos en base a las propiedades de los mismos.

Advanced Filter/Sort / Filtrado avanzado / Ordenación avanzada
En Microsoft Access, formulario y herramienta de hoja de datos que le permite al usuario especificar más de un criterio de selección y especificar un orden de clasificación para los registros seleccionados en la ventana de Filtro, de la misma forma en que se especifican los criterios de selección de registros y las órdenes de clasificación para una consulta en vista de Diseño.

Advanced Research Projects Agency / Agencia de Proyectos de Investigación Avanzada
Agencia del Departamento de Defensa de Estados Unidos que patrocinó la investigación y desarrollo tempranos de las tecnologías y sistemas que más tarde se convirtieron en Internet. También se le conoce como ARPA.

advanced transfer cache / caché de transferencia avanzada
Caché L2 incorporado directamente en el chip del procesador.

adware / *adware*
Categoría de software que presenta anuncios, o tipo de software espía que recopila información sobre los hábitos de exploración en la Web, de un usuario.

after image / post-imagen
Copia de un registro de una base de datos que muestra el registro después que se ha hecho una modificación.

aggregate function / función agregada
Función que realiza una operación aritmética en registros seleccionados de una base de datos.

ALGOL / *ALGOL*
ALGOL es un lenguaje de programación. ALGOL es la forma abreviada de *ALGOrithmic Language* (Lenguaje algorítmico).

algorithm / algoritmo
Fórmula o serie de pasos para resolver un problema específico. Por ejemplo, se puede utilizar un algoritmo para comparar un lenguaje de programación con otro.

alignment in a document / alineación de un documento
Forma en que el texto de las líneas de un párrafo se alinean horizontalmente entre los márgenes.

all-in-one devices / dispositivos todo-en-uno
Dispositivo de salida que parece una máquina copiadora, pero proporciona la funcionalidad de una impresora, un escáner, una copiadora y quizás una máquina de fax.

allocation unit / unida de asignación
La unidad de espacio de disco más pequeña que almacena datos, que consta de dos a ocho sectores en una sola pista, en un disco duro.

alphabetic check / comprobación alfabética
Control de validez para asegurarse de que los usuarios introduzcan solamente datos alfabéticos en un campo.

alphanumeric / alfanumérico
Que consta de letras, números o caracteres especiales.

alternative text / texto alternativo
Frase corta que identifica o describe una foto en una página Web utilizando el atributo ALT de HTML. Cuando el usuario marca la foto y mientras el navegador está descargando la foto, aparece el texto alternativo. El texto alternativo también es utilizado por navegadores que no pueden mostrar fotos, así como en programas para usuarios con discapacidad visual, a fin de que puedan identificar la presencia de la foto y la función.

America Online / *America Online*
Principal proveedor de servicios en línea del mundo. También se le conoce como AOL.

American Standard Code for Information Interchange / Estándar Americano de Codificación para el Intercambio de Información
El esquema de codificación más ampliamente utilizado para representar datos. También se le conoce como ASCII.

Americans with Disabilities Act / Ley para los Estadounidenses con Discapacidades
Ley federal que exige que toda compañía que tenga 15 empleados o más, haga todos los esfuerzos posibles para satisfacer las necesidades de los trabajadores con discapacidades físicas. También se le conoce como ADA.

ampersand (&) / signo de unión (&)
Operador de concatenación que une expresiones.

analog / analógicos
Datos que son procesados en patrones de onda continua.

analog format / formato analógico
Formato en el cual graba una cámara de vídeo. Entre los formatos se incluyen los de 8 mm, Hi8, VHS, VHS-C y el Super VHS-C.

analog signal / señal analógica
Señal que consta de una onda eléctrica continua.

A

analog-to-digital converter / convertidor analógico - digital
Componente de computadora que convierte una señal analógica en datos digitales. También se le conoce como ADC.

analysis phase / fase de análisis
Segunda fase del ciclo de desarrollo de sistemas que consta de dos tareas: llevar a cabo una investigación preliminar y realizar un análisis detallado.

anchor / delimitador
Delimitador que marca un lugar específico dentro de un documento HTML, utilizando la etiqueta <a>.

AND logical operator / operador lógico *AND* (Y)
Operador lógico que se utiliza cuando se quieren obtener resultados que cumplan todas las condiciones seleccionadas.

animated GIF / *GIF* animado
Tipo de animación popular que utiliza animación por computadora y software de gráficos para combinar varias imágenes en un solo archivo GIF.

animation / animación
Apariencia de movimiento lograda mediante la visualización de una serie de imágenes fijas en secuencia.

annotation symbol / símbolo de anotación
Símbolo en un diagrama de flujo que explica o aclara la lógica del algoritmo de solución.

anonymous FTP / *FTP* anónimo
Opción de muchos sitios FTP mediante la cual cualquiera puede transferir, si no todos, algunos de los archivos disponibles.

anonymous FTP session / sesión *FTP* anónima
Proceso de descarga y carga de archivos entre su computadora y un sitio Web remoto, estando conectado al sistema utilizando "anónimo" como nombre de usuario.

anonymous login / conexión anónima
Conexión a una computadora remota de acceso público especificando "anónimo" como nombre de usuario y su dirección de correo electrónico como contraseña.

anti-spam program / programa *anti-spam*
Programa que trata de eliminar el *spam* antes de que llegue a la bandeja de entrada de un usuario.

antistatic wristband / pulsera antiestática
Pulsera que utiliza un usuario para evitar que la electricidad estática dañe los circuitos de la computadora mientras el usuario esté sustituyendo los componentes de la misma.

antivirus program / programa antivirus
Programa que protege a una computadora contra virus, identificando y eliminando cualquier virus que detecte en la memoria, los medios de almacenamiento o archivos entrantes.

Anytime Anywhere Learning program / programa de aprendizaje *Anytime Anywhere* (en cualquier momento, en cualquier lugar)
Asociación de Microsoft y los proveedores de hardware mediante la cual proporcionan a los maestros y estudiantes computadoras portátiles.

APL / *APL*
Lenguaje de programación que es un lenguaje científico diseñado para trabajar con tablas de números. APL es la forma abreviada de *A Programming Language* (Lenguaje de programación A).

applet / *applet* (subprograma)
Programa que, por lo general, se compila agregando efectos especiales de multimedia y capacidades interactivas a las páginas Web.

application / aplicación
Software que utiliza una computadora para llevar a cabo tareas; también se le conoce como programa.

application generator / generador de aplicaciones
Programa que crea código fuente o códigos de máquina a partir de especificaciones del usuario o del programador, utilizando herramientas controladas mediante menús e interfaces gráficas.

application layer / nivel de aplicación
Primer nivel del modelo de referencia de Interconexión de sistemas abiertos (OSI).

application service provider / proveedor de servicios de aplicación
Organización de un tercero que administra y distribuye softwares y servicios a través de la Web. También se le conoce como ASP.

application software / software de aplicación
Programa que realiza tareas específicas para los usuarios, actuando como herramienta empresarial.

appointment / cita
Actividad que el usuario apunta en sus programas de calendario, pero que no involucra a ninguna otra persona ni recursos.

archival backup / copia de seguridad de archivos
Función mediante la que se copian todos los archivos de una computadora.

archive / archivo
1. Conjunto de mensajes publicados en una lista de correos. 2. Copia de seguridad de un conjunto de archivos. 3. Función que le permite al usuario transferir, de forma manual, mensajes u otros elementos almacenados en una carpeta a un archivo de la carpeta personal, cuando dichos elementos hayan estado en dicha carpeta durante un tiempo especificado.

arguments / argumentos
Adiciones a un comando que cambian o refinan el comando de manera específica.

arithmetic logic unit / unidad lógica aritmética
Componente de un procesador que realiza operaciones aritméticas, de comparación y lógicas. También se le conoce como ALU.

arithmetic operations / operaciones aritméticas
Cálculos básicos tales como suma, resta, multiplicación y división.

arithmetic operator / operador aritmético
Símbolo, como por ejemplo, +, –, *, /, que se utiliza en una fórmula para realizar cálculos aritméticos.

ARPANET / *ARPANET*
Red extendida (WAN) creada en 1969 por la Agencia de Proyectos de Investigación Avanzada (ARPA), una agencia del Departamento de Defensa de EE.UU., que creció hasta convertirse en Internet.

arrangement / arreglo
Arreglo predefinido de cómo se visualizan los artículos en una vista.

array / matriz
Serie de columnas y filas, como por ejemplo, la serie de líneas de bits (columnas) y líneas de palabras (filas) en las que se graban las celdas de memoria en la oblea de silicio.

article / artículo
Mensaje publicado en un grupo de debate.

artificial intelligence / inteligencia artificial
Aplicación de inteligencia humana a las computadoras. También se le conoce como IA.

artificial neurons / neuronas artificiales
Sistema interconectado de cientos o miles de circuitos especialmente diseñados, interconectados mediante una red neural.

ascending order / orden ascendente
Ordenamiento de etiquetas en orden alfabético, de la A a la Z, y de números, del menor al mayor, o de forma cronológica.

ASCII / *ASCII*
Código de intercambio de información entre computadoras hechas por diferentes compañías; cada carácter es representado por una cadena de 7 dígitos binarios; se utiliza en la mayoría de las microcomputadoras.

ASCII file / archivo *ASCII*
Archivo que no tiene ningún formato.

ASCII mode / modo *ASCII*
Modo de transferencia de archivos en el cual todos los datos que se están transmitiendo consisten en texto no codificado.

ASCII text / texto *ASCII*
Texto que contiene solamente caracteres introducidos desde el teclado.

ASP / *ASP*
Organización de terceros que administra y distribuye softwares y servicios a través de la Web. ASP es la forma abreviada de *Application Service Provider* (Proveedor de servicios de aplicación).

assembler / ensamblador
Programa que se utiliza para convertir un programa fuente de lenguaje ensamblador a lenguaje de máquina.

assembly language / lenguaje ensamblador
Lenguaje de programación que proporciona instrucciones escritas, utilizando códigos de instrucciones de símbolos.

Association for Computing Machinery / Asociación de Maquinaria de Computación
Organización científica y educativa que se dedica a promocionar los conocimientos y el desarrollo de la tecnología informática. También se le conoce como ACM.

Association of Information Technology Professionals / Asociación de Profesionales de la Informática
Asociación profesional de programadores, analistas de sistemas y administradores de procesamiento de información. También se le conoce como AITP.

assurance provider / agencia certificadora
Tercero que certifica que un sitio Web cumple algunas condiciones para llevar a cabo operaciones comerciales de manera segura y confidencial. El sitio Web que recibe la certificación paga a la agencia certificadora una tarifa por este servicio.

Asymmetric Digital Subscriber Line / Línea de suscripción asimétrica digital
Tipo de conexión de banda ancha que ofrece velocidades de transmisión que oscilan entre 100 y 640 Kbps del usuario a la compañía telefónica, y de entre 4,5 y 9 Mbps desde la compañía telefónica al usuario. También se le conoce como ADSL.

asymmetric key encryption / cifrado de clave asimétrica
Técnica de cifrado que utiliza dos claves de cifrado: una clave pública y una clave privada.

asynchronous computers / computadoras asíncronas
Sistemas sin reloj, en desarrollo, que reducirían la generación de calor y disminuirían aún más el tamaño del hardware.

Asynchronous Transfer Mode / Modo de transferencia asíncrona
Servicio que transmite voz, datos, vídeo y multimedia a velocidades extremadamente altas. A menudo se le conoce como ATM.

ATM / *ATM*
Servicio que transmite voz, datos, vídeo y multimedia a velocidades extremadamente altas. ATM es la forma abreviada de *Asynchronous Transfer Mode* (Modo de transferencia asíncrona).

attached text / texto adjunto
Texto que se adjunta a otros elementos de un gráfico, como por ejemplo, el título del gráfico o los títulos de los ejes, y no está vinculado a ninguna celda en la hoja de cálculo.

attachment / adjunto
Archivo codificado de manera que pueda ser transmitido por Internet de manera segura, con un mensaje de correo electrónico.

A

attribute / atributo
1. En una base de datos, el nombre que utiliza el programador de una base de datos relacional para referirse a un campo. 2. Cada elemento de datos de un objeto.

audience handouts / circulares para el público
Formato para una presentación terminada que incluye imágenes de dos o más diapositivas en una página, y que se distribuye al público presente.

audio / audio
Música, conversación o cualquier otro sonido.

audio editing software / software de edición de audio
Software de aplicación que permite a un usuario modificar los clips de audio y producir bandas sonoras con calidad de estudio.

audio input / entrada de audio
Para la introducción de cualquier señal de sonido, como por ejemplo, conversación, música y efectos de sonido en una computadora.

audio output device / dispositivo de salida de audio
Dispositivo de salida que entrega música, conversación u otros sonidos, por ejemplo, "bip-bip".

audio resolution / resolución de audio
Número de bytes que se utilizan para reproducir un sonido en cualquier intervalo.

audit / auditoría
Función de Microsoft Excel que permite comprobar la exactitud de las fórmulas mediante una revisión de la estructura y del comportamiento de las fórmulas en la hoja de trabajo.

audit trail / registro cronológicos de las transacciones
Archivo en el que se registran tanto los intentos de acceso exitosos como los fallidos.

augmented linear structure / estructura lineal aumentada
Estructura lineal de sitio Web que, además de los vínculos que permiten a los usuarios moverse hacia adelante y hacia atrás por el sitio, contiene otros vínculos.

authentication / autenticación
Término general que se aplica al proceso de verificación de la identidad de una fuente o del remitente de un mensaje.

Authorware / *Authorware*
Software de multimedia, protegido por derecho de autor, que proporciona las herramientas necesarias para que los programadores preparen programas interactivos didácticos y de formación en multimedia.

Auto Fill / Llenado automático
Herramienta de Microsoft Excel que permite copiar el contenido de las celdas seleccionadas arrastrando el controlador de relleno sobre otra celda o rango de celdas adyacente, en vez de utilizar los comandos Copiar y Pegar.

AutoComplete / *AutoComplete* (autocompletado)
1. Función de Microsoft Excel que prevé el texto que al usuario está a punto de introducir, mostrando textos que comienzan con la misma letra de un texto introducido previamente. 2. Función de Microsoft Word que inserta automáticamente fechas y otros elementos que se utilizan con regularidad.

AutoCorrect / *AutoCorrect* (corrección automática)
Función de los programas de Microsoft Office que corrige automáticamente los errores comunes de mecanografía.

AutoFilter / *AutoFilter* (filtrado automático)
Herramienta de Microsoft Excel que permite filtrar u ordenar los datos con rapidez.

AutoForm Wizard / Asistente de *AutoForm*
En Microsoft Access, Asistente de Formulario que coloca automáticamente todos los campos de una tabla (o consulta) seleccionada en un formulario, y luego muestra el formulario en pantalla, lo que hace que ésta sea la forma más rápida de crear un formulario.

AutoFormat / *AutoFormat* (formateo automático)
1. En Microsoft Access, estilo predefinido que se puede aplicar a un formulario o informe. 2. En Microsoft Excel, galería de 17 formatos predefinidos que se pueden seleccionar y aplicar a las celdas de la hoja de cálculo.

automated clearinghouse / casa de compensación automatizada
Sistema creado por bancos o grupos de bancos para liquidar sus cuentas de forma electrónica entre sí. También se le conoce como ACH.

automated teller machine / cajero automático
Terminal especial, conectada a una computadora anfitriona a través de una red que funciona como una máquina de banco de autoservicio. También se le conoce como ATM.

automatic page break / salto de página automático
Salto de página insertado de forma automática por Microsoft Word cuando todas las líneas disponibles en una página están llenas de texto.

AutoReport Wizard / Asistente de *AutoReport* (Asistente de Informes automáticos)
En Microsoft Access, Asistente de Informe que coloca todos los campos de una tabla (o consulta) seleccionada en un informe de forma automática, y luego muestra el informe en pantalla, lo que hace que ésta sea la forma más rápida de crear un informe.

AutoShape / *AutoShape* (autoforma)
Muestra la lista de formas predefinidas, por ejemplo, cuadrados, círculos, objetos de organigramas y flechas de bloque, en la barra de herramientas de Dibujo. La barra de herramientas de Dibujo es una función disponible en las aplicaciones de Microsoft Office.

AutoShape toolbar

AutoSum / *AutoSum* (autosuma)
Botón de la barra de herramienta que inserta de forma automática la función SUM para realizar la suma de los valores de un rango.

availability / disponibilidad
Parámetro que indica la frecuencia con que el hardware está en línea.

avatar / *avatar*
Imagen gráfica que representa a un participante en un mundo virtual de interfaz gráfica de usuario (GUI).

AVERAGE function / función PROMEDIO
Función de Microsoft Excel que calcula el valor promedio de un conjunto de números.

AVI format / Formato *AVI*
Formato de archivo utilizado para archivos de vídeo y de audio en la Web, desarrollado por Microsoft. AVI es la forma abreviada de *Audio Video Interleaved* (Audio y vídeo intercalado).

B

back end / componente posterior
Aplicación que admite un programa de componente frontal.

back up / hacer una copia de seguridad; copia de seguridad
1. Copiar archivos seleccionados a otro disco o cinta, los cuales pueden utilizarse si el original se pierde, se daña o se destruye. 2. Duplicado de un archivo, programa o disco que puede utilizarse si el original se pierde, se daña o se destruye.

background / segundo plano
En referencia a programas de más de una tarea, funcionando, pero no activamente en uso.

background picture / imagen de fondo
Una imagen que aparece detrás del contenido de una página Web.

backpropagation / retropropagación
Proceso que se utiliza para entrenar redes neurales.

backup plan / plan de emergencia
Un plan que describe cómo una compañía utiliza los archivos y equipos de reserva para continuar procesando la información.

backup procedures / procedimientos de emergencia
Especificación de un plan para copiar y almacenar datos y archivos de programas importantes.

backup utility / utilitario de respaldo
Un programa utilitario que permite a los usuarios copiar, o hacer una copia de seguridad de archivos seleccionados o de un disco duro completo en otro disco o cinta.

backward compatible / compatible con versiones anteriores
Capaz de funcionar con dispositivos anteriores así como con dispositivos nuevos.

backward recovery / recuperación inversa
Técnica de recuperación de datos en la cual un DBMS utiliza un registro para deshacer los cambios que fueron hechos a una base de datos durante determinado tiempo.

balancing / equilibrio
Hacer columnas de igual longitud en un documento.

band printer / impresora de banda
Tipo de impresora de línea que imprime caracteres completamente formados cuando los martillos golpean una banda giratoria horizontal.

bandwidth / ancho de banda
La cantidad de datos, instrucciones e información que puede viajar a través de un canal de comunicaciones en un segundo.

banner ad / anuncio de publicidad
Anuncio que aparece en un cuadro en una página Web, por lo general en la parte superior, aunque algunas veces aparece en los costados o en la parte inferior de la página.

bar chart / gráfico de barras
Gráfico que muestra la relación de los datos mediante barras de diferentes alturas.

bar code / código de barras
Código de identificación compuesto por líneas verticales y espacios de diferentes anchos que representan a un fabricante y un artículo.

bar code

bar code reader / lector de código de barras
Lector óptico que utiliza rayos láser para leer los códigos de barra.

bar tab / barra de tabulaciones
Estilo de alineación de tabulación que inserta una barra vertical en el tope del tabulador y luego alinea el texto a la derecha del siguiente tabulador.

baseband / banda de base
Tipo de medio de transmisión que envía solamente una señal a la vez.

BASIC / BASIC
Lenguaje de programación simple, interactivo y socorrido, cuyo objetivo original era el de ser utilizado en un primer curso de programación para estudiantes porque es muy fácil de aprender y de utilizar. BASIC es la forma abreviada de *Beginner's All-purpose Symbolic Instruction Code* (Código de instrucciones simbólicas multipropósito para principiantes).

Basic File Search task pane / panel de tareas de Búsqueda básica de archivos
Panel de tareas en el cual el usuario puede buscar los archivos que contengan el texto que él especifique.

B

basic input/output system / sistema básico de entrada / salida
Software incorporado (*Firmware*) en chip o chips de ROM que contienen las instrucciones de arranque de una computadora. Comúnmente se le conoce como BIOS.

batch processing / procesamiento por lotes
Sistema en el cual una computadora recopila datos con el tiempo y procesa todas las transacciones más tarde, en forma de grupo.

bay / compartimiento
Abertura dentro de la unidad del sistema en la cual se pueden instalar equipos adicionales.

Beatnik / *Beatnik*
Extensión de navegador que reproduce archivos de sonido almacenados, en diferentes formatos, en Internet y en muchos dispositivos inalámbricos.

Because It's Time Network / Red Porque ya es hora (*BITNET*)
Red de computadoras de centros universitarios que posteriormente se convirtió en parte de Internet. También se le conoce como BITNET.

before image / pre-imagen
Copia de un registro de base de datos que muestra el registro antes de un cambio que se esté realizando.

Beginner's All-purpose Symbolic Instruction Code / Código de instrucciones simbólicas multipropósito para principiantes
Lenguaje de programación simple, interactivo y socorrido, cuyo objetivo original era el de ser utilizado en un primer curso de programación para estudiantes porque es muy fácil de aprender y de utilizar. También se le conoce como BASIC.

benchmark test / prueba comparativa
Parámetro del rendimiento del hardware o del software.

beta / beta
Programa que tiene la mayoría o todas sus características y funcionalidad implementadas.

beta testers / comprobadores beta
Usuarios que someten un software a prueba mientras se está desarrollando el mismo.

binary / binario
Representación de un número que consta de ceros y unos, utilizada prácticamente por todas las computadoras debido a su fácil implementación utilizando electrónica digital y operadores booleanos.

binary digit / dígito binario
La unidad de datos más pequeña que una computadora puede procesar. También se le conoce como un bit.

binary file / archivo binario
Archivo que puede contener texto, imágenes, películas, archivos de sonido y gráficos.

binary mode / modo binario
Modo de transferencia de archivos para los archivos que contienen gráficos, documentos tratados con un procesador de texto, hojas de cálculo y otros archivos formateados.

binary system / sistema binario
Sistema numérico utilizado por las computadoras que tiene solamente dos dígitos únicos, 0 y 1, llamados bits.

biometric device / dispositivo biométrico
Dispositivo de control de acceso que autentica la identidad de una persona convirtiendo una característica personal, tal como una huella digital, en un código digital que se compara con un código digital almacenado en una computadora.

biometric identifier / identificador biométrico
Característica física o de comportamiento que analiza un dispositivo biométrico, a fin de autenticar la identidad de una persona.

biometrics / biometría
Tecnología de autenticación de la identidad de una persona mediante la verificación de una característica personal.

BIOS / *BIOS*
Software incorporado (*Firmware*) en chip o chips de ROM que contiene las instrucciones de arranque de una computadora.

bit / *bit*
La unidad de datos más pequeña que una computadora puede procesar. Bit es la forma abreviada de *Binary digit* (dígito binario).

bit depth / profundidad de *bit*
El número de bits que utiliza una tarjeta de vídeo para almacenar información sobre cada píxel.

bitmap / mapa de *bits*
Tipo de archivo que almacena una imagen como colección de puntos minúsculos, los cuales, cuando se visualizan en un monitor de computadora o se imprimen en una página, conforman una imagen.

bitmap image / imagen de mapa de *bits*
Cuadricula (o "mapa") de puntos de color que conforman una imagen.

BITNET / *BITNET*
Red de computadoras de centros universitarios que posteriormente se convirtió en parte de Internet. BITNET es la forma abreviada de *Because It is Time Network* (Red porque ya es hora).

bits per second / *bits* por segundo (bps)
Incremento básico mediante el cual se mide el ancho de banda. También se le conoce como bps.

blackout / apagón
Interrupción total del suministro de energía eléctrica.

blade servers / servidores de hoja
Servidores que forman un servidor de computadora completo, como por ejemplo, un servidor de Web o servidor de red, en una sola tarjeta, u hoja, en vez de una unidad de sistema.

blind courtesy copy / copia oculta

Mensaje de correo electrónico enviado a un destinatario sin que aparezca la dirección de dicho destinatario en el mensaje. Los otros destinatarios del mensaje desconocen que otros destinatarios han recibido el mensaje. También se le conoce como Bcc.

BLOB / *BLOB*

Tipo de dato que es un objeto, como por ejemplo, una fotografía, un audio, vídeo o documento creado en una aplicación que no sea el DBMS. BLOB es la forma abreviada de *Binary Large Object* (Objeto binario grande).

block level element / elemento en bloque

Elemento que incluye el contenido que se visualiza en una sección separada dentro de la página, como por ejemplo, un párrafo o un encabezamiento.

block / bloque

La unidad de espacio de disco más pequeña que almacena datos, que consta de dos a ocho sectores en una sola pista en un disco duro.

Bluetooth / *Bluetooth*

Tecnología inalámbrica que permite establecer la comunicación entre dispositivos compatibles, como por ejemplo, PDAs y computadoras portátiles, utilizando vínculos de radio de corto alcance.

Bluetooth printing / impresión *Bluetooth*

Tipo de proceso de impresión que utiliza ondas de radio para transmitir la salida a una impresora.

BMP / *BMP*

Formato gráfico con un archivo de mayor tamaño y que puede requerir un visor especial y que, por consiguiente, no se utiliza frecuentemente en la Web.

body element / elemento de cuerpo

Elemento que incluye todo el contenido que se visualiza en una página Web.

body text / texto del cuerpo

Cuadro de texto grande en una diapositiva en el cual se escribe una lista con viñetas o números; también se le conoce como texto principal.

bookmarks / marcadores

Función de Netscape Navigator que le permite guardar la URL de una página Web específica, de manera que pueda regresar a la misma más tarde.

Boolean logic / lógica booleana

Rama de la matemática y de la lógica en la cual todos los valores se reducen a uno de dos valores; en la mayoría de las aplicaciones prácticas de álgebra booleana, estos dos valores son: Verdadero y Falso.

Boolean operator / operador booleano
En el álgebra booleana, un operador que especifica la relación lógica existente entre los elementos que une, en la misma forma en que el operador aritmético del signo más especifica la relación matemática entre los dos elementos que une. Los operadores booleanos se utilizan en motores de búsqueda para construir consultas de búsqueda y la mayoría de los motores de búsqueda reconocen tres operadores booleanos básicos: Y, O y NO. También se le conoce como operador lógico.

boot disk / disco de carga inicial
Disco flexible, disco Zip, CD o DVD que contiene algunos archivos del sistema capaces de iniciar el funcionamiento de una computadora, que se utiliza cuando la computadora no puede arrancar desde su disco duro.

boot drive / unidad de carga inicial
Unidad desde la cual una computadora personal inicia su funcionamiento (arranca). Por lo general, la unidad de carga inicial es la unidad C (el disco duro).

boot sector virus / virus del sector de carga inicial
Virus que ataca el registro de carga inicial maestro y ejecuta cuando una computadora realiza el proceso inicial de carga.

booting / iniciación
Proceso de arrancar o arrancar de nuevo una computadora.

border / borde
Línea que imprime a lo largo de un costado de una celda de tabla o alrededor de la parte exterior de texto seleccionado.

bound control / control enlazado
Control que está conectado, o enlazado, a un campo en la tabla o consulta subyacente en Microsoft Access, y que se utiliza para visualizar y mantener un valor del campo de la tabla.

bound form / formulario enlazado
Formulario de Microsoft Access que tiene una tabla o consulta como fuente de registro, y que se utiliza para mantener y visualizar los datos de la tabla.

braille printer / impresora braille
Tipo de impresora que imprime información en el sistema Braille, sobre papel, para usuarios con discapacidad visual.

brain fingerprinting / detección de huellas digitales del cerebro
Sistema de seguridad mediante el cual se conecta a una persona a unos sensores mientras se le muestran una serie de fotos o imágenes de vídeo.

break links / romper vínculos
En vinculación e incrustación de objetos (OLE), romper el vínculo entre un objeto vinculado y el archivo fuente, convirtiendo, por consiguiente, al objeto vinculado en un objeto incrustado.

B

broadband / banda ancha
Tipo de medio de transmisión que envía más de una señal de forma simultánea, utilizado por los usuarios de DSL y de televisión por cable para conectarse a Internet.

broadband modem / módem de banda ancha
Tipo de módem digital que proporciona una conexión de alta velocidad con Internet convirtiendo las señales digitales de una computadora en señales analógicas de radiofrecuencia que son similares a las señales de transmisión de televisión. Las señales convertidas viajan hacia y desde la compañía proveedora de servicios de cable del usuario, la cual mantiene una conexión de Internet.

broadcast radio / radio difusión
Tipo de medio de transmisión inalámbrica que distribuye señales de radio a través del aire a largas distancias, por ejemplo, entre ciudades, regiones y países, y a cortas distancias, por ejemplo, dentro de una oficina o una casa.

brownout / bajo voltaje
Baja tensión eléctrica prolongada, o bajo voltaje.

browser / navegador
Software de aplicación que permite a los usuarios leer (u hojear) documentos HTML y desplazarse desde un documento HTML a otro a través del texto formateado con etiquetas de vínculo de hipertexto en cada archivo. Los documentos HTML pueden almacenarse en la computadora del usuario o en otra computadora que forme parte de la Web. Los navegadores más comunes son Microsoft Internet Explorer y Netscape Navigator.

browser extensions / extensiones de navegador
Aplicaciones que permiten a un navegador de Web llevar a cabo tareas para las cuales no fue diseñado originalmente, tales como reproducir archivos de sonido y de vídeo.

brute force attack / ataque de fuerza bruta
El proceso mediante el cual un pirata informático utiliza un programa para introducir combinaciones de caracteres hasta que el sistema acepta un nombre y contraseña de usuario, por medio de los cuales obtiene acceso al sistema.

bubble-jet printer / impresora de inyección de burbuja
Tipo de impresora que no es de impacto que imprime los caracteres y gráficos inyectando tinta, a través de diminutas toberas, hacia el papel.

buddies / compinches
En un programa de mensajes instantáneos, los amigos, familiares o compañeros de trabajo declarados, que el servidor detecte que están conectados.

buffer / búfer
Segmento de la memoria o de almacenamiento en el cual se colocan artículos mientras esperan ser transferidos de un dispositivo de entrada o a un dispositivo de salida.

buffered play / reproducción de archivos almacenados en el búfer
Característica mediante la cual se descarga música y la pone en cola para ser reproducida, cuando la velocidad de transferencia / reproducción excede la velocidad del módem, de manera que el usuario no tenga que esperar por el navegador para descargar la totalidad del archivo.

bug / error de programación
Error en un software que puede ocasionar que un programa se detenga, funcione mal o dañe la computadora del usuario.

bullet / viñeta
Punto grueso (u otro signo gráfico) ubicado antes de cada artículo en una lista.

bulleted item / artículo con viñeta
Un párrafo en una lista de viñetas.

bulleted list / lista con viñetas
Lista de párrafos con un carácter especial, como por ejemplo un punto, a la izquierda de cada párrafo.

burning / quemar
Proceso de escribir (borrar o grabar) en un disco óptico.

bus / bus
1. Canal eléctrico que transfiere bits electrónicos internamente dentro de la circuitería de una computadora, permitiendo que los dispositivos dentro de la unidad del sistema y los dispositivos conectados a la unidad del sistema se comuniquen entre sí. 2. El cable físico que conecta las computadoras y otros dispositivos en una red de bus.

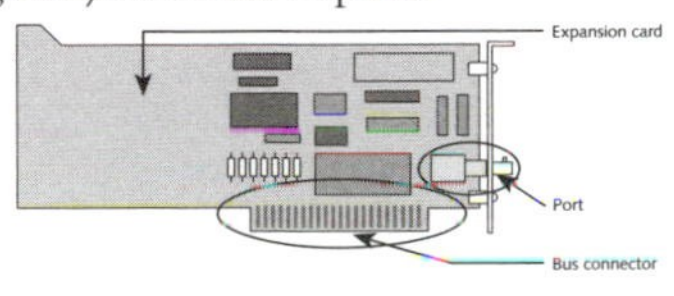

bus connector

bus network / red de bus
Tipo de red que consta de un solo cable central, llamado bus, al cual se conectan todas las computadoras y otros dispositivos.

B

bus width / ancho del canal
El tamaño de un canal, que determina el número de bits que una computadora puede transmitir a la vez.

business model / modelo empresarial
Término que se utiliza para describir todo el conjunto de las actividades y procesos de una compañía.

business processes / procesos empresariales
Actividades que realizan las compañías para alcanzar sus objetivos, tales como vender productos y servicios, efectuar cobros, encargar materiales y suministros, contratar personal, despachar productos terminados a los clientes, identificar nuevos clientes, controlar el movimiento de piezas y productos durante su fabricación, realizar el control de calidad y pruebas, garantizar el cumplimiento de las leyes y normativas, efectuar pagos y planificar el crecimiento futuro.

Business Software Alliance / Alianza del Sector del Software
Una alianza que fue formada por un grupo de las principales compañías de software para promocionar una mejor comprensión de los problemas de piratería de software y, si fuera necesario, tomar medidas legales. También se le conoce como BSA.

business software / software comercial
Software de aplicación que ayuda al usuario a realizar sus actividades comerciales diarias con más eficiencia.

business-to-business e-commerce / comercio electrónico de empresa a empresa
Tipo de comercio electrónico que incluye los procesos que una compañía lleva a cabo para vender productos o servicios a otras firmas comerciales u organizaciones no lucrativas; también incluye los procesos de pedidos y compras que normalmente lleva a cabo un comprador. También se le conoce como *B2B e-commerce*.

business-to-government e-commerce / comercio electrónico de empresa a gobierno
Tipo de comercio electrónico que incluye los procesos que interaccionan con las agencias gubernamentales; por ejemplo, la presentación de formularios tributarios y el pago de impuestos, así como la presentación de otros informes que exige la ley. También se le conoce como *B2G e-commerce*.

button / botón
Elemento gráfico que un usuario pulsa para hacer que ocurra una acción específica.

byte / *byte*
Ocho bits que se agrupan como una unidad. Un byte proporciona suficientes combinaciones diferentes de 0 y 1 para representar 256 caracteres individuales.

bytecode / código de *bytes*
Código de máquina compilado de un intérprete de Java.

C / C

Lenguaje de programación originalmente diseñado para escribir softwares de sistemas. En la actualidad, muchos programas de software se escriben en lenguaje C, entre ellos, sistemas operativos y softwares de aplicaciones, tales como procesadores de texto y hojas de cálculo.

C++ / C++

Lenguaje de programación orientado a objetos, que incluye todos los elementos del lenguaje C más características adicionales para trabajar con objetos, clases, eventos y otros conceptos orientados a objetos.

cable modem / módem por cable

Tipo de módem digital que proporciona una conexión de alta velocidad con Internet convirtiendo las señales digitales de una computadora en señales analógicas de radiofrecuencia, similares a las señales de transmisión de televisión. Las señales convertidas viajan hacia y desde la compañía de cable a la que el usuario está abonado, la cual mantiene una conexión con Internet.

cache / caché

1. Zona de la memoria donde se almacena el contenido de datos o instrucciones de acceso frecuente. 2. Carpeta en la computadora del cliente en la cual un navegador de Web almacena copias de páginas Web y elementos de páginas Web, de manera que se pueda visualizar nuevamente esas páginas más rápidamente que si se tuviera que solicitarlas al servidor de Web cada vez que se abrieran las mismas en el navegador.

cache controller / controlador de caché

Hardware que administra el caché y, por consiguiente, determina qué artículos debe guardar el caché.

calculated control / control calculado

Control que muestra un valor que es el resultado de una expresión. La expresión, por lo general, contiene uno o más campos, y el control calculado se recalcula cada vez que cambia cualquier valor de dicha expresión.

calculated field / campo calculado

Campo que muestra los resultados de una expresión en una hoja de datos de consulta o formulario o informe, pero que no existe como campo en la base de datos.

callback system / sistema de devolución de llamadas

Tipo de control de acceso que permite a un usuario conectarse a una computadora solamente después de que la computadora llame a dicho usuario a un número de teléfono previamente establecido.

CAM / *CAM*

Uso de computadoras para ayudar en procesos de producción tales como fabricación y ensamblaje. CAM es la forma abreviada de *Computer Aided Manufacture* (Fabricación asistida por computadora).

Can Grow property / propiedad Autoextensible
En Microsoft Access, propiedad que controla la visualización de un control o sección de un formulario o informe, cuando se va a imprimi o a hacer una vista previa. Cuando se ajusta la propiedad a Sí, el contro o sección se expande verticalmente para que se pueda imprimir o hacer una vista previa de todos los datos contenidos en dicho control c sección. Cuando se ajusta la propiedad a No, los datos que no caben dentro del tamaño de campo establecido para dicho control o sección no se imprimen ni se pueden visualizar en vista previa.

Can Shrink property / propiedad Autocomprimible
En Microsoft Access, propiedad que controla la visualización de un control o sección de un formulario o informe, cuando se va a imprimi o a hacer una vista previa. Cuando se ajusta la propiedad a Sí, el contro o sección se comprime verticalmente, de manera que los datos que contiene se impriman o se puedan ver en vista previa sin dejar líneas e blanco. Cuando se ajusta la propiedad a No, el control o sección no se comprime.

Candela / *Candela*
Unidad estándar de intensidad luminosa.

cannibalization / canibalización
Cuando las actividades de ventas en el sitio Web de una compañía interfieren con las ventas realizadas a través de otros canales, como por ejemplo, las tiendas físicas o las ventas por teléfono y correo; se utiliza e término "canibalización" porque las ventas realizadas a través del sitio Web reemplazan las ventas que, de lo contrario, se hubieran realizado en las tiendas minoristas de la compañía o a través de otros canales.

capacitor / condensador
Componente que actúa como elemento de almacenamiento de datos electrónicos y que trabaja conjuntamente con transistores para crear una celda de memoria en una memoria de acceso aleatorio dinámico (DRAM).

capacity / capacidad
El número de bytes (caracteres) que puede guardar un medio de almacenamiento.

Caption property / propiedad Títulos
La propiedad que especifica cómo aparecerá el título de un campo en las hojas de datos y en otros objetos de bases de datos, tales como formularios e informes.

card reader / lector de tarjetas
Dispositivo que lee los datos personales de la banda magnética de una tarjeta, por ejemplo, una tarjeta de crédito o de débito.

card reader/writer / lector/escritor de tarjetas
Dispositivo que lee los datos, instrucciones e información almacenados en tarjetas PC o tarjetas de memoria y los transmite a una computadora o impresora, a través de una conexión con un puerto.

C

ardinality / cardinalidad
Descripción de la relación numérica (uno-a-uno, uno-a-muchos, o muchos-a-muchos) que existe entre dos tipos de registros.

arpal Tunnel Syndrome / índrome del túnel arpiano
Inflamación del nervio que conecta el antebrazo con la palma de la mano. También se le conoce como STC.

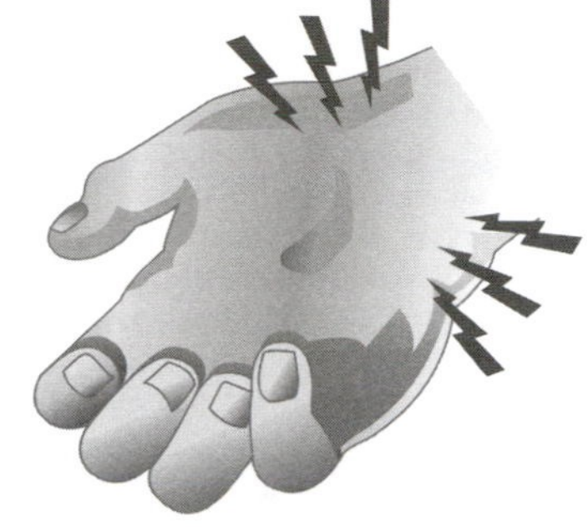
carpal tunnel syndrome

ascade deletes option / pción de eliminar en ascada
En una base de datos, una regla de integridad referencial que permite eliminar un registro en la tabla padre y también eliminar todos los registros en las tablas hijas que tengan valores clave externos correspondientes.

ascade updates option / opción de actualizar en cascada
En una base de datos, una regla de integridad referencial que permite modificar el valor de una clave primaria y también modificar los valores clave externos correspondientes en las tablas relacionadas.

ascading style sheets / hojas de estilo en cascada
Hojas de estilo que contienen formatos sobre cómo debe visualizarse un objeto específico en un navegador de Web. También se les conoce como CSS.

ase control structure / estructura de control *CASE* (según sea)
Estructura de control de selección que tiene una condición que puede proporcionar una de tres o más posibilidades.

ategory / categoría
Palabra o frase clave que el usuario asigna a un artículo para ayudar a organizar, y más tarde localizar, los artículos relacionados entre sí, independientemente de que estén almacenados o no en la misma carpeta.

ategory 1 cable / cable de categoría 1
Tipo de cable de par trenzado que las compañías telefónicas han utilizado durante años para transmitir señales de voz. El cable de categoría 1 no es costoso y es fácil de instalar, pero su velocidad de transmisión de datos es mucho menor que la de otros tipos de cables.

C

Category 5 cable / cable de categoría 5
Tipo de cable de par trenzado desarrollado específicamente para transmitir señales de datos en vez de señales de voz. El cable de categoría 5 es fácil de instalar y su velocidad de transmisión de señales es entre 10 y 100 veces mayor que la del cable coaxial. También se le conoce como cable Cat-5.

twisted-pair cable

Category 5e cable / cable de categoría 5e
Cable de categoría 5, de superior calidad, fabricado con materiales de mayor calidad, para que pueda transmitir señales a una velocidad aproximadamente 10 veces mayor que la del cable de categoría 5 estándar. También se le conoce como cable Cat-5e.

category value / valor de categoría
Valores *x* de la serie de datos, tales como los nombres de artículos para vender o de un inventario, en el eje horizontal, o eje *x*.

cathode-ray tube / tubo de rayos catódicos
Tubo grande de cristal, sellado, cuyo extremo delantero, la pantalla, está revestido con puntos de material fosforescente de color rojo, verde y azul. También se le conoce como TRC.

CD creation software / software de creación de CD
Software que contiene programas de edición de vídeo y permite al usuario crear CDs.

CDE / *CDE*
Programa de escritorio que se utiliza para establecer comunicación con el sistema operativo Solaris. CDE es la forma abreviada de *Common Desktop Environment* (entorno de escritorio común).

CDMA / *CDMA*
Tipo de tecnología de telefonía celular digital 2G. CDMA es la forma abreviada de *Code Division Multiple Access* (Acceso múltiple por división de código).

CD-R / *CD-R*
CD multisesión en el cual los usuarios pueden grabar sus propios artículos, tales como textos, gráficos y audio. CD-R es la forma abreviada de *Compact Disk–Recordable* (disco compacto grabable).

CD-R drive / unidad de discos *CD-R*
Dispositivo que puede leer CD-Rs, CD-ROMs estándar y, por lo general, CDs de audio, y puede escribir o grabar CD-Rs.

CD-ROM / *CD-ROM*
Tipo de disco óptico que utiliza tecnología láser para almacenar datos instrucciones e información. CD-ROM es la forma abreviada de *Compact Disck-Read Only Memory* (disco compacto de sólo lectura).

CD-ROM drive / unidad de *CD-ROM*
Unidad que puede leer discos CD-ROM y, algunas veces, CDs de audio.

CD-ROM jukebox / servidor de discos ópticos de sólo lectura
Sistema de almacenamiento para empresas que puede almacenar cientos de CD-ROMs de programas y datos.

CD-ROM server / servidor de *CD-ROM*
Sistema de almacenamiento para empresas que puede almacenar cientos de CD-ROMs de programas y datos.

CD-RW / *CD-RW*
CD borrable en el cual los usuarios pueden grabar y volver a grabar datos, instrucciones e información más de una vez. CD-RW es la forma abreviada de *Compact Disk-Rewriteable* (disco compacto regrabable).

CD-RW drive / unidad de discos *CD-RW*
Unidad que puede leer discos CD-RWs, CD-Rs, CD-ROMs estándar y, por lo general, CDs de audio, y puede escribir o grabar CD-RWs.

CD-RW/DVD / *CD-RW/DVD*
Unidad que puede leer DVD-ROMs, CDs de audio, CD-ROMs estándar, CD-Rs y CD-RWs.

Celeron / *Celeron*
Procesador Intel que se utiliza en PCs básicas, menos costosas, con frecuencias de reloj que oscilan entre 266 MHz y 1.8 GHz.

cell / celda
Intersección de una columna y una fila en una hoja de trabajo o en una tabla.

cell range / rango de celdas
Grupo de celdas de una hoja de cálculo, que pueden ser adyacentes o no; también se le conoce como rango.

cell reference / referencia de celda
La dirección de una celda que indica la ubicación de su columna y fila.

cellular radio / radio celular
Forma de radio de transmisión que se utiliza ampliamente para las comunicaciones móviles, específicamente los módems inalámbricos y los teléfonos celulares.

cellular telephone / teléfono celular
Tipo de dispositivo telefónico que utiliza ondas de radio de alta frecuencia para transmitir mensajes de voz y de datos digitales.

center alignment / alineación central
Tipo de alineación en la cual el texto se centra entre los márgenes izquierdo y derecho, adquiriendo el texto una forma irregular en ambos márgenes.

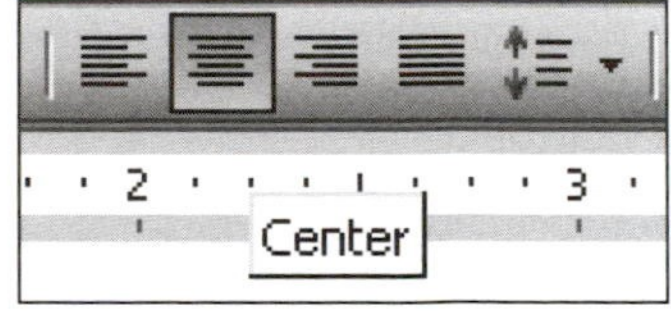

center alignment button

C

center tab / tabulador de centrado
Estilo de alineación mediante tabulador que coloca el texto de forma que quede centrado, de manera uniforme, entre ambos extremos del tope del tabulador.

central processing unit / unidad central de procesamiento
Componente electrónico de la placa madre de una computadora que interpreta y ejecuta las instrucciones básicas que operan la computadora. También se le conoce como CPU.

centralized / centralizado
Enfoque a la tecnología de la información que existe cuando las compañías mantienen computadoras centrales, con apoyo técnico por un departamento central de TI (tecnología de la información).

Centrino / *Centrino*
Tecnología móvil que integra las capacidades inalámbricas y prolonga la vida útil de las baterías en las computadoras portátiles y en las Tablet PCs.

centronics interface / interfaz centronics
Nombre que algunas veces se le da a un puerto paralelo, para las comunicaciones entre la unidad del sistema y una impresora.

centronics interface

CERT/CC / *CERT/CC*
Centro de investigación y desarrollo, con financiamiento federal, que proporciona asistencia o información sobre los ataques DDoS y otras violaciones de la seguridad en Internet. CERT/CC es la forma abreviada de *Computer Emergency Response Team Coordination Center* (Centro de Coordinación de Grupos de Respuesta para Emergencias Informáticas).

certificate authority / autoridad de certificación
Tercero de confianza que verifica la identidad de una persona u organización en el proceso de emisión de un certificado digital. También se le conoce como AC.

certification / certificación
Proceso de verificación de los conocimientos técnicos de una persona que ha demostrado competencia en un área específica.

CGI / *CGI*
Norma de comunicaciones que define cómo se comunica un servidor de Web con fuentes externas. CGI es la forma abreviada de *Common Gateway Interface* (interfaz de compuerta común).

GI script / guión *CGI*

1. Programa que administra el envío y recepción de datos entre el componente frontal de una base de datos y el servidor de la base de datos. CGI significa "interfaz de compuerta común". 2. Programa que administra el envío y recepción de datos a través de la CGI. CGI es la forma abreviada de *Common Gateway Interface* (interfaz de compuerta común).

nange management skills / capacidad de administración de ambios

Capacidad que necesitan los jefes de proyectos, que les permite reconocer cuándo se ha producido un cambio en un proyecto, tomar medidas para reaccionar ante el cambio y planificar las oportunidades que puedan surgir a consecuencia del cambio.

nannel / canal

Área temática en la cual los usuarios chatean a través de una red IRC (charla interactiva en Internet).

nannel conflict / conflicto de canal

Cuando las actividades de ventas en el sitio Web de una compañía interfieren con las ventas realizadas a través de otros canales, como por ejemplo, las tiendas físicas o las ventas por teléfono y correo.

nannel heading / título de canal

Nombre de un canal en una red IRC (charla interactiva en Internet).

hannel operator / operador de canal

Chateador que crea y administra un canal IRC. El operador del canal puede cambiar la temática y el título del canal, determinar qué usuarios pueden participar y decidir si el canal es de acceso público o privado. También se le conoce como *channel op* (op de canal) o *IRCop* (policía de chateo interactivo).

haracter / carácter

Número, letra, signo de puntuación u otro símbolo que se representa mediante un solo byte en los esquemas de codificación ASCII y EBCDIC.

haracter formatting elements / elementos de formateo de aracteres

Elementos en línea que formatean caracteres de texto.

haracter style / estilo de carácter

Estilo que formatea los caracteres seleccionados actualmente y afecta parámetros tales como el tipo de letra, el tamaño del tipo de letra, la letra negrita y la cursiva.

harge-coupled device / dispositivo de acoplamiento de carga

Chip en el cual se concentran las imágenes. Estos dispositivos se utilizan con cámaras digitales. También se les conoce como CCDs.

hart / gráfico

Gráfico que proporciona una representación visual de los datos del libro de trabajo.

C

chart area / área del gráfico
La totalidad del gráfico y todos los elementos incorporados en el diagrama o gráfico, tales como el título y la leyenda.

chart title / título del gráfico
Término que aparece encima del área de trazado de un gráfico y describe el contenido del área de trazado y la serie de datos.

Chart Wizard / Asistente de Gráficos
Conjunto de cuadros de diálogo que le solicitan información al usuari sobre el gráfico que quiere crear, tal como el tipo de gráfico, el rango de celdas sobre el cual se basa el gráfico y las características que tendrá el gráfico.

charting / graficación
Función del software de hoja de cálculo que representa los datos en forma gráfica.

chassis / chasis
Nombre que se utiliza algunas veces para la unidad del sistema, que consiste en una caja que protege los componentes electrónicos intern contra daños.

chat client / cliente de *chat*
Programa que permite que un usuario se conecte con un servidor de chat para participar en una sesión de chateo.

chat / *chat* (charla)
Comunicación en tiempo real, a través de Internet, entre dos o más participantes.

chat room / sala de chateo
Ubicación en un servidor de Internet que permite a los usuarios chatear entre sí.

check digit / dígito de verificación
Números o caracteres de un valor clave primario, que confirma la exactitud del valor clave primario.

checksum / suma de verificación
Suma matemática que el nivel de transporte crea, en base a los datos, y pone luego en el título de transporte.

child / copia secundaria
La copia más reciente de un archivo en un sistema de copias de seguridad de tercera generación.

Children's Internet Protection Act / Ley de protección del menor en Internet
Exige que las bibliotecas instalen software de filtro para controlar el material que se transmite por sus conexiones de Internet, a fin de recibir financiamiento federal. También se le conoce como CIPA.

chip / *chip*
Pieza pequeña de material semiconductor, generalmente silicio, en la cual se graban los circuitos integrados.

chip-for-chip upgrade / actualización de *chip* por *chip*
Actualización de un procesador del cual se retira un chip existente y se sustituye por uno nuevo.

chipset / conjunto de *chips*
Conjunto de circuitos integrados que trabajan de manera solidaria para realizar una tarea común.

Chkdsk command / comando *Chkdsk*
Comando que comprueba y corrige errores en el disco duro especificado.

ciphertext / texto cifrado
Datos cifrados o codificados.

circuit switching / conmutación de circuitos
Método de una sola conexión, controlada centralmente, para enviar información a través de una red.

Cisco Certified Internetwork Expert / Certificación Cisco para expertos en trabajos de Internet
Certificación que avala los conocimientos especializados de comunicaciones, seguridad, enrutamiento y conmutación de Internet. También se le conoce como CCIE.

Cisco Certified Network Professional / Certificación Cisco para profesionales de redes
Certificación que avala los conocimientos avanzados de instalación, configuración y operación de LANs (redes locales) y WANs (redes extendidas). También se le conoce como CCNP.

class diagram / diagrama de clases
Herramienta de UML que muestra de forma gráfica las clases y las subclases de un sistema.

clearing / borrado
Borra el contenido de una celda, manteniéndola en la hoja de cálculo.

clearinghouse / centro de compensación
Sitio Web que contiene una lista de hipervínculos con otras páginas Web que contienen información sobre un tema o grupo de temas específicos y a menudo incluye resúmenes o reseñas de las páginas Web relacionadas. También se le conoce como guía, lista de recursos, biblioteca virtual o bibliografía de Web.

ClearType / *ClearType*
Tecnología desarrollada por Microsoft para mejorar la calidad del material de lectura en las pantallas de LCD, como por ejemplo, los *e-books* (libros electrónicos).

click / hacer clic
Llevar el puntero del ratón a un botón o enlace en la pantalla de la computadora, y luego pulsar y liberar el botón izquierdo del ratón.

Click and Type / función Pulsar y escribir
Función que le permite hacer doble clic en un área en blanco de una página y comenzar a escribir inmediatamente.

click stream / ruta electrónica

Recopilación de cada acción que los usuarios efectúan a medida que navegan por un sitio Web, que se utiliza como fuente de información externa para un almacén de datos.

client / cliente

Computadora que está conectada con otra computadora, generalmente más potente, llamada servidor. La computadora cliente puede utilizar los recursos de la computadora servidor, como las impresoras, los archivos o los programas. A esta forma de conexión de las computadoras se le conoce como red de cliente - servidor. También se le conoce como estación de trabajo.

client operating systems / sistemas operativos de las computadoras cliente

Sistema operativo completo que funciona en una computadora de escritorio, computadora portátil o dispositivo de computación móvil y que también funciona junto con un sistema operativo de red.

client/server network / red cliente - servidor

Forma de conectar muchas computadoras, llamadas computadoras cliente, con una computadora principal, llamada computadora servidor. Este método de conexión permite a las computadoras cliente compartir los recursos de la computadora servidor, como las impresoras, los archivos y los programas.

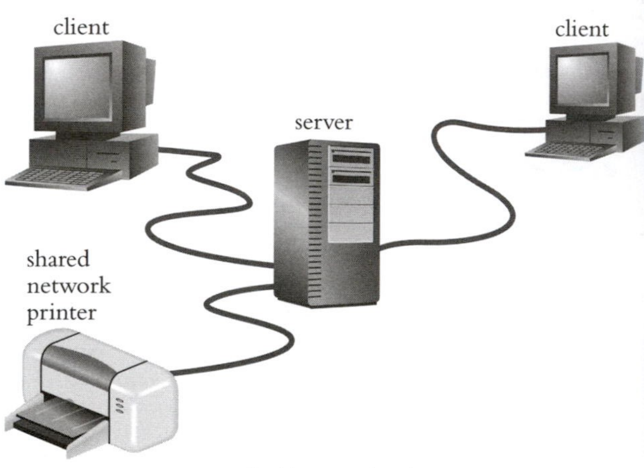

client/server network

Clip art / imágenes prediseñadas

Colección de dibujos, diagramas, mapas y fotografías prediseñados que un usuario puede insertar en los documentos.

lip art/image gallery / galería de imágenes prediseñadas
Colección de imágenes y fotografías prediseñadas que a menudo se incluyen en un software de aplicación.

lipboard / Portapapeles
Lugar de almacenamiento temporal para guardar el contenido de un documento que se utiliza para cortar y pegar o copiar y pegar.

lipboard task pane / panel de tareas del Portapapeles
Panel de tareas que se usa para tener acceso y utilizar el Portapapeles de Microsoft Office, para copiar y pegar información de una ubicación a otra.

lock cycle / ciclo de reloj
Un tic del reloj del sistema.

lock speed / velocidad del reloj
Ritmo del reloj del sistema, medido por el número de tics por segundo.

lose / cerrar
Salir de un documento, archivo o programa.

losed / cerrados
Sistemas informáticos que son más difíciles de interoperar con otros sistemas informáticos.

losed list / lista cerrada
Lista de correo cuyo administrador aprueba las solicitudes de inclusión en la misma.

losing tag / etiqueta de cierre
La etiqueta que identifica el final de una etiqueta de dos extremos; la misma utiliza el formato </element>, en el cual "element" es el nombre del elemento.

luster / *cluster* (grupo)
La unidad de espacio de disco más pequeña que almacena datos y que consta de dos a ocho sectores en una sola pista de un disco duro. Un *cluster* independiente, al que también se le conoce como unidad o bloque de asignación, almacena los datos de solamente un archivo.

oaxial cable / cable coaxial
Alambre de cobre aislado encapsulado en un blindaje metálico y luego recubierto por un aislamiento plástico. El alambre portador de señal está completamente blindado de manera que pueda resistir la interferencia eléctrica mucho mejor que el cable de par trenzado. La velocidad de transmisión de señales del cable coaxial es también aproximadamente 20 veces mayor que la del cable de par trenzado, pero es considerablemente más costoso. También se le conoce como coaxial.

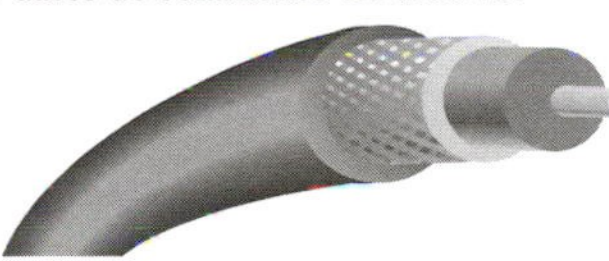

coaxial cable

C

COBOL / *COBOL*
Lenguaje de programación que utiliza una sintaxis similar a la del idioma inglés y está diseñado para crear aplicaciones comerciales. COBOL es la forma abreviada de *Common Business-Oriented Language* (Lenguaje común orientado a los negocios).

code / código
1. Palabras, sintaxis y argumentos que componen las instrucciones de los programas informáticos. 2. Proceso de escritura de un programa informático.

code of conduct / código de conducta
Pautas escritas que ayudan a determinar si una aplicación informática específica es ética o no.

codec / *codec*
Especifica cómo se comprime y almacena el audio y el vídeo dentro d un archivo.

coding / codificación
Proceso de traducción de un algoritmo de solución a un lenguaje de programación (usualmente en papel) para luego introducir el código d dicho lenguaje de programación en la computadora.

cold boot / arranque en frío
Proceso de encender una computadora que ha estado apagada por completo.

cold site / *cold site* (sitio frío)
Instalación separada que duplica los sistemas y las operaciones de un sitio crítico de una compañía, que se mantiene cuando las operaciones son tan importantes que la compañía no se puede dar el lujo de perde las operaciones ante un desastre.

collaborate / colaborar
Trabajar en línea con otros usuarios conectados a un servidor.

collaboration / colaboración
En el contexto del intercambio de documentos a través de Internet, método utilizado por numerosos programadores que les permite trabajar en el mismo archivo sin tener que bajarlo, editarlo, ni enviarlo de regreso al autor original o a los autores originales.

collections / colecciones
En WebDAV, función que permite a un programador recuperar una lista de archivos de un directorio en un servidor.

color correction tools / herramientas de corrección de color
Herramientas que se utilizan para analizar imágenes de vídeo con el fi de crear una apariencia más agradable.

color depth / profundidad de color
Número de bits que una tarjeta de vídeo utiliza para almacenar información sobre cada píxel.

color library / biblioteca de colores
Conjunto estándar de colores utilizado por diseñadores e impresoras para garantizar que los colores se impriman exactamente según las especificaciones.

color scheme / esquema de colores
Los ocho colores que se utilizan en una plantilla de diseño.

column / columna
1. Término utilizado por el usuario de una base de datos relacional para referirse a un campo. 2. Sección horizontal de una hoja de cálculo identificada con letras.

column chart / gráfico de columnas
Gráfico que utiliza barras de diferentes alturas para mostrar la relación de los datos.

column selector / selector de columnas
En una hoja de datos, título de columna (también llamado selector de campo) en el cual se hace clic para seleccionar la columna completa.

COM+ / *COM+*
Especificación que establece cómo se comunican entre sí los objetos de programas independientes en una red.

COM port / puerto *COM*
Puerto serie en la unidad del sistema. Puerto COM es la forma abreviada de *Communications port* (puerto de comunicaciones).

combo box / cuadro combinado
Control que proporciona las funciones de un cuadro de texto y un cuadro de lista; se puede seleccionar un valor de la lista o escribir una entrada.

Combo box tool / herramienta de cuadro combinado
Herramienta de la caja de herramientas que se utiliza para agregar un cuadro combinado a un formulario o a una página de acceso de datos.

command / comando
1. En un software de aplicación, instrucción en un menú que hace que un programa ejecute una acción específica. 2. En una lista de correo, solicitud para que el servidor de lista ejecute una acción predeterminada.

command language / lenguaje de comandos
Conjunto de comandos introducido por un usuario en una computadora al trabajar con una interfaz de línea de comando.

Command Prompt / línea de comandos
El intérprete de comandos de Windows XP.

command shell / intérprete de comandos
Programa de software con una interfaz de línea de comandos no gráficos que proporciona un entorno para ejecutar softwares de aplicación basados en texto y utilitarios.

C

command-line interface / interfaz de la línea de comandos
Tipo de interfaz de usuario en la cual el usuario escribe comandos o pulsa teclas especiales del teclado (por ejemplo, teclas de funciones o combinaciones de teclas) para introducir datos e instrucciones.

comment / comentario
1. Versión electrónica de una nota autoadhesiva que se puede adjuntar a un texto seleccionado. 2. Documentación de programas.

comment symbol / símbolo de comentario
Símbolo en un diagrama de flujo que explica o aclara la lógica del algoritmo de solución.

comment tag / etiqueta de comentario
Etiqueta que le permite insertar un comentario en su código HTML

commerce service provider / proveedor de servicios comerciales
Empresa que compra acceso a Internet desde puntos de acceso de redes y los vende a empresas, individuos y proveedores de servicios de Internet (PSI) más pequeños. También se le conoce como PSC o proveedor de servicios de Internet (PSI). Un PSC, por lo general, ofrece servicios adicionales que ayudan a las empresas a realizar actividades comerciales a través de Internet.

Common Business-Oriented Language / Lenguaje común orientado a los negocios
Lenguaje de programación que utiliza una sintaxis similar a la del idioma inglés y está diseñado para crear aplicaciones comerciales. También se le conoce como COBOL.

common field / campo común
Campo que aparece en más de una tabla y le permite vincular los registros de tablas independientes.

communications / comunicaciones
Proceso mediante el cual dos o más computadoras o dispositivos transfieren datos, instrucciones e información.

communications channel / canal de comunicaciones
Medios de transmisión por los cuales viajan los datos, las instrucciones o la información, en formato analógico o digital, según el tipo de canal de comunicaciones.

communications device / dispositivo de comunicación
Cualquier tipo de hardware capaz de transmitir datos, instrucciones e información entre un dispositivo transmisor y un dispositivo receptor.

communications satellite / satélite de comunicaciones
Estación espacial que recibe señales de microonda de una estación terrestre, amplifica o refuerza las señales y las transmite de regreso sobre un área más amplia.

communications software / software de comunicaciones
Cualquiera de los diversos programas que ayudan a los usuarios a establecer una conexión con otra computadora o una red, administran la transmisión de datos, instrucciones e información, y proporcionan una interfaz para que los usuarios se comuniquen entre sí.

compact disc read-only memory / disco compacto de sólo lectura
Tipo de disco óptico que utiliza tecnología láser para almacenar datos, instrucciones e información. Se le conoce comúnmente como CD-ROM.

compact disc / disco compacto
Disco óptico que se puede extraer y que, por lo general, puede almacenar hasta 680 MB de información. También se le conoce como CD.

compact disc-recordable / disco compacto grabable
CD multisesión en el cual los usuarios pueden grabar sus propias selecciones, como texto, gráficos y audio. Se le conoce comúnmente como CD-R.

compact disc-rewritable / disco compacto regrabable
CD borrable en el cual los usuarios pueden grabar y volver a grabar datos, instrucciones e información más de una vez. Se le conoce comúnmente como CD-RW.

CompactFlash / *CompactFlash*
Tipo de medio de almacenamiento móvil en miniatura que es una tarjeta de memoria flash capaz de almacenar entre 16 MB y 1 GB de información. También se le conoce como CF.

compacting / compactación
Proceso que reorganiza los datos y objetos en una base de datos para reducir el tamaño del archivo, con lo cual libera más espacio en el disco duro y permite abrir y cerrar la base de datos con mayor rapidez.

compare value / valor de comparación
Categorías de la tabla de búsqueda generalmente ubicadas en la primera fila o columna de la tabla.

comparison operations / operaciones de comparación
Operaciones que implican la comparación de un valor con otro para determinar si el primero es mayor, igual o menor que el otro.

comparison operator / operador de comparación
1. En una búsqueda de Microsoft Access, operador que le pide a Access que compare el valor en un campo de una base datos con el valor de condición y seleccione todos los registros que cumplan esa condición. 2. En Microsoft Excel, símbolo que indica la relación entre dos valores.

competitive advantage / ventaja competitiva
Forma en que una compañía genera más ingresos, incurre en menores costos de operación, o realiza tareas de una forma más eficiente que otras compañías en el mismo sector.

compiler / compilador
Programa que se utiliza para convertir un programa fuente en lenguaje de máquina.

C

complementary metal-oxide semiconductor / semiconductor complementario de metal-óxido
Tecnología utilizada en algunos chips de RAM, chips de memoria flash y otros tipos de chips de memoria que proporcionan altas velocidades consumen poca corriente, y que utilizan la corriente de una batería para conservar la información aún cuando se desconecte el suministro de corriente a una computadora. También se le conoce como CMOS.

completeness check / comprobación de integridad
Comprobación de validación para verificar si un campo necesario contiene datos

composite key / clave compuesta
Clave primaria que consta de dos o más campos.

compound document / documento compuesto
Documento que contiene información de más de una aplicación.

compress / comprimir
Reducir el tamaño de un archivo.

compressed file / archivo comprimido
Archivo guardado en un formato especial que hace que su tamaño sea más pequeño para conservar espacio y reducir el tiempo de transferencia de una computadora a otra.

compressed folder / carpeta comprimida
Carpeta que reduce el tamaño de los archivos que contiene. También s le conoce como carpeta "zipeada".

compression / compresión
Proceso de reducción del tamaño de los archivos de imágenes.

computer / computadora
Dispositivo electrónico que, funcionando bajo el control de instrucciones almacenadas en su propia memoria, puede recibir información, procesar dicha información de acuerdo a reglas especificadas, producir resultados y almacenar los resultados para su uso futuro.

computer addiction / adicción a la computadora
Alteración que se produce cuando la computadora ocupa la totalidad de la vida social de una persona.

computer consultant / consultor informático
Profesional que vive de su experiencia en un área especializada de la informática, incluyendo servicios y asesoramiento.

computer crime / delito informático
Cualquier acto ilegal que involucre a una computadora.

Computer Emergency Response Team Coordination Center / Centro de Coordinación de Emergencias Informáticas
Centro de investigaciones y desarrollo, con financiamiento federal, que proporciona asistencia o información sobre ataques de DDoS y otras violaciones de la seguridad de Internet. También se le conoce como CERT/CC.

computer engineer / ingeniero en informática
Persona que diseña y desarrolla los componentes electrónicos que se utilizan en computadoras y dispositivos periféricos.

computer engineering / ingeniería informática
Programas de educación que enseñan a los estudiantes cómo diseñar y desarrollar los componentes electrónicos que se utilizan en computadoras y dispositivos periféricos. También se le conoce como CE.

computer equipment industry / sector de equipos informáticos
Fabricantes y distribuidores de computadoras y hardware relacionado con computadoras.

computer ethics / ética informática
Pautas morales que regulan el uso de computadoras y sistemas informáticos.

Computer Fraud and Abuse Acts / Ley federal de abuso y fraude informático
Ley federal, aprobada en 1984, que declara ilegal el acceso no autorizado a computadoras del gobierno federal y la transmisión de códigos informáticos malignos tales como virus.

computer information systems / sistemas de información computarizados
Programas de educación que enfatizan los aspectos prácticos de la informática. También se les conoce como CIS.

computer literacy / conocimientos de informática
Conocimientos y comprensión de informática y sus usos.

Computer Matching and Privacy Protection Act / Ley de comparación por computadora y protección de la confidencialidad
Leyes federales, aprobadas en 1984 y 1994, que hacen ilegales el acceso no autorizado a computadoras del gobierno federal y la transmisión de códigos informáticos malignos tales como virus.

computer output microfilm recorder / grabadora de micropelícula a la salida de la computadora
Dispositivo que graba imágenes en micropelícula y microficha.

computer program / programa de computadora
Conjunto de instrucciones que hacen que una computadora ejecute tareas. También se le conoce como software.

computer science / ciencia de la computación
Programas de educación que enfatizan el aspecto teórico de la programación. También se le conoce como CS.

Computer Science Network / Red de las ciencias de la computación
Internet financiada por la NSF (Fundación nacional para las ciencias) destinada a instituciones docentes y de investigación que no tuvieron acceso a la ARPANET. También se le conoce como CSNET.

computer security plan / plan de seguridad informática
Resumen impreso de todas las medidas de seguridad que están en vigor para proteger los activos informáticos de una compañía.

C

computer security risk / riesgo de seguridad informática
Cualquier acontecimiento o acción que pudiera ocasionar una pérdida o daño al hardware, el software, los datos, la información o la capacidad de procesamiento de la computadora.

computer service and repair industry / sector de mantenimiento y reparación de computadoras
Proveedor de servicios de mantenimiento preventivo, instalación de componentes y reparación de computadoras.

computer software industry / sector del software informático
Compañías que desarrollan, producen y brindan apoyo a una amplia gama de software.

computer technology / tecnología informática
Programas de educación que enfatizan los aspectos prácticos de la informática.

Computer Vision Syndrome / Síndrome de visión provocado por la computadora
Trastornos de la visión asociados al uso de la computadora. También se le conoce como CVS.

computer-aided design / diseño asistido por computadora
Computadora y software especial utilizado para ayudar a diseñar un producto. También se le conoce como CAD.

computer-aided design database / base de datos de diseño asistido por computadora
Base de datos que almacena información sobre diseños de ingeniería, arquitectura y científicos. También se le conoce como base de datos CAD.

computer-aided design software / software de diseño asistido por computadora
Tipo de sofisticado software de aplicación que ayuda a un usuario profesional a crear diseños de ingeniería, arquitectura y científicos. También se le conoce como software CAD.

computer-aided engineering / ingeniería asistida por computadora
Uso de computadoras para someter a prueba los diseños de productos. También se le conoce como CAE.

computer-aided manufacturing / fabricación asistida por computadora
Uso de computadoras para ayudar en los procesos de producción tales como fabricación y ensamblaje. También se le conoce como CAM.

computer-aided software engineering / ingeniería de software asistida por computadora
Herramientas de software diseñadas para apoyar una o más actividades durante el ciclo de desarrollo del sistema. También se le conoce como CASE.

C

computer-based training / entrenamiento basado en computadora
Tipo de educación en el cual los estudiantes aprenden utilizando y realizando ejercicios con software didáctico (CAI). También se le conoce como CBT.

computer-integrated manufacturing / producción integrada por computadoras
Uso de computadoras para integrar las múltiples y diversas operaciones del proceso de producción, utilizando tecnologías tales como CAD, CAE y CAM. También se le conoce como CIM.

computerized adaptive testing / pruebas adaptativas informatizadas
Técnica utilizada en los exámenes de certificación mediante la cual las pruebas que se entregan a los alumnos analizan las respuestas del individuo mientras está haciendo la prueba. También se le conoce como CAT.

condition / condición
Criterio, o regla, que determina qué registros se seleccionan en una consulta.

connection string / cadena de conexión
Cadena o texto, expresión que especifica la ubicación en el disco y el nombre de la base de datos que se utiliza para conectar una página a una base de datos de Microsoft Access.

connector / conector
Dispositivo mediante el cual el cable se conecta a un periférico.

consistency check / control de coherencia
Verificación de validez que comprueba los datos de dos o más campos asociados para garantizar que la relación sea lógica.

construct / construir
Se utiliza durante el diseño de los programas; representación gráfica del orden lógico de las instrucciones de un programa.

consumer-to-consumer e-commerce / comercio electrónico de consumidor a consumidor
Tipo de comercio electrónico definido por algunos analistas, que incluye procesos que un consumidor individual emprende para vender artículos o servicios a otros consumidores individuales. También se le conoce como comercio electrónico C2C. Por ejemplo, una subasta en línea en la cual una persona vende un artículo a otra persona pudiera ser considerada comercio electrónico C2C. No obstante, la mayoría de los analistas argumentan que los vendedores que participan en una subasta en línea están realizando una operación de comercio electrónico B2C (empresa a consumidor), aún cuando no tuvieran una empresa formal.

contact / contacto
Persona u organización con la cual se mantiene correspondencia de forma electrónica.

content filtering / filtrado del contenido
Proceso de restricción del acceso a ciertos materiales en la Web.

content layout / configuración de contenido
Diseño de diapositiva predeterminado para colocar gráficos, diagramas, imágenes, tablas o clips de películas.

content management system / sistema de administración de contenido
Combinación de bases de datos, software y procedimientos que organiza y permite el acceso a diferentes formas de documentos y otros archivos. También se le conoce como CMS.

context diagram / diagrama de contexto
Diagrama de flujo de datos de primer nivel, que identifica sólo el proceso principal.

context-sensitive / sensible al contexto
Relacionado con la tarea en curso.

continuous speech / habla continua
Proceso de hablar en un tono de conversación fluida.

continuous-form paper / papel continuo
Tipo de papel que utiliza la mayoría de las impresoras de matriz de puntos y que consta de miles de páginas unidas una a la otra.

control / control
1. Objeto gráfico o textual que se utiliza para manejar una ventana y para utilizar un programa. 2. Opción en un informe de Microsoft Access (u otro objeto), en vista de Diseño, que se puede utilizar para modificar la apariencia del informe.

Control Panel / Panel de Control
Ventana que contiene herramientas especializadas que se puede utilizar para modificar la apariencia y el funcionamiento de Windows.

control structure / estructura de control
Se utiliza durante el diseño de los programas; una representación gráfica del orden lógico de las instrucciones del programa.

control unit / unida de control
Componente de un procesador que dirige y coordina la mayoría de las operaciones de una computadora.

Control Wizard / Asistente de Control
Asistente que hace una serie de preguntas y luego utiliza sus respuestas para efectuar un control en un formulario, informe o página de acceso a datos.

controlling / control
Actividad de administración que implica la medición del rendimiento y, si es necesario, la toma de medidas correctivas.

Convertible Tablet PCs / *Tablets PCs* convertibles
Tablet PCs con un teclado adjunto que se parecen a las computadoras portátiles.

converting / conversión
Proceso de modificación del formato de archivo, de manera que se pueda trabajar con el mismo, en una versión diferente del programa.

cookie / *cookie* (galleta)
Pequeño archivo de texto que un servidor de Web almacena en la computadora de un usuario, el cual es utilizado por aplicaciones de comercio electrónico y otras aplicaciones de Web para identificar al usuario y personalizar las páginas Web.

Cookie Manager / Administrador de *cookies* (galletas)
Herramienta de software para administrar las *cookies*.

coprocessor / coprocesador
Chip procesador adicional especial o tarjeta de circuitos que asiste al procesador en la ejecución de tareas específicas e incrementa el rendimiento de una computadora.

copy / copia
En autoedición (DTP), texto sin formato.

copying a file / copiar un archivo
Duplicar un archivo.

copying text or graphics / copiado de texto o gráfico
Procedimiento por el cual se coloca el duplicado de un texto o gráfico seleccionado en el portapapeles de Office, dejando el material original en su ubicación original.

copyright / derechos de autor
Derecho concedido por un gobierno al autor o creador de una obra literaria o artística; el derecho de autor protege la expresión tangible de una idea durante el tiempo específico estipulado en la ley de derechos de autor y concede al autor o creador el derecho de exclusividad para imprimir, publicar o vender la obra. Las obras que pueden estar protegidas por derecho de autor son prácticamente todas las formas de expresión artística o intelectual, incluyendo libros, música, obras de arte, grabaciones (de audio y vídeo), dibujos arquitectónicos, trabajos coreográficos, embalaje de productos y software informático.

CORBA / *CORBA*
Norma que establece cómo interaccionan los objetos entre los distintos programas en una red.

cordless keyboard / teclado inalámbrico
Teclado accionado por batería, que transmite datos utilizando tecnología inalámbrica, como por ejemplo, ondas de radio u ondas de rayos infrarrojos.

cordless mouse / ratón inalámbrico
Ratón accionado por batería que transmite datos utilizando tecnología inalámbrica, como por ejemplo, ondas de radio u ondas de rayos infrarrojos.

C

core activities / actividades principales
Las actividades principales de una empresa son sus operaciones, e incluyen la creación, venta y apoyo técnico a los productos y servicios que la compañía produce y presta.

cost/benefit feasibility / factibilidad de la relación costo - beneficios
Parámetro que indica si los beneficios de por vida de un sistema de información propuesto superarán los costos de su vida útil.

cost-effective information / información rentable
Información que proporciona un valor que supera el costo de obtención de la misma.

counter / contador
Pequeño programa que lleva el control del número de visitantes a un sitio Web.

countermeasure / contramedida
Nombre general que se da a un procedimiento, ya sea fisico o lógico, que reconoce, reduce o elimina una amenaza.

courtesy copy / copia de cortesía
Mensaje de correo electrónico enviado a otra persona además de al destinatario principal o a los destinatarios principales. También se le conoce como Cc.

cracker / *cracker*
Término de la jerga informática utilizado para referirse a una persona que usa sus conocimientos de informática y programación para obtener acceso no autorizado a una computadora con el fin de robar o alterar información

create / crear
Introducir texto o números, insertar imágenes gráficas y realizar otras tareas con un documento, utilizando un dispositivo de entrada, como por ejemplo, un teclado, un ratón o un micrófono.

criteria range / rango de criterios
Área en una hoja de cálculo, utilizada con filtros avanzados, independiente de la lista de Microsoft Excel, que especifica los criterios que serán utilizados para filtrar la lista.

crop / recortar
Modificar el tamaño de una foto o vídeo.

cross-platform / plataforma cruzada
Existe en versiones múltiples que funcionan idénticamente en sistemas operativos múltiples.

crosstab query / consulta *crosstab* (de referencia cruzada)
Consulta que realiza cálculos de función agregada con los valores de un campo de una base de datos y muestra los resultados en formato de hoja de cálculo.

CRT monitor / monitor *CRT*
Tipo de monitor de computadora que contiene un tubo de rayos catódicos.

cryptography / criptografía
Proceso de transformación de datos de un formato legible (texto no cifrado) a un formato ilegible (texto cifrado).

current record symbol / símbolo del registro en curso
Triángulo oscurecido que aparece en el selector de registros, a la izquierda del registro en curso.

cursor / cursor
1. Símbolo en una pantalla de computadora, por lo general una barra vertical intermitente, que indica dónde aparecerá el próximo carácter que el usuario escriba. También se le conoce como punto de inserción.
2. Dispositivo indicador de la tablilla de gráficos, que se utiliza para hacer planos y bocetos.

custom software / software personalizado
Software que realiza funciones específicas de una empresa o sector, desarrollado por un usuario o a solicitud de un usuario.

customer interaction management / administración de interacción con los clientes
Software que se utiliza para administrar las interacciones cotidianas con los clientes. También se le conoce como CIM.

customer relationship management / administración de relaciones con los clientes
Software utilizado por una compañía para dar un toque personal y brindar un servicio personalizado a sus clientes. También se le conoce como CRM.

cut and paste / cortar y pegar
Retirar texto o gráficos de un documento y luego pegarlo (o insertarlo) en un documento, en una nueva ubicación.

cutting / cortar
Retirar texto o gráficos de un documento y colocarlo en el Portapapeles de Office.

CVS / *CVS*
Trastornos de visión asociados al uso de la computadora. CVS es la forma abreviada de *Computer Vision Syndrome* (Síndrome de visión provocado por la computadora).

cyber cash / dinero digital
Pago electrónico a través de Internet desde la cuenta de efectivo de un cliente, por ejemplo, una cuenta bancaria. También se le conoce como dinero electrónico, *e-money* o efectivo digital.

cybercafe / cibercafé
Cafetería o restaurante que proporciona a sus clientes computadoras con acceso a Internet.

cybercrime / delito cibernético
Actos ilegales en línea o en Internet.

cyberlaw / ciberlegislación
Término que se utiliza para las leyes de derechos de autor que se aplican a los temas jurídicos que giran en torno al uso y la reproducción de la información que está disponible en la Web.

cylinder / cilindro
Sección vertical de un disco duro que pasa por todos los platos del disco.

D

daisy chain / cadena de margarita
Proceso de conectar un dispositivo a un puerto en una computadora, luego conectar un segundo dispositivo al primer dispositivo, un tercer dispositivo al segundo dispositivo, y así sucesivamente.

data / datos
Conjunto de elementos sin procesar, que pueden incluir texto, números, imágenes, audio y vídeo.

data access page / página de acceso a los datos
Documento HTML dinámico que se puede abrir con un navegador de Web para visualizar o actualizar los datos actuales almacenados en una base de datos. Además del documento HTML, una página de acceso a datos incluye un objeto de página en la base de datos de Microsoft Access que vincula el documento HTML con los campos enlazados de la base de datos. También se le conoce como página.

data bus / bus de datos
Parte de un bus que transfiere datos reales.

data collection device / dispositivo de recopilación de datos
Dispositivo que obtiene datos directamente en un lugar donde la transacción o el evento tiene lugar.

data conversion / conversión de datos
Conversión de archivos manuales y de computadora existentes a un formato en el cual puedan ser utilizados por el nuevo sistema.

data dictionary / diccionario de datos
En una base de datos, elemento de DBMS que contiene datos sobre cada archivo almacenado en una base de datos y sobre cada campo dentro de esos archivos. En el desarrollo de sistemas, el diccionario de datos se refiere a una sección del diccionario de proyectos donde cada elemento tiene una entrada.

data entry form / formulario de ingreso de datos
Ventana en la pantalla que proporciona un área para introducir o modificar datos en una base de datos.

data file / archivo de datos
Conjunto de registros de una base de datos, relacionados entre sí, almacenados en un disco, por ejemplo un disco duro, un CD-ROM o un DVD-ROM.

data flow diagram / diagrama de flujo de datos
Herramienta utilizada en la modelación de procesos, que muestra de manera gráfica el flujo de datos de un sistema. También se le conoce como DFD.

data flow / flujo de datos
Elemento del diagrama de flujo de datos que muestra la entrada o salida de datos o información hacia o desde un proceso.

data integrity / integridad de datos
La calidad de los datos que se introducen en una base de datos.

data link layer / capa de enlace de datos
El sexto nivel del modelo de referencia de Interconexión de Sistemas Abiertos (OSI).

data marker / marcador de datos
Representación gráfica de los valores de la serie de datos de un gráfico, incluyendo elementos, tales como cada una de las columnas de un gráfico de barras, las porciones de los gráficos de pastel y los puntos utilizados en los gráficos de ejes *x* e *y* (dispersión).

data mart / mercado de datos
Versión más pequeña de un almacén de datos, que contiene una base de datos que ayuda a un grupo o departamento específico a tomar decisiones.

data mining / extracción de datos
Proceso que a menudo es utilizado por almacenes de datos para buscar patrones y relaciones entre los datos.

data model / modelo de datos
Conjunto de reglas y normas que definen cómo una base de datos organiza los datos.

data processing / procesamiento de datos
Sistema informático que captura y procesa los datos procedentes de las actividades empresariales cotidianas.

data projector / proyector de datos
Dispositivo de salida que toma la imagen de la pantalla de una computadora y la proyecta en una pantalla más grande, de manera que un grupo de personas pueda ver la imagen con mayor claridad.

data redundancy / redundancia de datos
Condición que se produce cuando se almacenan los mismos datos en más de un lugar; con ello se desaprovecha espacio de almacenamiento y se puede ocasionar inconsistencias.

data series / serie de datos
En Microsoft Excel, el Asistente de Gráficos organiza las fuentes de datos en un conjunto, donde cada serie de datos constituye un rango de valores de datos que se grafican como una unidad en el gráfico.

D

data source / fuente de datos
1. Información variable contenida en una fuente de datos, que puede ser una tabla de Microsoft Word, una base de datos de Microsoft Access o alguna otra fuente. 2. En una combinación de correspondencia, documento que contiene información, por ejemplo nombres y direcciones, que será insertada en el documento principal.

data store / almacén de datos
Lugar de almacenamiento de datos e información, que se muestra gráficamente en un diagrama de flujo de datos.

data type / tipo de datos
Propiedad de campo que determina qué valores de campo se puede introducir en el campo y qué otras propiedades tendrá el campo.

data validation / validación de datos
Función de Microsoft Excel que permite definir una serie de reglas que rigen la introducción de datos en una celda o en un rango específico de celdas.

data value / valor de los datos
Elementos de una serie de datos que se grafican en el eje vertical o eje *y* de un gráfico.

data warehouse / almacén de datos
Base de datos enorme que almacena y administra los datos necesarios para analizar las transacciones anteriores y actuales y que, por lo general, tiene una interfaz fácil de utilizar, de manera que los usuarios puedan interaccionar fácilmente con sus datos.

database approach / enfoque de base de datos
Sistema que se utiliza para almacenar y administrar datos, en el cual muchos programas y usuarios comparten los datos de una base de datos.

database / base de datos
Conjunto de datos organizados de una manera que permite al usuario obtener acceso a los datos, recuperarlos y utilizarlos.

database management system / sistema de administración de base de datos
Software que se utiliza para crear una base de datos computarizada; agregar, cambiar y eliminar datos en la base de datos; clasificar y recuperar datos de la base de datos; y crear formularios e informes utilizando los datos de la base de datos. También se le conoce como DBMS.

database server / servidor de base de datos
Servidor en una red de cliente - servidor que almacena y proporciona acceso a la base de datos.

database software / software de base de datos
Software que se utiliza para crear, obtener acceso y administrar una base de datos; añadir, cambiar y borrar datos en la base de datos; clasificar y recuperar datos de la base de datos; y crear formularios e informes utilizando los datos de la base de datos.

database window / ventana de base de datos
Ventana que aparece en pantalla cuando se abre una base de datos; es el centro de control principal para trabajar con una base de datos de Microsoft Access abierta.

Database Wizard / Asistente de Base de datos
Función de Microsoft Access que guía al usuario a través del proceso de creación de la base de datos y proporciona las tablas, formularios e informes necesarios para el tipo de base de datos que seleccione.

datasheet / hoja de datos
Representación visual del contenido de una tabla en filas y columnas, similar a una tabla u hoja de cálculo; cada fila es un registro separado de la tabla y cada columna contiene los valores de campo correspondientes a un campo de la tabla.

Datasheet view / vista de Hoja de datos
Pantalla de Microsoft Access que muestra el contenido de una tabla en forma de hoja de datos, en filas y columnas, similar a una tabla u hoja de cálculo.

date field / campo de fecha
Campo que inserta la fecha en curso y ordena a Microsoft Word que actualice el campo cada vez que se abre el documento.

Date function / función Fecha
Categoría de las funciones de Microsoft Excel que almacenan y calculan las fechas como valores numéricos que representan el número de días desde el 1° de enero de 1900.

daughterboard upgrade / actualización de placa secundaria
Actualización del procesador en el cual se coloca, físicamente, un chip de procesador nuevo en una tarjeta adaptadora que se enchufa en la placa madre.

DBMS / *DBMS*
Software que se utiliza para crear una base de datos computarizada; añadir, cambiar y borrar datos en la base de datos; clasificar y recuperar datos de la base de datos; y crear formularios e informes utilizando los datos de la base de datos. DBMS es la forma abreviada de *Database Management System* (Sistema de administración de base de datos).

DDoS attack / ataque *DDoS*
Tipo de ataque de denegación de servicio que involucra a muchas computadoras de las que no se sospecha y que se utilizan para atacar muchas redes de computadoras. DDoS es la forma abreviada de *Distributed Denial of Service* (Denegación de servicio distribuida).

dead code / código muerto
Cualquier instrucción de programa que un programa nunca ejecuta.

debug utility / utilitario de depuración
Utilitario que ayuda a los programadores a identificar errores de sintaxis y a encontrar errores lógicos en un programa informático.

D

debugging / depuración
Proceso de localización y corrección de errores de sintaxis y errores lógicos en un programa.

decentralized / descentralizado
Enfoque a la tecnología informática en el cual los departamentos y las divisiones de una compañía mantienen sus propios sistemas informáticos.

Decimal Places property / propiedad de lugares decimales
Propiedad que especifica el número de lugares decimales que aparecerán a la derecha del punto decimal.

Decimal tab / tabulador Decimal
Estilo de alineación de tabulación que coloca los números de manera que sus puntos decimales queden alineados en el tabulador.

decision support system / sistema de ayuda a la decisión
Sistema de información que ayuda a los usuarios a analizar datos y a tomar decisiones. También se le conoce como DSS.

decision table / tabla de decisión
Tabla que lista una serie de condiciones de proceso y las operaciones que corresponden a cada condición.

decision tree / árbol de decisión
Esquema que muestra de forma gráfica una serie de condiciones de proceso y las operaciones que corresponden a cada condición.

decoding / decodificación
Operación del procesador que convierte una instrucción de un programa en señales que la computadora puede ejecutar.

decryption / desciframiento
Proceso de conversión de un texto cifrado a un formato legible.

dedicated line / línea dedicada
Tipo de conexión siempre activada que se establece entre dos dispositivos de comunicación.

dedicated servers / servidores dedicados
Servidores de una red de cliente - servidor que realizan una tarea específica y que pueden colocarse junto a otros servidores dedicados para realizar tareas múltiples.

Deep Blue / *Deep Blue*
Computadora IBM para jugar ajedrez.

default / predeterminado
Ajuste predeterminado por el sistema operativo o por un programa de aplicación.

default settings / ajustes predeterminados
Conjunto de parámetros estándar que controla la manera en que se configura la pantalla y la apariencia de un documento cuando se comienza a escribir.

Default Value property / propiedad Valor predeterminado
Propiedad que especifica el valor que se introducirá de forma automática en el campo cuando se añade un nuevo registro.

default value / valor predeterminado
Valor que un DBMS muestra inicialmente en un campo.

Defense Advanced Research Projects Agency / Agencia de Proyectos de Investigación Avanzada para la Defensa
Agencia del Departamento de Defensa de EE.UU. que patrocinó las primeras investigaciones y el desarrollo de tecnologías y sistemas que más tarde se convirtieron en Internet. También se le conoce como DARPA.

definition list / lista de definición
Formato de lista HTML; cada elemento consta de términos seguidos por la definición de los mismos.

Defrag command / comando Desfragmentar
Comando que desfragmenta el disco duro especificado, reorganizando de esta forma el disco, de manera que los archivos sean almacenados en sectores contiguos.

defragmenting / desfragmentación
Reorganización de un disco, de manera que los archivos sean almacenados en sectores contiguos, acelerando de esta forma el acceso al disco y, por lo tanto, el rendimiento de toda la computadora.

delete / eliminar
1. Borrar información de forma permanente. 2. En Microsoft Excel, quitar una celda o celdas de una hoja de cálculo, desplazando las celdas restantes de la hoja de cálculo hacia el espacio anteriormente ocupado por la celda o celdas eliminadas; también quitar una hoja de cálculo, por completo, de un libro de trabajo.

Deleted Items folder / carpeta de Elementos eliminados
Carpeta en la que los programas de correo electrónico almacenan temporalmente los mensajes de correo electrónico eliminados hasta que se los elimine de forma permanente.

deliverable / entregable
Cualquier elemento tangible de un proyecto, por ejemplo, un gráfico, diagrama, informe o archivo de programa.

Delphi / *Delphi*
Potente herramienta de programación visual que resulta ideal para empresas de gran tamaño, así como para el desarrollo de aplicaciones en Web.

demodulate/demodulation / demodular/demodulación
Conversión de una señal analógica a su señal digital original, por medio de un módem.

demographic information / información demográfica
Conjunto de características que los vendedores utilizan para agrupar a quienes visitan sus sitios Web. La misma incluye datos como dirección, edad, sexo, nivel de ingresos, educación, aficiones, afiliación política y religión.

demote / reducir el nivel
Reducir el nivel de un elemento en un esquema.

denial of service attack / ataque de denegación de servicio
Ataque a una computadora llevado a cabo por piratas informáticos cuyo objetivo consiste en interrumpir el acceso de dicha computadora a la Web. También se le conoce como ataque DoS.

density / densidad
El número de bits en una zona de un medio de almacenamiento.

dependent cell / celda dependiente
Celda que utiliza en su fórmula el valor de la celda activa.

deprecated / desaconsejado
Función de HTML que está siendo eliminada gradualmente y que es posible que no sea soportada por los futuros navegadores.

descending order / orden descendente
Ordenamiento de etiquetas en orden alfabético inverso, de la Z a la A, de los números del mayor al menor o cronológico inverso.

description property / propiedad Descripción
Propiedad opcional que se puede utilizar para introducir la descripción en un campo a fin de explicar su propósito o uso.

design grid / cuadrícula de diseño
En Microsoft Access, porción de la ventana de Búsqueda, en vista de Diseño, en la cual se especifican los campos y los criterios de selección de registros para la búsqueda que está creando.

design phase / fase de diseño
Tercera fase del ciclo de desarrollo de sistemas, que consta de dos actividades principales: adquisición de hardware y software, si es necesario, y desarrollo de todos los detalles del sistema de información nuevo o modificado.

design template / plantilla de diseño
Archivo que contiene la combinación de colores, los formatos del texto, los colores de fondo y los objetos y los gráficos de la presentación.

design tools / herramientas de diseño
Herramientas utilizadas para ayudar a los programadores a documentar un algoritmo de solución. Dos de las herramientas de diseño son los diagramas de flujo del programa y los seudocódigos.

Design view / vista de Diseño
Vista de Microsoft Access que se utiliza para definir o modificar la estructura de una tabla o las propiedades de los campos de una tabla.

desk check / prueba de escritorio
Técnica para la comprobación de un algoritmo de solución, que utiliza datos de prueba para analizar su lógica.

desktop / escritorio
Área de trabajo en la pantalla, que tiene una interfaz gráfica de usuario que proporciona las herramientas que se necesita para manejar programas y proyectos informáticos.

desktop computer / computadora de escritorio
Computadora diseñada de manera que la unidad del sistema, los dispositivos de entrada, los dispositivos de salida y cualquier otro dispositivo quepan bien sobre o debajo de un escritorio o mesa.

desktop publishing software / software de autoedición
Software de aplicación utilizado por diseñadores profesionales para crear documentos sofisticados que pueden contener texto, gráficos y muchos colores. También se le conoce como software de DTP.

destination / destino
Documento que se abre cuando se hace clic sobre un vínculo.

destination document / documento destino
1. Documento que mostrará la información proveniente del documento fuente. 2. Documento en el cual se desea insertar un objeto. También se le conoce como archivo destino.

destination file / archivo destino
1. Archivo que mostrará la información proveniente del archivo fuente. 2. Archivo en el cual se desea insertar un objeto. También se le conoce como documento destino.

destination program / programa destino
Programa que se utiliza para crear el archivo en el cual se desea insertar un objeto.

destination range / rango de destino
Rango de una hoja de cálculo en el cual se han copiado y pegado fórmulas.

detaching / separación
Proceso de guardar el adjunto de un mensaje de correo electrónico en un archivo.

detail record / registro de detalle
En un informe basado en dos tablas, conjunto de valores de campo que se muestran para cada campo en la tabla asociada.

detail report / informe de detalle
En Microsoft Access, informe que muestra los campos de la sección Detalle para cada registro de la fuente del registro.

detail section / sección de detalle
Cuerpo principal de un formulario o informe en el cual se colocan los controles enlazados, los controles no enlazados y los controles calculados.

detailed analysis / análisis de detalle
Segunda tarea en la fase de análisis del ciclo de desarrollo del sistema, realizado por el analista de sistemas. El análisis detallado implica tres actividades fundamentales estudiar cómo funciona el sistema actual; determinar los deseos, necesidades y requisitos de los usuarios; y proponer una solución.

detailed report / informe detallado
Informe creado por un sistema de información de administración que generalmente lista solamente las transacciones.

device driver / controlador de dispositivo
Pequeño programa que le dice a un sistema operativo cómo comunicarse con un dispositivo específico.

device-dependent / dependiente del dispositivo
Capaz de funcionar solamente en un tipo o marca específica de computadora.

device-independent / independiente del dispositivo
Capaz de funcionar en computadoras provistas por diversos fabricantes

DFD / *DFD*
Herramienta utilizada para procesar los modelos que muestran gráficamente el flujo de datos en un sistema. DFD es la forma abreviada de *Data Flow Diagram* (diagrama de flujo de datos).

DIAD / *DIAD*
Computadora de bolsillo que utiliza la compañía UPS para recopilar información para realizar entregas, capturar las firmas de los clientes y transmitir información de forma inalámbrica. DIAD es la forma abreviada de *Delivery Information Acquisition Device* (Dispositivo de adquisición de información de entrega).

diagnostic utility / utilitario de diagnóstico
Utilitario que recopila información técnica sobre el hardware de una computadora y ciertos programas de software del sistema y luego prepara un informe en el que describe cualquier problema detectado.

dialog box / cuadro de diálogo
Ventana especial que proporciona información y presenta las opciones disponibles para la realización de una tarea específica.

dial-up / conexión mediante línea conmutada
El servicio de teléfono estándar que proveen las compañías de teléfono a clientes comerciales o individuales para las comunicaciones por voz. Este servicio permite a los usuarios transmitir datos utilizando un módem en un ancho de banda de entre 28.8 y 56 Kbps.

dial-up access / acceso mediante red conmutada
Método de conectarse a Internet utilizando el módem de una computadora y una línea de teléfono estándar.

dial-up line / línea de red conmutada
Conexión temporal que utiliza una o más líneas telefónicas analógicas para las comunicaciones.

dial-up modem / módem de red conmutada
Tipo de dispositivo de comunicación que convierte las señales digitales de una computadora en señales analógicas para que dichas señales puedan ser transmitidas a través de las líneas telefónicas estándar, o reconvierte las señales analógicas en señales digitales para que puedan ser procesadas por una computadora

differential backup / copia de seguridad diferencial
Copia de seguridad mediante la cual se copian solamente los archivos que han sufrido modificaciones después que se hiciera la última copia de seguridad completa.

digital / digital
Representación de la información utilizando sólo dos discretos estados, positivo (conectado ó 1) y negativo (apagado ó 0).

Digital Angel / Ángel digital
Chip de computadora equipado con un receptor GPS (Servicio de posicionamiento global) que se utiliza como un reloj de muñeca o cadena o se entreteje en la tela.

digital camera / cámara digital
Cámara que almacena de manera digital las imágenes que captura, en vez de almacenarlas en una película convencional.

digital cash / efectivo digital
Pago electrónico de los productos y servicios efectuado a través de Internet desde una cuenta de efectivo de un cliente, tal como una cuenta bancaria. También se conoce como dinero electrónico, *e-money* o ciberefectivo.

digital certificate / certificado digital
Archivo cifrado y protegido por contraseña que contiene suficiente información para autenticar y demostrar la identidad de una organización o persona.

Digital Display Working Group / Grupo de Trabajo de Visualización Digital
Organización que desarrolló el puerto DVI. También se le conoce como DDWG.

digital divide / brecha digital
Preocupación social de que los habitantes del mundo puedan dividirse en dos grupos bien definidos, los que tienen acceso a la tecnología y los que no.

digital format / formato digital
Formato en que graba una cámara de vídeo. Entre los formatos se encuentran el Mini-DV, el MICROMV, el Digital8 y el DVD.

digital ID / ID digital
Archivo electrónico que se compra a una entidad de certificación autorizada y se instala en un programa que lo utiliza, por ejemplo un programa de correo electrónico o navegador de Web. También se le conoce como certificado personal.

D

digital imaging technology / tecnología de representación digital de imágenes
Tecnología que implica la captura y procesamiento de imágenes fotográficas en un formato electrónico.

digital light processing projector / proyector de procesamiento digital de luz
Proyector que utiliza diminutos espejos para reflejar la luz, lo cual produce imágenes claras, brillantes y llenas de color, que permanecen enfocadas y pueden verse claramente incluso en una habitación bien iluminada. También se le conoce como proyector DLP.

digital modem / módem digital
Tipo de módem que envía y recibe datos por medio de una línea telefónica digital, por ejemplo una línea ISDN o DSL.

digital pen / pluma digital
Puntero parecido a un bolígrafo, que utiliza presión en vez de tinta, para escribir texto y dibujar líneas. La pluma digital, conocida también como estilo, es el principal dispositivo de entrada de un PDA.

digital photo printer / impresora de fotos digitales
Impresora térmica que utiliza calor para transferir la tinta de color al papel estucado especial, creando imágenes de calidad fotográfica.

Digital Rights Management / Administración de derechos digitales
Medidas de seguridad que protegen a los archivos contra el acceso no autorizado. También se le conoce como DRM.

digital signal / señal digital
Señal que consiste en impulsos eléctricos digitales, que representan bits agrupados en bytes.

digital signal processor / procesador de señal digital
1. Componente de computadora que comprime los datos y los envía comprimidos al procesador. También se le conoce como DSP. 2. Componente de una cámara digital que ajusta la calidad de una imagen desde la cámara y, por lo general, almacena la imagen digital en medios de almacenamiento que se pueden extraer de la cámara.

digital signature / firma digital
Código cifrado que una persona, sitio Web o compañía adjunta a un mensaje electrónico para verificar la identidad del remitente del mensaje.

Digital Subscriber Line / Línea de suscripción digital
Tipo de línea digital dedicada que transmite datos a altas velocidades a través de los cables telefónicos de cobre estándar existentes. La conexión proporciona velocidades de transmisión que oscilan entre 100 y

640 Kbps del usuario a la compañía de teléfono y entre 4.5 y 9 Mbps de la compañía de teléfono al usuario. También se le conoce como lazo de suscripción digital y, más comúnmente, como DSL.

igital television / televisión digital
Tipo de televisión que utiliza señales digitales para producir una salida clara y de alta calidad. También se le conoce como DTV.

igital video camera / cámara de vídeo digital
Nueva generación de cámaras de vídeo (o *camcorder*) que graba vídeo en forma de señales digitales en vez de en forma de señales analógicas. También se le conoce como cámara de DV.

igital video disc-ROM / *disc-ROM* de vídeo digital
Disco óptico de una capacidad extremadamente alta, que es capaz de almacenar de 4.7 GB a 17 GB de datos. También se le conoce como disco-ROM digital versátil y DVD-ROM.

igital Video Interface / Interfaz de vídeo digital
Interfaz que puede aceptar señales digitales directamente, eliminando la necesidad de realizar una conversión analógica - digital. También se le conoce como DVI.

igital video technology / tecnología de vídeo digital
Tecnología que se utiliza para introducir, editar, administrar, publicar y compartir vídeos utilizando una computadora personal.

igital watermark / marca de agua digital
Proceso que inserta un patrón digital que contiene información protegida por derechos de autor en una imagen digital, animación o archivo de audio o vídeo. La marca de agua se inserta en el archivo utilizando un programa de software, de manera que no se pueda ver ni detectar. Para visualizar la marca de agua digital se utiliza un programa de software que desbloquea la marca de agua y recupera la información almacenada en la misma.

igital-to-analog converter / convertidor digital analógico
Componente de computadora que convierte los datos digitales en una señal de salida analógica de voltaje. También se le conoce como DAC.

IMM / *DIMM*
Módulo de memoria que tiene espigas en los lados opuestos de la tarjeta de circuitos, no conectados entre sí y, por consiguiente, forman dos conjuntos de contactos. DIMM es la forma abreviada de *Dual Inline Memory Module* (módulo de memoria doble en línea).

DIP / *DIP*
Tipo de encapsulado para los chips del procesador y de la memoria de las computadoras personales de escritorio que consta de dos hileras paralelas de delgadas patas metálicas (espigas) dirigidas hacia abajo, que encajan en la tarjeta de circuitos. DIP es la forma abreviada de *Dual Inline Package* (encapsulado de doble línea de entrada).

D

direct access / acceso directo
Tipo de acceso a datos mediante el cual el dispositivo de almacenamiento puede localizar un dato o archivo específico de inmediato, sin tener que moverse de forma consecutiva a través de los otros datos o archivos almacenados delante del dato o archivo deseado.

direct conversion / conversión directa
Estrategia de conversión para implementar un nuevo sistema informático, en la cual los usuarios dejan de utilizar el sistema antiguo y comienzan a utilizar el nuevo en una fecha determinada.

Director / *Director*
Software de multimedia, con potentes funciones, utilizado por los programadores para elaborar aplicaciones de multimedia sumamente interactivas.

disaster recovery plan / plan de recuperación de desastres
Plan impreso que describe los pasos que una compañía tomaría para restaurar las operaciones informáticas en caso de desastre.

discrete speech / habla discreta
Proceso de hablar lentamente, haciendo una breve pausa entre palabras en vez de hablar en un tono de conversación fluido.

discussion server / servidor de discusión
Computadora que permite a los participantes de una discusión a través de la Web hacer comentarios sobre un documento de Web y hacer que los comentarios aparezcan como si fueran parte del documento.

disintermediation / desintermediación
Proceso mediante el cual una compañía elimina a otra compañía de una cadena de suministro del sector.

disk / disco
Un dispositivo de computadora para almacenar datos.

disk cache / caché de disco
Porción de la memoria que utiliza el procesador para almacenar datos los que se tiene acceso frecuentemente, lo cual mejora los tiempos de acceso al disco.

disk cartridge / cartucho de disco
Disco duro que se puede insertar y sacar de una unidad de disco duro, que puede ser un dispositivo externo o interno de la unidad del sistema.

disk controller / controlador de disco
Chip y circuitos electrónicos especiales que controlan la transferencia de datos, instrucciones e información entre un disco y el bus del sistema y los otros componentes en una computadora.

disk defragmenter / desfragmentador de disco
Utilitario que reorganiza los archivos y el espacio no utilizado en el disco duro de una computadora, de manera que el sistema operativo tenga acceso a los datos más rápidamente y los programas se ejecuten con mayor rapidez.

Disk Operating System / Sistema operativo en disco
Cualquiera de los diversos sistemas operativos monousuarios que fueron desarrollados a principios de la década de 1980 para las computadoras personales. Las dos versiones de Sistema operativo en disco, o DOS, más utilizadas han sido la PC-DOS y la MS-DOS.

disk scanner / escáner de disco
Utilitario que detecta y corrige tanto los problemas físicos como lógicos de un disco duro o disco flexible, y busca los archivos innecesarios y los elimina.

diskette / disquete
Medio de almacenamiento portátil, de bajo costo, que consta de una delgada película *Mylar* plástica, circular y flexible, con revestimiento magnético, encerrada en una funda de plástico cuadrada. También se conoce como disco flexible.

diskpart command / comando *diskpart* (particionar disco duro)
Comando que pone en funcionamiento la versión de la línea de comando del utilitario *DiskPart* y da acceso al usuario a las características avanzadas que no están disponibles en la versión GUI.

display device / dispositivo de visualización
Dispositivo de salida en el que se visualiza, electrónicamente, información en forma de texto, gráficos y vídeo, durante un período transitorio.

distance learning / aprendizaje a distancia
Educación que se imparte desde una ubicación lejana de las otras ubicaciones donde se realizan los estudios. También se le conoce como DL

distributed database / base de datos distribuida
Base de datos en la cual los datos se encuentran almacenados en distintas ubicaciones de una red o de Internet, pero se puede tener acceso a los mismos a través de un solo servidor.

distributed development / desarrollo distribuido
Creación de productos o aplicaciones por programadores en regiones geográficas separadas, aprovechando los grupos de talento mundiales y las cadenas de suministro.

distributed processing / procesamiento distribuido
Diseño de sistema informático mediante el cual la información es procesada en múltiples estaciones de trabajo o servidores.

distribution list / lista de distribución
Grupo de personas a quienes el usuario envía frecuentemente los mismos mensajes de correo electrónico.

D

distribution systems / sistemas de distribución
Sistemas informáticos que proporcionan pronósticos para el control de inventarios, administran y controlan la entrega de productos, y proporcionan información y análisis sobre los inventarios de los almacenes.

DNS server / servidor de *DNS*
Servidor de Internet, generalmente asociado a un proveedor de servicios de Internet que convierte un nombre de dominio en su dirección IP asociada, de manera que los datos puedan ser enviados a la computadora correcta. DNS es la forma abreviada de *Domain Name System* (sistema de nombres de dominio).

DNS software / software *DNS*
Programa en una computadora anfitriona de Internet que coordina las direcciones IP y los nombres de dominio para todas las computadoras conectadas a la misma. DNS es la forma abreviada de *Domain Name System* (sistema de nombres de dominio).

docking station / estación de acoplamiento
Dispositivo externo al que se puede acoplar una computadora portátil contiene una conexión de alimentación eléctrica y puede proporcionar conexiones con periféricos.

document / documento
Conjunto de datos que tiene un nombre y se almacena en una computadora; también se le conoce como archivo.

document object model / modelo de objetos de documento
Formato que define cada uno de los elementos de una página Web como un objeto, permitiendo a los programadores cambiar las propiedades, por ejemplo, el color o tamaño, de cualquiera o de todos los objetos de la página Web. También se le conoce como DOM.

documentation / documentación
1. Conjunto y resumen de datos e información, presentados por los miembros del equipo de proyectos durante todo el ciclo de desarrollo del sistema. 2. Conjunto de pautas e instrucciones para el usuario que se suministran con un software.

documentation sheet / hoja de documentación
Hoja de trabajo que proporciona información sobre el contenido y propósito del libro de trabajo.

domain name / nombre de dominio
Dirección IP que consta de letras (como por ejemplo, www.course.com) en vez de números; se utiliza más comúnmente en la porción de la dirección del servidor de un URL para identificar un sitio Web.

domain name server / servidor de nombre de dominio
Computadora anfitriona de Internet que ejecuta el software DNS para coordinar las direcciones IP y los nombres de dominio de cada computadora conectada a la misma.

domain name system / sistema de nombres de dominio
Método que utiliza Internet para almacenar nombres de dominio y sus correspondientes direcciones IP. También se le conoce como DNS.

OS / *DOS*
Cualquiera de los diversos sistemas operativos monousuarios que fueron desarrollados a principios de la década de 1980 para las computadoras personales. Las dos versiones de Sistema operativo en disco, o DOS, más utilizadas han sido la PC-DOS y la MS-DOS.

oS attack / ataque *DoS*
Ataque a una computadora llevado a cabo por piratas informáticos cuyo objetivo consiste en interrumpir el acceso de dicha computadora a la Web. DoS attack es la forma abreviada de *Denial of Service attack* (ataque de denegación de servicio).

ot pitch / paso de punto
Distancia, en milímetros, entre cada píxel de igual color en una pantalla.

t-com / punto - com
1. Término que algunas veces se utiliza para describir organizaciones que tienen un dominio de alto nivel de comunicación. 2. Empresa que efectúa todas sus ventas a través de la Web y no tiene almacenes físicos.

t-matrix printer / impresora de matriz de puntos
Tipo de impresora de impacto que produce imágenes impresas cuando las diminutas agujas de alambre de un cabezal de impresión golpean sobre una cinta entintada.

tted decimal notation / notación decimal con puntos
Método de escribir las partes de una dirección IP de 32 bits como cuatro números decimales separados por puntos.

tted decimal number / número decimal con puntos
Forma típica de dirección de IP con cuatro grupos de números que van del 0 al 255. También se le conoce como cuadrícula de puntos.

tted quad / cuadrícula de puntos
Forma típica de dirección de IP con cuatro grupos de dígitos que van del 0 al 255. También se le conoce como número decimal con puntos.

ouble Data Rate SDRAM / *SDRAM* de doble velocidad de nsferencia de datos
Tipo de RAM que es incluso más rápida que las DRAM síncronas normales (SDRAM) porque transfiere datos dos veces por cada ciclo del reloj, en vez de sólo una. También se le conoce como DDR SDRAM.

uble spacing / doble espacio
Tipo de espacio entre líneas en un documento, que permite el doble de espacio del espacio sencillo.

uble-click / hacer doble clic
Pulsar el botón izquierdo del ratón dos veces en rápida sucesión.

o-until control structure / estructura de control *Do-until*
En programación, estructura de control de repetición que se repite una o más veces mientras no se cumpla una condición.

Do-while control structure / estructura de control *Do-while*
En programación, estructura de control de repetición que se repite u
o más veces mientras se cumpla una condición.

downlink / conexión descendente
Transmisión de un satélite a una estación terrena.

download / descargar
1. Proceso de una computadora que recibe información de un servidor, por ejemplo una página Web, de un servidor de Internet. 2. Proceso de transferencia de una copia de imágenes de una cámara dig
tal a un disco duro de computadora u otro dispositivo de almacenamiento o de salida.

downstream rate / velocidad de descarga
Velocidad de transferencia que se alcanza cuando se están recibiendo datos a través de un canal de comunicaciones.

downtime / tiempo improductivo
Parámetro que indica la no-disponibilidad de un sistema, que puede s
ocasionada por fallos de la computadora, reparaciones o instalación d
componentes.

downward compatible / compatible con una versión anterior
Capaz de reconocer y utilizar versiones anteriores, como por ejemplo
tipos más antiguos de medios de almacenamiento.

dpi / *dpi*
Número de puntos que se imprimen por pulgada, en sentido vertica
u horizontal. Dpi es la forma abreviada de *dots per inch* (puntos por pulgada).

Dr. Watson / *Dr. Watson*
Programa utilitario de diagnóstico, incluido en Windows XP, que diag
nostica fallos en programas y sugiere medidas a tomar.

Drafts folder / carpeta de Borradores
Carpeta de los programas de correo electrónico en la que se almacen
los mensajes de correo electrónico que han sido escritos, pero que todavía no han sido enviados.

drag / arrastrar
Seleccionar un objeto y luego pulsar y mantener pulsado el botón de
ratón mientras se mueve el ratón.

drag-and-drop / arrastrar-y-colocar
Mover un elemento (ya sea texto o un gráfico) seleccionándolo y arrastrándolo con el ratón.

drive / unidad de disco
Dispositivo de computadora que puede recuperar y algunas veces grabar datos en un disco.

drive bays / compartimientos para unidades de disco
Aberturas rectangulares dentro de la unidad del sistema en las que, po
lo general, se instalan las unidades de disco.

river / controlador
Pequeño programa que le dice a un sistema operativo cómo comunicarse con un dispositivo específico.

rop cap / letra capital
Letra mayúscula grande que resalta el inicio del texto de un boletín, capítulo o alguna otra sección de un documento.

Lorem ipsum dolor sit amet fdsgg consecter nonummy nibh euismod tincidunt ut laore volutpat. Suscript loborit nisl ut aliquip e. incidunt ut laore volutpat. Suscript loborit nisl ut aliquip e. Incidunt ut laore volutpat. Suscript loborit nisl ut aliquip e.

drop cap

SL / *DSL*
Tipo de línea digital dedicada que transmite datos a altas velocidades a través de las líneas telefónicas de cables de cobre existentes. DSL es la forma abreviada de *Digital Subscriber Line* (Línea de suscripción digital).

SL modem / módem *DSL*
Tipo de módem que envía datos digitales e información desde una computadora hacia una línea DSL y recibe datos digitales e información desde la línea DSL.

TD / *DTD*
Documento que especifica una disposición particular de los elementos que deben utilizarse dentro de un documento XML. DTD es la forma abreviada de *Document Type Definition* (definición de tipo de documento).

ual access point / punto de doble acceso
Punto de acceso de una red inalámbrica que puede comunicarse con dispositivos que utilicen normas inalámbricas 802.11 diferentes.

umb terminal / terminal tonta
Terminal que no tiene capacidad de procesamiento.

VD creation software / software para la creación de DVD
Software que incluye software de edición de vídeo que permite a un usuario crear DVDs.

VD-R / *DVD-R*
Tipo de disco óptico que permite a los usuarios escribir en el disco una vez y leerlo muchas veces. También se le conoce como DVD grabable.

VD-RAM / *DVD-RAM*
Tipo de disco óptico en el que se puede borrar y escribir, o grabar, más de 100,000 veces. Los discos DVD-RAM pueden ser leídos por las unidades de disco DVD-RAM y algunas unidades de disco DVD-ROM y reproductoras de discos. También se le conoce como DVD-memoria de acceso aleatorio.

VD-rewriteable / *DVD*-regrabable
Tipo de disco óptico que se puede borrar y escribir, o grabar, más de 1,000 veces. También se le conoce como DVD+RW.

VD-ROM / *DVD-ROM*
Disco óptico de una capacidad extremadamente alta, que es capaz de almacenar de 4.7 GB a 17 GB de datos. DVD-ROM significa disco digital versátil-ROM o disco de vídeo digital-ROM.

DVD-ROM drive / unidad de *DVD-ROM*

Dispositivo que puede leer un DVD-ROM. Las unidades de DVD-ROM más modernas también pueden leer CDs de audio, CD-ROMs, CD-Rs y CD-RWs.

DVD-ROM server / servidor de *DVD-ROMs*

Sistema de almacenamiento para las empresas que tiene capacidad para cientos de DVD-ROMs que contienen programas y datos.

DVD-RW / DVD-*RW*

Tipo de disco óptico que se puede borrar y escribir, o grabar, más de 1,000 veces. También se le conoce como DVD-regrabable.

DVD-RW drive / unidad de *DVD-RW*

Unidad que puede escribir o grabar discos DVD-RW. También se le conoce como grabadora de DVDs.

DVD-video format / formato *DVD* vídeo

Formato que almacena, de forma digital, información de vídeo en un DVD.

DVD writer / grabadora de *DVD*

Dispositivo que puede escribir en discos DVD+RW o grabar en ellos.

DVI / *DVI*

Interfaz que puede aceptar señales digitales directamente, eliminando la necesidad de tener que convertir la señal analógica a digital. DVI es la forma abreviada de *Digital Video Interface* (Interfaz de vídeo digital).

DVI port / puerto *DVI*

Puerto cuya interfaz puede aceptar señales digitales directamente, eliminando la necesidad de tener que convertir la señal analógica a digital.

Dvorak keyboard / teclado *Dvorak*

Tipo de teclado que coloca las letras que se utilizan con mayor frecuencia en el medio del área de escribir.

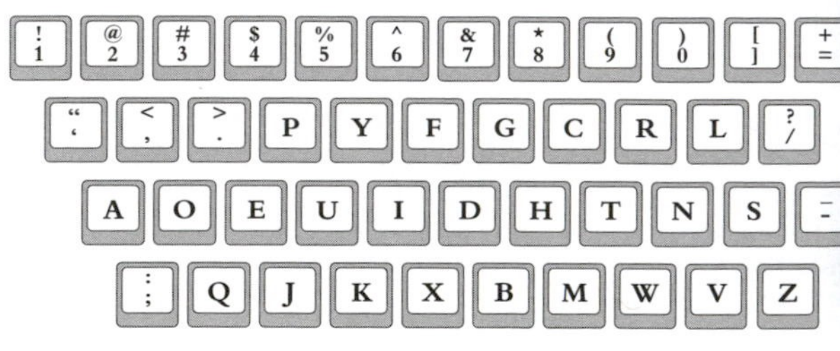

layout of Dvorak keyboard

dye-sublimation printer / impresora de sublimación de tinta

Impresora térmica que utiliza calor para transferir la tinta de color al papel estucado especial, creando imágenes de calidad fotográfica.

ynamic Host Configuration Protocol / Protocolo de onfiguración dinámica de anfitrión

Protocolo utilizado por un proveedor de acceso para asignar una dirección IP dinámica temporal a una computadora, desde un grupo de direcciones IP, que es exclusiva solamente para esa sesión. También se le conoce como DHCP.

ynamic HTML / *HTML* dinámico

Tipo de HTML más moderno utilizado por los programadores para incluir mayor interés gráfico e interactividad en una página Web, sin que la página Web tenga acceso al servidor Web. También se le conoce como DHTML.

ynamic IP address / dirección IP dinámica

Dirección IP temporal, asignada por un proveedor de servicio de Internet cada vez que un usuario se conecta a Internet, que es exclusiva solamente para esa sesión.

ynamic RAM (DRAM) / *RAM* dinámica (*DRAM*)

Tipo de RAM que tiene que regenerarse constantemente o, de lo contrario, pierde su contenido.

ynamic Web page / página Web dinámica

Página Web que contiene datos, por ejemplo información bursátil y meteorológica, que varía periódicamente.

e-book / libro electrónico

Libro que tiene que leerse en formato electrónico, bien en una computadora personal o un lector de bolsillo, en vez de en una copia impresa sobre papel.

e-commerce / comercio electrónico

Forma abreviada de comercio electrónico, una transacción comercial que se efectúa a través de una red tal como la Internet.

-commerce administrator / administrador de comercio lectrónico

Persona que supervisa el desarrollo y la ejecución de sistemas de Internet o comercio electrónico, y trabaja con las divisiones de marketing y atención al cliente de una compañía.

conomic feasibility / factibilidad económica

Parámetro que indica si los beneficios de por vida de un sistema de información propuesto superarán los costos de su vida útil.

CPA / *ECPA*

Ley federal, aprobada en 1986, que proporciona a las comunicaciones electrónicas, como por ejemplo el correo de voz, la misma protección que ampara las comunicaciones por correo y por teléfono. ECPA es la forma abreviada *Electronic Communications Privacy Act* (Ley de Privacidad sobre Comunicaciones Electrónicas).

EDI / *EDI*
Conjunto de normas que controla la transferencia de datos e información empresarial entre computadoras tanto internamente como entre empresas. EDI es la forma abreviada de *Electronic Data Interchange* (intercambio electrónico de datos).

edit / editar
Hacer cambios en el contenido actual de un documento.

Edit mode / modo de edición
Modo disponible en muchos programas de software, en el cual se puede insertar o borrar caracteres en un valor de campo en base a la ubicación del punto de inserción.

educational software / software didáctico
Software de aplicación que enseña una habilidad en particular.

EEPROM / *EEPROM*
Variante de un chip de PROM que permite a un programador borrar el microcódigo con una señal eléctrica. EEPROM es la forma abreviada de *Electrically Erasable Programmable Read-Only Memory* (memoria de sólo lectura programable y borrable eléctricamente).

e-filing / presentación electrónica
Uso de software impositivo e Internet para presentar una declaración de impuestos federal y estatal de forma electrónica.

e-form / formulario electrónico
Formulario que envía los datos introducidos a través de una red o Internet. También se le conoce como *e-form*.

e-Home initiative / iniciativa *e-Home*
Colaboración entre Microsoft, Hewlett-Packard, NEC y Samsung par crear un sistema que permitirá conectar las computadoras con la televisión, permitiendo que los consumidores puedan descargar y almacenar programas de televisión en sus computadoras y luego reproducir esos archivos en sus televisores.

EIDE / *EIDE*
Interfaz utilizada en controladores que pueden soportar hasta cuatro discos duros de 137 GB por disco, transferir datos a velocidades de hasta 66 MBps y proporcionar conexiones para unidades de CD, DVD y cinta. EIDE es la forma abreviada de *Enhanced Integrated Drive Electronics* (Electrónica de unidad integrada mejorada).

electrical interference / interferencia eléctrica
Flujo de electricidad no deseado a través de un cable, que es inducido desde el campo electromagnético creado por la corriente eléctrica que fluye a través de otro cable cercano.

electromagnetic radiation / radiación electromagnética
Campo magnético que viaja a la velocidad de la luz. Los monitores CRT producen una pequeña cantidad de radiación electromagnética. También se le conoce como EMR.

lectronic book / libro electrónico
Libro que tiene que leerse en formato electrónico, bien en una computadora personal o un lector de bolsillo, en vez de en una copia impresa sobre papel. También se le conoce como *e-book*.

lectronic business / comercio electrónico
Implementación de ventas, compras, logística u otras actividades administrativas de una organización a través de la Web. También se le conoce como *e-business*, negocio electrónico o *e-commerce*.

lectronic Communications Privacy Act / Ley de privacidad obre comunicaciones electrónicas
Ley federal que proporciona a las comunicaciones electrónicas, como por ejemplo el correo de voz, la misma protección que ampara a las comunicaciones por correo y por teléfono. También se le conoce como ECPA.

lectronic data interchange / intercambio electrónico de datos
Transmisión de datos que pueden ser leídos por una computadora en un formato estándar de una empresa a otra. También se le conoce como EDI.

lectronic form / formulario electrónico
Formulario que envía los datos introducidos a través de una red o Internet. También se le conoce como *e-form*.

lectronic funds transfer / transferencia electrónica de fondos
Transferencia de dinero de una cuenta bancaria a otra mediante líneas telefónicas u otro medio de transmisión por parte de usuarios conectados a una red. También se conoce como EFT o transferencia cablegráfica.

lectronic magazine / revista electrónica
Publicación que está disponible en la Web. Entre las revistas electrónicas se incluyen las revistas comerciales, periódicos y revistas en general. También se le conoce como *e-zine*.

lectronic mail / correo electrónico
Transmisión de mensajes y archivos con otros usuarios en una red, como por ejemplo, Internet. También se le conoce como *e-mail*.

lectronic storefront / fachada electrónica
Empresa en línea que un cliente visita y que contiene descripciones de productos, gráficos y un carrito de compras.

lement / elemento
Un objeto bien definido en un documento HTML, como por ejemplo, un párrafo, un encabezamiento o el título de una página que está rodeado por etiquetas de marcaje que le dicen al software del navegador de Web cómo mostrar el objeto en la página Web.

levation / elevación
La ilusión de que se está mirando el gráfico 3-D desde arriba o desde abajo del gráfico.

-mail / correo electrónico
Forma abreviada de correo electrónico; la transmisión de mensajes y archivos a través de una red de computadoras.

E

e-mail account / cuenta de correo electrónico
Servicio que proporciona acceso a Internet a un servidor de correo electrónico conectado a Internet.

e-mail address / dirección de correo electrónico
Identificador exclusivo compuesto por un nombre de usuario y un nombre de anfitrión que representa la cuenta de correo electrónico de un individuo o de un grupo, en un servidor Web específico.

e-mail client software / software de cliente de correo electrónico
Programa que permite escribir y enviar mensajes de correo electrónico.

e-mail filtering / filtrado de correo electrónico
Servicio utilizado por los proveedores de servicio de Internet que bloquea los mensajes de correo electrónico procedentes de fuentes designadas, a fin de reducir la cantidad de correo indeseado que reciben los usuarios.

e-mail list software / software de lista de correo electrónico
Software que funciona en un servidor que administra y automatiza las funciones de una lista de correo.

e-mail message / mensaje de correo electrónico
Documento de texto sencillo que se puede escribir y enviar utilizando un programa de correo electrónico.

e-mail program / programa de correo electrónico
Software que se utiliza para crear, enviar, recibir, remitir, almacenar, imprimir y borrar mensajes de correo electrónico.

e-mail server / servidor de correo electrónico
Computadora que ha sido designada y configurada para manejar el correo electrónico que viaja a través de una red.

embedded chart / gráfico incrustado
Gráfico que se visualiza dentro de una hoja de cálculo y que se coloca al lado de la fuente de datos, dándole contexto al gráfico.

embedded file / archivo incrustado
En HTML, archivo (generalmente una foto) que se utiliza en una página Web y se almacena en una ubicación de archivo. Un rótulo de HTML de la página Web inserta el archivo incrustado desde la ubicación de archivo especificada.

embedded object / objeto incrustado
Datos que se almacenan en el documento fuente y se insertan directamente en el documento destino.

embedded operating system / sistema operativo incrustado
Sistema operativo que reside en un chip de ROM, en la mayoría de los PDAs y los dispositivos de computación pequeños.

embedding / incrustación
Método de pegar una copia de un objeto en un archivo destino, de manera que se puedan hacer cambios al objeto en el archivo destino utilizando los comandos de su programa fuente; los cambios que haga no aparecen en el archivo fuente.

mergency plan / plan de emergencia
Primer paso de un plan de recuperación de desastre; el plan de emergencia especifica los pasos a dar inmediatamente después de que se produzca un desastre.

-money / dinero electrónico
Pago electrónico de productos y servicios a través de Internet desde la cuenta de efectivo de un cliente, como por ejemplo una cuenta bancaria. También se le conoce como *e-money*, ciberefectivo o efectivo digital.

moticon / emoticono
Símbolo basado en texto que se utiliza en el correo electrónico y en salas de chateo para transmitir humor o emoción.

smile/emoticon

mployee monitoring / monitoreo de mpleados
Uso de computadoras para vigilar, grabar y revisar en qué usa la computadora un empleado.

mployee relationship management system / istema de administración de relaciones con empleados
Sistema de información de recursos humanos que automatiza y administra gran parte de las comunicaciones entre los empleados y la empresa. También se le conoce como sistema ERM.

mpowering / autorización
Proceso de proporcionar a usuarios que no forman parte de la administración, acceso a información necesaria para la toma de decisiones que fueron tomadas previamente por los administradores.

mpty element / elemento vacío
Elemento que no tiene contenido.

mpty string / cadena vacía
Valor de una celda en blanco, especificada por comillas sin espacio ("") introducido en una fórmula o función, que puede encontrarse en hojas de cálculo, bases de datos o programación. También se le conoce como cadena nula.

ncapsulation / encapsulado
Concepto de empaquetar datos y procedimientos en un solo objeto.

ncryption / cifrado
Manera de cifrar y codificar transmisiones de datos que reduce el riesgo de que una persona que intercepte la página Web al viajar a través de Internet pueda decodificar y leer el contenido de la transmisión.

ncryption key / tecla de cifrado
Fórmula programada que el receptor de los datos utiliza para descifrar el texto codificado.

ndnotes / notas finales
Conjunto de notas, similares a las notas a pie de página, que son agrupadas e impresas al final del documento.

E

end-user certifications / certificaciones para el usuario final
Verificación, mediante pruebas, de los conocimientos del software de aplicación, que tiene el usuario.

end-user computing / computación de usuario final
Empleados del departamento de informática (IT) que ayudan a los usuarios finales a trabajar con los sistemas existentes y a utilizar lenguajes de software y búsqueda a fin de obtener la información necesaria para realizar su trabajo.

end-user license agreement / acuerdo de licencia de usuario final
Tipo más común de licencia que se incluye con el software comprado por usuarios individuales. También se le conoce como EULA o acuerdo de licencia para un solo usuario.

ENERGY STAR program / programa *ENERGY STAR*
Programa desarrollado por el Departamento de Energía de EE.UU. y Agencia de Protección Ambiental de EE.UU. que alienta a los fabricantes de componentes de computadoras a crear dispositivos que sean eficientes y consuman poca electricidad cuando no estén siendo utilizados.

enhanced keyboard / teclado mejorado
Teclado que tiene doce teclas de función a lo largo de la parte superior, dos teclas de Control (CTRL) y dos teclas Alternar (ALT) a lo largo de la parte inferior, y una serie de teclas de flechas y otras teclas adicionales entre el área de teclas y el teclado numérico.

enhanced resolution / resolución mejorada
Resolución modificada a la cual una cámara digital puede capturar una imagen digital.

enterprise / empresa
Organización de gran tamaño que requiere soluciones informáticas especiales debido a su tamaño y gran extensión geográfica.

Enterprise ASP / Empresa *ASP*
Proveedor de servicios de aplicación que personaliza y suministra aplicaciones comerciales de alto nivel, como por ejemplo, software de finanzas y base de datos.

enterprise computing / informática empresarial
Uso de computadoras en redes, tales como LANs y WANs, o serie de redes interconectadas que abarcan una serie de diferentes sistemas operativos, protocolos y arquitecturas de redes.

enterprise hardware / hardware empresarial
Hardware utilizado por grandes organizaciones para administrar y almacenar información y datos, utilizando dispositivos preparados para un uso intensivo y una máxima disponibilidad y eficiencia.

enterprise information / información empresarial
Información recopilada en las operaciones cotidianas de una organización empresarial.

enterprise resource planning / planificación de recursos de empresas
Aplicaciones de software centralizadas e integradas que se utilizan para ayudar a administrar y coordinar las actividades cotidianas de las unidades funcionales de una empresa. También se le conoce como ERP.

enterprise storage system / sistema de almacenamiento empresarial
Estrategia que se centra en la disponibilidad, protección, organización y reserva de almacenamiento de datos en una compañía.

enterprise-wide systems / sistemas empresariales
Sistemas de información que cruzan las fronteras de las unidades funcionales y son utilizados por una o más unidades funcionales dentro de una empresa.

entertainment software / software de entretenimiento
Software de aplicación, como por ejemplo juegos y vídeos interactivos, diseñados para apoyar un hobby o proporcionar diversión y entretenimiento.

entity / entidad
Objeto en un sistema que tiene datos.

entity integrity / integridad de la entidad
Condición que se da cuando se ha especificado una tecla primaria para una tabla de una base de datos, mediante la cual dicha base obliga a introducir un valor para el campo de la clave primaria en cada registro de la tabla.

entity-relationship diagram / diagrama entidad - relación
Herramienta que se utiliza para la modelación de procesos, que muestra de forma gráfica las relaciones entre las entidades de un sistema. También se le conoce como ERD.

erasable CD / CD borrable
Nombre que originalmente se utilizó para un CD-RW porque es un CD que puede borrarse. También se le conoce como CD-E.

ERD / *ERD*
Herramienta que se utiliza para la modelación de procesos, que muestra de forma gráfica las relaciones entre las entidades de un sistema. ERD es la forma abreviada de *Entity-Relationship Diagram* (diagrama entidad – relación).

e-retail / ventas minoristas electrónicas
Uso de la Web por empresas minoristas para vender sus productos y servicios. También se le conoce como *e-tail*.

ergonomic keyboard / teclado ergonómico
Teclado cuyo diseño reduce las posibilidades de lesiones en las muñecas o las manos.

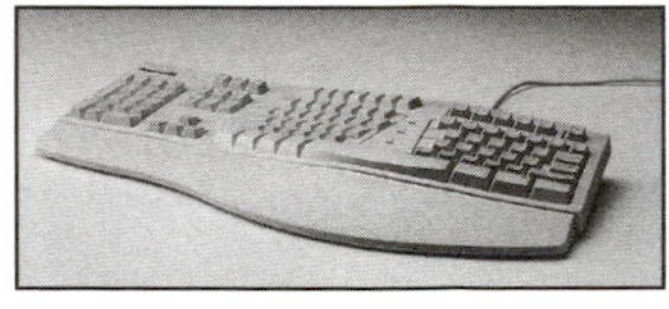

ergonomic keyboard

E

ergonomics / ergonomía
Ciencia que trata sobre la incorporación de comodidad, eficiencia y seguridad en el diseño de los elementos del centro de trabajo.

error indicator / indicador de error
Triángulo verde que aparece en la esquina superior izquierda de una celda de una hoja de cálculo para señalar un error o un posible error en la fórmula de una celda.

error value / valor de error
En Microsoft Excel, indicación de que se ha hallado un tipo de error; comienza con un signo de número (#) seguido por un nombre de error.

escrow service / servicio de depósito
Servicio prestado por terceros que se ofrece a los participantes en subastas en línea mediante el cual se retiene el pago del comprador hasta que reciba el artículo comprado y esté satisfecho con el mismo.

e-tags / etiquetas electrónicas
Sensores electrónicos que se pegan a la mercancía y que las tiendas minoristas utilizan para controlar y monitorear el comportamiento de los consumidores.

e-tail / *e-tail*
Uso de la Web por empresas minoristas para vender sus productos y servicios. También se le conoce como *e-retail* o venta minorista electrónica.

Ethernet / *Ethernet*
Tipo de tecnología de red que permite que los nodos compitan por el acceso a una red.

event / evento
Acción a la cual responde un programa, por ejemplo, pulsar una tecla del teclado, introducir un valor en un cuadro de texto, mover el ratón, hacer clic sobre un botón o dar una instrucción oral.

event-driven program / programa dirigido por eventos
Programa que comprueba y responde a los eventos.

exact match / correspondencia exacta
Tipo de consulta en la cual el valor en el campo especificado tiene que corresponder exactamente con la condición para que el registro sea incluido en los resultados de la búsqueda.

Excel / *Excel*
Programa de hoja de cálculo creado por Microsoft, que se utiliza para introducir, organizar, analizar y visualizar datos numéricos.

exception criteria / criterios de excepción
Condiciones anormales que definen una actividad normal o rango de estado, utilizadas en un informe de excepción.

exception report / informe de excepción
Informe creado por un sistema de información de administración que identifica datos que se salen de una condición normal.

execute / ejecutar
Proceso de una computadora que lleva a cabo las instrucciones en un programa.

executing / ejecución
Operación del procesador que ejecuta comandos; parte del ciclo de una máquina.

executive information system / sistema de información ejecutivo
Sistema de apoyo a la decisión que respalda las necesidades de información estratégicas de administración ejecutiva. También se le conoce como EIS.

executive management / administración ejecutiva
Los puestos más altos de una compañía, dedicados a la dirección de ésta a largo plazo.

exit / salir
Cerrar un programa.

expansion bus / bus de expansión
Bus que permite que el procesador se comunique con los periféricos.

expansion card / tarjeta de expansión
Tarjeta de circuito que mejora las funciones de un componente de una unidad de un sistema y/ o proporciona conexiones con los periféricos.

expansion slot / ranura de expansión
Receptáculo en una placa madre al cual puede conectarse una tarjeta adaptadora.

expert system / sistema experto
Sistema de información que captura y almacena los conocimientos de los expertos humanos, y luego imita el razonamiento y la toma de decisiones de los humanos.

exploded pie chart / gráfico de pastel con sectores separados
Gráfico de pastel con uno o más sectores separados del gráfico.

exploratory search question / pregunta de búsqueda exploratoria
Pregunta abierta que puede resultar difícil de formular y para la cual puede resultar difícil determinar cuándo se encuentra una buena respuesta.

Explorer bar / barra del Explorador
Panel izquierdo de la ventana del Explorador de Windows que muestra las diferentes formas de localizar archivos o carpetas específicos en su computadora.

exporting / exportación
Convertir datos del formato de un programa fuente al formato de un programa destino mientras se está trabajando en el programa fuente.

expression / expresión
Instrucción que contiene una combinación de campos, constantes y operadores que el usuario define para realizar un cálculo.

Expression Builder / Generador de expresiones

En Access, herramienta que facilita la creación de una expresión en un consulta, proporcionando cuadros para introducir la expresión, botones para los operadores comunes y listas de elementos de expresión, como nombres de tablas y de campos.

Extended Binary Coded Decimal Interchange / Intercambio decimal codificado en binario extendido

Esquema de codificación utilizado principalmente por las macrocomputadoras y en los servidores de alto nivel. También se le conoce como EBCDIC.

E

Extensible 3D / 3D Extensible

Norma abierta que está desarrollando el Consorcio Web3D, la cual permite a un programador crear mundos tridimensionales. También se le conoce como X3D.

Extensible HTML / *HTML* Extensible

Lenguaje de marcación que hace posible que los sitios Web puedan verse con mayor facilidad en los micronavegadores. También se le conoce como XHTML.

Extensible Hypertext Markup Language / Lenguaje de marcación de hipertexto extensible

Versión más estricta de HTML diseñada para hacer frente a algunos de los problemas asociados con las diversas y competitivas versiones de HTML, y para mejorar la integración de HTML con XML. También se le conoce como XHTML

eXtensible Markup Language / Lenguaje de marcación *eXtensible*

Formato popular para compartir datos, que permite a los diseñadores de páginas Web crear etiquetas personalizadas, así como utilizar etiquetas predefinidas, y definir un vínculo que apunte hacia múltiples sitios Web en vez de a un solo sitio. También se le conoce como XML.

extension / extensión

1. En un navegador de Web, aplicación que permite al navegador realizar tareas que originalmente no estaba autorizado a realizar. 2. Tres o más caracteres que van detrás de un punto en un nombre de extensión que identifica el tipo de archivo. Por ejemplo, la extensión de archivo ".doc" indica que el archivo es un documento de Microsoft Word.

external drive bay / compartimiento para unidades externas

Compartimiento para unidad que permite el acceso a una unidad desde el exterior de la unidad del sistema.

external floppy disk drive / unidad de disco flexible externa

Tipo de unidad de disco flexible que es un dispositivo independiente.

external hard disk / disco duro externo

Disco duro independiente separado que se conecta con un cable a un puerto USB, puerto *FireWire* o a otro puerto de la unidad del sistema.

external reference / referencia externa

Referencia a una fórmula en una celda en una hoja de otro libro.

external sources / fuentes externas
Fuentes de datos que podrían incluir tasas de interés, tendencias de población, costos de la construcción de nuevas viviendas o precios de materias primas.

extracting / extracción
Acción de eliminar un archivo comprimido y crear una copia no comprimida del archivo en una carpeta que se especifique.

extranet / *extranet*
Porción de la red de una compañía que permite a los clientes o suministradores tener acceso a partes de la *intranet* de una empresa.

extreme programming / programación extrema
Nueva estrategia que propone que los programadores deben comenzar inmediatamente a codificar y someter a prueba las soluciones tan pronto como se definan los requisitos. También se le conoce como XP.

extreme project management / administración de proyectos extremos
Método de organizar y ejecutar planes de proyectos que se utilizan cuando las empresas tienen que llevar a cabo sus proyectos con grandes limitaciones de presupuesto y tiempo.

e-zine / *e-zine*
Publicación que está disponible en la Web, e incluye revistas comerciales, periódicos y revistas en general. *E-zine* es la forma abreviada de *Electronic Magazine* (revista electrónica).

face recognition system / sistema de reconocimiento facial
Dispositivo biométrico que captura la imagen de un rostro en vivo y la compara con una imagen almacenada para determinar si la persona es un usuario legítimo.

facsimile machine / máquina de facsímil
Dispositivo de salida que puede transmitir y recibir documentos a través de líneas telefónicas. También se le conoce como máquina de fax.

Fair Credit Reporting Act / Ley de informes de crédito equitativos
Ley federal, aprobada en 1970, que permite el acceso a informes sobre créditos sólo a aquellas personas que tengan una necesidad empresarial legítima de conocerlos.

fair use / uso justo
Término que se aplica al material que puede ser utilizado con fines didácticos o sin fines de lucro, en contraposición a los que se utilizan con fines lucrativos. La información considerada como obvia o los materiales que son tan antiguos que ya no están protegidos por el derecho de autor, caen dentro de la categoría de uso justo.

FAQ / preguntas frecuentes
Lista que ayuda al usuario a encontrar respuestas a las preguntas más frecuentes. FAQ es la forma abreviada de *Frequently Asked Questions* (preguntas frecuentes).

Fast Ethernet / *Fast Ethernet* (Ethernet rápida)
Norma de red Ethernet que soporta velocidades de transferencia de datos de hasta 100 Mbps.

fast infrared port / puerto infrarrojo rápido
Nombre que algunas veces se da a un puerto IrDA de alta velocidad.

fault-tolerant computer / computadora resistente a fallas
Computadora que continúa trabajando cuando falla uno de sus componentes, garantizando de esa forma que no se produzca pérdida de información.

Favorites list / lista de Favoritos
Función de Internet Explorer que permite rastrear y almacenar URLs de sitios Web que se visitan frecuentemente.

fax / *fax*
Documento enviado o recibido mediante una máquina de fax.

fax machine / máquina de fax
Dispositivo de salida que puede transmitir y recibir documentos a través de líneas telefónicas. También se le conoce como máquina de facsímil.

fax modem / fax módem
Módem utilizado para enviar (y algunas veces para recibir) documentos electrónicos, como por ejemplo, faxes.

feasibility / factibilidad
Parámetro que indica cuán idóneo será el desarrollo de un sistema para la compañía.

feasibility study / estudio de factibilidad
Primera tarea, de la etapa de análisis, del ciclo de desarrollo del sistema, llevada a cabo por el analista de sistemas.

female connectors / conectores hembras
Conectores que tienen orificios coincidentes para recibir las espigas de un conector macho.

fetching / búsqueda
Operación del procesador mediante la cual se obtiene una instrucción o dato de un programa, de la memoria.

fiber-optic cable / cable de fibra óptica
Tipo de cable que transmite información mediante rayos de luz intermitentes que viajan a través de hilos de vidrio muy finos. La velocidad de transmisión de señales del cable de fibra

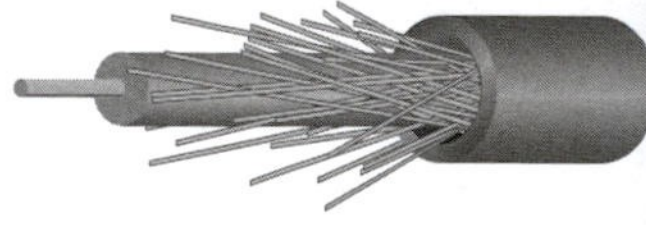

fiber-optic cable

óptica es muy superior a la del cable coaxial y, como no utiliza electricidad, es inmune a la interferencia eléctrica. El cable de fibra óptica es más ligero y más duradero que el cable coaxial, pero es más difícil de manejar y más caro.

field / campo
1. Combinación de uno o más caracteres o bytes asociados. 2. En una base de datos, característica o atributo independiente de una persona, lugar, objeto, evento o idea.

field camera / cámara de campo
Cámara digital portátil, con numerosas lentes y otros dispositivos.

field list / lista de campos
Porción de la ventana de Consultas de Microsoft Access, en vista de Diseño, que contiene los campos de la tabla que se está consultando.

field name / nombre de campo
Identificador exclusivo de un campo.

field size / tamaño de campo
Número máximo de caracteres o números enteros que puede contener un campo.

Field Size property / propiedad Tamaño de campo
En Microsoft Access, propiedad que define la capacidad máxima de almacenamiento de texto y números, y los campos *AutoNumber*.

field validation rule / regla de validación de campo
Configuración de las propiedades Regla de validación y Texto de validación, para un campo con el objetivo de verificar sus valores, comparándolos con una constante o un conjunto de constantes.

field value / valor de campo
Valor o contenido específico de un campo, en un registro.

fifth-generation language / lenguaje de quinta generación
Lenguaje de programación que proporciona una interfaz visual o gráfica para la creación de códigos fuente. También se le conoce como 5GL.

file / archivo
Recopilación de datos, instrucciones, información o programas almacenados a la cual se asigna un nombre.

file compression program / programa de compresión de archivos
Programa que reduce el tamaño de uno o más archivos y los guarda en un solo archivo.

file compression utility / utilitario de compresión de archivos
Programa utilitario que reduce el tamaño de un archivo (o de varios archivos), liberando, de esa forma, espacio en el medio de almacenamiento y mejorando el rendimiento del sistema.

file decompression / descompresión de archivos
Proceso de devolver un archivo comprimido a su estado original.

file extension / extensión de archivo
Código de tres caracteres que se anexa al nombre de un archivo, y que identifica el programa en el cual ese archivo ha sido creado. Por ejemplo, las extensiones de archivo son ".doc" para Microsoft Word y ".psd" para Adobe Photoshop. También se le conoce como extensión

file format / formato de archivo
Formato que guarda información de vídeo en la manera especificada por un vendedor, como por ejemplo, Apple de Microsoft.

file maintenance / mantenimiento de archivos
Procedimientos que mantienen los datos actualizados de un archivo, incluyendo la adición, modificación y eliminación de registros.

file manager / administrador de archivos
Utilitario que realiza funciones relacionadas con la administración de archivos.

file path / ruta de acceso de un archivo
Notación que indica la ubicación de un archivo.

file processing system / sistema de procesamiento de archivos
Sistema utilizado para almacenar y administrar datos, en el cual cada departamento o área de una organización tiene su propio grupo de archivos.

file server / servidor de archivos
Computadora servidora en una red cliente - servidor que almacena, administra y sirve archivos a los clientes de la red.

file sharing network / red de intercambio de archivos
Tipo de red de sistemas homólogos (*peer-to-peer*) en el cual unos usuarios se conectan directamente a los discos duros de otros, e intercambian archivos a través de LANs, WANs o Internet.

file system / sistema de archivos
Sistema instalado en un disco duro durante el formateo de alto nivel, que permite a un sistema operativo utilizar el espacio disponible en el disco duro para almacenar y recuperar archivos.

file transfer mode / modo de transferencia de archivos
Forma en la que los archivos son transferidos utilizando el modo FTP, generalmente binario, o ASCII.

File Transfer Protocol / protocolo de transferencia de archivos
Norma de Internet que permite cargar y descargar archivos de otras computadoras a través de Internet. También se le conoce como FTP.

file virus / virus de archivo
Virus que se adjunta por sí mismo a los archivos de un programa.

filename / nombre de archivo
Combinación exclusiva de letras del alfabeto, números u otros caracteres que identifica un archivo.

fill handle / cursor de relleno
En Microsoft Excel, cuadro negro pequeño que aparece en la esquina inferior derecha de una celda o rango de celdas seleccionado, y que uno arrastra para copiar el contenido de las celdas seleccionadas en celdas adyacentes.

filter / filtro; filtrar
1. Mostrar los datos de una lista para que cumplan los criterios especificados. 2. Conjunto de restricciones que se introduce en los registros de una hoja de datos o formulario abierto para aislar temporalmente a un subconjunto de los registros.3. Función en un programa de correo electrónico que examina el contenido de un mensaje de correo electrónico y mueve dicho mensaje de correo electrónico a una carpeta designada en base a los criterios definidos por el usuario, o muestra solamente aquellos elementos de una carpeta que cumplen los criterios especificados por el usuario. 4. Funciones de software de edición de audio diseñadas para mejorar la calidad del audio.

F

financial EDI / *EDI* financiero
Intercambio de datos electrónicos (EDI) que incluye información sobre pagos.

find and replace / encontrar y reemplazar
Opción que le permite encontrar, de manera automática, todos los casos de una palabra o frase específica y sustituirla por otra palabra o frase. También se le conoce como buscar y reemplazar.

Find command / comando Buscar
Comando, que generalmente se encuentra en el menú de *Edit*, y que se puede utilizar para buscar una palabra o frase específica en el archivo activo.

Find duplicates query / consulta Encontrar duplicados
En Microsoft Access, consulta de selección que busca los registros duplicados en una tabla o consulta. El usuario especifica los campos de una consulta o tabla que desea comparar y, si dos o más registros tienen el mismo valor para esos campos, esos registros aparecen en el grupo de registros de la consulta.

Find unmatched query / consulta Búsqueda no coincidente
En Microsoft Access, consulta de selección que busca todos los registros en una tabla o consulta que no tengan ningún registro relacionado con una segunda tabla o consulta.

fingerprint scanner / escáner de huellas dactilares
Dispositivo biométrico que captura las curvas y marcas de una huella dactilar y las compara con las de una imagen almacenada.

firewall / cortafuegos
Software o dispositivo de hardware que controla el acceso entre dos redes, por ejemplo, entre una red local e Internet, o entre Internet y una computadora.

FireWire bus / bus *FireWire*
Tipo de bus de expansión que elimina la necesidad de instalar tarjetas adaptadoras en las ranuras de expansión, permitiendo la conexión de los dispositivos entre sí, fuera de la unidad del sistema.

FireWire port / puerto *FireWire*
Puerto que puede conectar varios tipos de dispositivos que requieren altas velocidades de transmisión de datos.

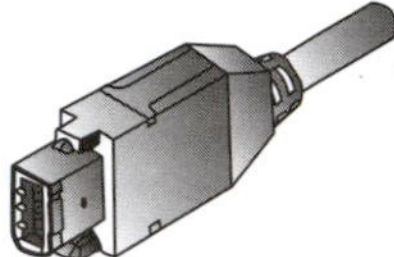
FireWire connector

Firmware / Software incorporado (*Firmware*)
Chips ROM que contienen datos, instrucciones o información permanente, grabados en los chips en el momento de su fabricación.

First Line Indent tab / tabulación de sangría en la primera línea
Estilo de tabulación que introduce una sangría en la primera línea de los párrafos de un documento.

first-generation computers / computadoras de primera generación
Computadoras que utilizan tubos al vacío para procesar y almacenar información.

first generation language / lenguaje de primera generación
Lenguaje de máquina que se utilizaba en la programación de las primeras computadoras. También se le llama 1GL.

first-level bullet / viñeta de primer nivel
En un documento, el párrafo principal de una lista con viñetas.

fixed disk / disco fijo
Nombre que en ocasiones se da al disco duro ubicado en el interior de la unidad de un sistema.

fixed-point wireless / tecnología inalámbrica fija
Tecnología para conectar las computadoras residenciales y de pequeñas empresas a Internet, similar a la utilizada en las redes locales inalámbricas.

flame / insulto
1. Mensajes groseros o insultantes enviados a través de Internet. 2. Comentarios insultantes o groseros hechos por un participante en una sala de chateo o lista de correos, dirigidos a otro participante o a un grupo de participantes.

flame wars / guerras de insultos
Intercambios de insultos a través de Internet.

flash memory / memoria flash
Tipo de memoria no volátil que se puede borrar electrónicamente y reprogramar.

flash memory card / tarjeta de memoria flash
Tarjeta que almacena la memoria flash de un dispositivo que se puede extraer.

Flash Player / *Flash Player*
Módulo de ampliación de navegador mediante el cual se pueden visualizar animaciones sencillas, interfaces de usuario, gráficos estáticos, películas, sonido y textos creados mediante el software Macromedia Flash.

flatbed scanner / escáner de mesa
Tipo de dispositivo de entrada, detector de luz, que escanea un documento y crea un archivo de ese documento en la memoria.

flat-panel monitor / monitor plano
Monitor de escritorio que utiliza una pantalla de cristal líquido, en lugar de un tubo de rayos catódicos, para presentar imágenes en la pantalla.

Flip chip-PGA / *Flip chip-PGA*
Tipo de encapsulado de procesador y chips de memoria utilizado en computadoras personales de escritorio, que es una variante del *pin grid array* (PGA). También se le conoce como FC-PGA.

floating graphic / gráfico flotante
Gráfico que puede moverse independientemente del texto que lo rodee.

floating-point coprocessor / coprocesador de punto flotante
Coprocesador que ayuda a un procesador a realizar cálculos numéricos.

floppy disk / disco flexible
Medio de almacenamiento portátil, de bajo costo, que consta de una delgada película *Mylar* plástica, circular y flexible, con revestimiento magnético, encerrada en una funda de plástico cuadrada. También se le conoce como disquete.

floppy disk drive / unidad de disco flexible
Dispositivo que puede leer y escribir un disco flexible.

flowchart / organigrama
Herramienta de diseño utilizada por los programadores para mostrar de manera gráfica la lógica de un algoritmo de solución.

flowcharting software / software de organigramas
Software utilizado para diseñar organigramas.

focus / foco
Objeto, registro y control, de un formulario o página de acceso a datos, actualmente activo y en espera de interacción con el usuario.

folder / carpeta
Lugar donde se guardan los archivos.

Folders pane / panel de Carpetas
Panel de la izquierda, en la ventana del Explorador de Windows, que muestra la jerarquía de las carpetas y otras ubicaciones de su computadora.

followed link / vínculo visitado
Vínculo de texto sobre el que se ha hecho clic; los vínculos visitados cambian de color para indicar que se ha hecho clic sobre ellos.

font / fuente
Conjunto de caracteres que utiliza el mismo ojo, estilo y tamaño.

Ariel
Courier New
Times New Roman
font examples

font size / tamaño de fuente
Tamaño de los caracteres de una fuente específica.
Determinado por el tamaño en puntos, que es una unidad de medida equivalente a aproximadamente 1/72 de pulgada.

font style / estilo de fuente
Diversas formas en que se pueden visualizar las fuentes, por ejemplo: normal, cursiva, negrita, negrita cursiva. Atributo especial que se aplica a los caracteres de una fuente.

footage / secuencia
Selección o secciones de una película ya capturada.

footer / pie de página
Texto que aparece en la parte inferior de cada página de un documento.

footnote / nota de pie de página
Línea numerada de texto que aparece en la parte inferior de la página impresa, que está vinculada con un número de nota de pie de página situado en algún lugar de la página.

footprint / huella
Cantidad de espacio de escritorio que ocupa un dispositivo.

force feedback / retorno de esfuerzo
Tecnología incluida en los bastones y ruedas de mando que transmite resistencia al dispositivo en respuesta a los movimientos realizados por un usuario.

foreground application / programa de primer plano
Programa con el que el usuario está interactuando actualmente.

foreign key / clave externa
En una base de datos, un campo de clave primaria de una tabla, que se incluye como un campo, en una segunda tabla, para establecer una relación entre las dos tablas.

form / formulario
1. Objeto de base de datos que se puede crear y personalizar para mantener, visualizar e imprimir los registros de una base de datos, de maneras diversas y provechosas. 2. Ventana en la pantalla que proporciona espacios para que el usuario introduzca o modifique datos.

form factor / factor de forma
Tamaño de plato del disco duro.

form letter / plantilla de carta
Documento que contiene párrafos estándar de texto y un mínimo de texto variable, por ejemplo, nombres y direcciones de los destinatarios de la carta.

Form Wizard / Asistente de Formularios
Herramienta de Microsoft Access que le hace una serie de preguntas al usuario y luego crea un formulario en base a sus respuestas.

format / formatear
1. Modificar la apariencia del texto, números u objetos de un documento, hoja de trabajo, presentación o informe. 2. Preparar un disco para leer y escribir datos en él. 3. Proceso de preparación de un disco para leer y escribir en él.

Format Painter / copia de formato
Función de los programas de Microsoft que permite copiar el formato de un elemento seleccionado en otro elemento del archivo.

Formula / fórmula
Expresión matemática que calcula un valor y muestra el valor resultante en una celda; todas las fórmulas de Microsoft Excel siempre comienzan con un signo de igual a (=), seguido por una expresión que describe el cálculo a efectuar.

Formula bar / barra de Fórmulas
Barra situada encima de la ventana del libro de trabajo de Microsoft Excel, en la cual se visualiza el contenido de una celda.

Formula view / vista de Fórmulas
En Microsoft Excel, una vista en la que se visualizan las fórmulas de las celdas, en lugar de los valores obtenidos mediante dichas fórmulas.

Fortezza / *Fortezza*
Tipo de tecnología de codificación de claves públicas que almacena la clave privada de un usuario, así como otras informaciones, en una tarjeta codificadora Fortezza.

Forth / *Forth*
Lenguaje de programación similar al lenguaje C, que se utiliza en pequeños dispositivos computarizados.

FORTRAN / *FORTRAN*
Uno de los primeros lenguajes de programación de alto nivel utilizados en aplicaciones científicas.

forward / reenvío
Proceso de envío de una copia de un mensaje de correo electrónico enviado o recibido anteriormente, a otro destinatario.

forward recovery / recuperación directa
Técnica de recuperación de datos en la cual un DBMS (sistema de administración de bases de datos) utiliza un registro para reintroducir cambios que hayan sido hechos en una base de datos con posterioridad a la última vez que fuera guardada o se hiciera una copia de seguridad.

fourth-generation computers / computadoras de cuarta generación
Computadoras que utilizan un microprocesador general para el procesamiento de información, lo que permite el diseño y construcción de computadoras más rápidas, de menor tamaño y de menor costo.

fourth-generation languages / lenguajes de cuarta generación
Lenguajes de programación y consulta, por ejemplo SQL y RPG, que se asemejan más a los lenguajes humanos que los lenguajes de tercera generación, y permiten a usuarios y programadores tener acceso a información contenida en una base de datos. También se les llama 4GL.

fractional T1 / T1 fraccionaria
Línea T1 mediante la cual los usuarios, por lo general usuarios domésticos y pequeñas empresas, comparten una conexión.

fragmented / fragmentado
Que tiene el contenido del archivo dispersado en dos o más sectores no contiguos de un disco.

frame / trama
Parte de una página Web que aparece en su propia ventana, dentro de la ventana principal de la página Web.

frame rate correction / corrección de la frecuencia de trama
Herramientas utilizadas para solucionar las fallas de pérdida de tramas cuando se utiliza una tarjeta capturadora de vídeo.

freeware / software gratuito
Software protegido por derecho de autor que un individuo o compañía suministra a un usuario, de manera gratuita y sin ninguna restricción para su utilización.

from line / línea de remitente
Parte de un mensaje de correo electrónico que contiene la dirección de correo electrónico de su remitente.

front end / frontal
Programa con interfaz sencilla que se utiliza para tener acceso a la información contenida en una base de datos.

FrontPage Server Extensions / extensiones de servidor de *FrontPage*
Programas que se ejecutan en un servidor Web y que proporcionan instrucciones de procesamiento para las páginas Web dinámicas.

FTP / *FTP*
Norma de Internet que permite cargar y descargar archivos de otras computadoras a través de Internet. FTP es la forma abreviada de *File Transfer Protocol* (Protocolo de transferencia de archivos).

FTP client program / programa de cliente *FTP*
Programa que transfiere archivos entre una computadora y un sitio FTP.

FTP server / servidor *FTP*
Servidor que almacena archivos y solicitudes de procesamiento de dichos archivos y que utiliza el protocolo FTP. También se le conoce como computadora remota o sitio FTP.

FTP session profile / perfil de sesión *FTP*
Recopilación de información que identifica el nombre de usuario, contraseña y dirección de un usuario de un sitio FTP.

full backup / copia de seguridad global
Copia de seguridad que copia todos los archivos almacenados en una computadora.

full-privilege FTP / *FTP* privado
Tipo de acceso FTP que se concede a un usuario que tiene un nombre de usuario y contraseña para el sitio FTP.

full-text indexing / indexación de texto completo
Método utilizado por algunos motores de búsqueda para crear sus bases de datos, mediante el cual todo el contenido de las páginas Web incluidas se almacena en la base de datos.

full-update privileges / derechos de actualización total
Autorizaciones del DBMS (sistema de administración de bases de datos) que permiten a un usuario ver y realizar modificaciones de los datos contenidos en una base de datos.

function / función
Fórmula predefinida en una hoja de trabajo que realiza cálculos comunes utilizando valores específicos llamados argumentos.

function keys / teclas de función
Teclas especiales, situadas en la parte superior del teclado, programadas para dar instrucciones a la computadora.

functional units / unidades funcionales
Entidades funcionales individuales de una empresa, entre ellas departamentos, centros y divisiones.

fuzzy logic / lógica difusa
Técnica utilizada por un sistema especializado que incorpora la probabilidad de que la información de entrada sea correcta cuando se estén procesando datos imprecisos.

G

Gantt chart / diagrama de *Gantt*
Herramienta popular utilizada para planificar y programar las relaciones de tiempo entre las actividades de proyectos.

garbage in, garbage out / basura entra, basura sale
Frase que en la jerga informática indica que la precisión de la salida de una computadora depende de la precisión de la entrada. También se le conoce como GIGO, por su acrónimo en inglés.

gas plasma display / pantalla de plasma de gas
Tipo de pantalla plana que utiliza una tecnología de plasma de gas.

gender changer / cambiador de género
Dispositivo que permite a un usuario acoplar dos conectores que sean ambos hembra o ambos macho.

general number format / formato de número general
Formato de número predeterminado que muestra automáticamente los números, en su mayoría, en la misma forma en que se los ingresa.

genetic programming / programación genética
Técnica de programación que se utiliza para resolver problemas complejos, que aprovecha las teorías que se utilizan en estudios de evolución biológica.

G

gesture recognition / reconocimiento de gestos
Tecnología, actualmente en desarrollo, que detectará y convertirá los movimientos humanos en comandos que una computadora pueda procesar.

ghosting / imagen fantasma
Permanencia de las imágenes en la pantalla de un monitor.

GIF / *GIF*
Formato de gráficos que utiliza técnicas de compresión para reducir los tamaños de los archivos. GIF es la forma abreviada de *Graphics Interchange Format* (Formato de intercambio de gráficos).

Gigabit Ethernet / *Gigabit Ethernet*
Norma de red de Ethernet que admite velocidades de transferencia de datos de hasta 1 Gbps.

gigabits per second (Gbps) / gigabits por segundo (Gbps)
Medida de ancho de banda; 1,073,741,824 bits por segundo (bps).

gigabyte (GB) / *gigabyte (GB)*
Unidad de medida para el tamaño de los archivos; equivale a 1,073,741,824 bytes (8,589,934,592 bits). Un archivo de un GB almacena aproximadamente mil millones de caracteres de texto.

gigahertz (GHz) / gigahercio (GHz)
Mil millones de tics del reloj del sistema por segundo.

global comments / comentarios globales
Comentarios que explican el propósito de un programa e identifican el nombre del programa, su autor y la fecha en que fue escrito.

global positioning system / sistema de posicionamiento global
Sistema de navegación que consta de uno o más receptores con base en la tierra, que aceptan y analizan señales enviadas por satélites a fin de determinar la posición geográfica del receptor. También se le conoce como GPS.

GNOME / *GNOME*
Programa de computadora que se utiliza para comunicarse con el sistema operativo Solaris.

GPRS / *GPRS*
Tipo de tecnología de teléfono digital 3G que se basa en GSM.

GPS / *GPS*
Sistema de navegación que consta de uno o más receptores con base en la tierra, que aceptan y analizan señales enviadas por satélites a fin de determinar la posición geográfica del receptor. GPS es la forma abreviada de *Global Positioning System* (Sistema de posicionamiento global).

GPS receiver / receptor *GPS*
Dispositivo de mano, que puede montarse o empotrarse, y que consta de una antena, un receptor de radio y un procesador.

gradient fill / relleno de gradiente
Tipo de sombreado mediante el cual un color se mezcla con otro o varía de un sombreado a otro.

gradient fill effect

grandparent / copia abuelo
La copia más antigua de un archivo en un sistema de copias de seguridad de tres generaciones.

graphic / gráfico
Representación digital de información que no está en forma de texto, como por ejemplo, un plano, un diagrama o una fotografía.

graphical transfer process indicator / indicador gráfico del proceso de transferencia
Elemento de la barra de estado de Internet Explorer que indica qué porcentaje de la página Web se ha cargado del servidor de Web.

graphical user interface / interfaz gráfica del usuario
Tipo de interfaz de usuario que está basada en íconos, ventanas, menús, cuadros de diálogo y características de diseño especiales (como sombreado), así como un ratón, para interaccionar con el sistema operativo y los componentes de un sistema de computadora. También se le conoce como GUI.

graphics card / tarjeta de gráficos
Dispositivo que convierte la salida digital de una computadora en una señal de vídeo analógica. También se le conoce como adaptador de gráficos, tarjeta gráfica, adaptador de pantalla, placa de pantalla, tarjeta de pantalla, adaptador de vídeo, placa de vídeo o tarjeta de vídeo.

Graphics Interchange Format / formato de intercambio de gráficos
Formato de archivo para imágenes de gráficos que se utiliza ampliamente en Internet para almacenar imágenes que tienen solamente unos cuantos colores distintos, como por ejemplo, los dibujos de líneas, caricaturas y simples iconos. También se le conoce como GIF.

graphics processing unit / unidad de procesamiento gráfico
Chip de procesador incrustado en una tarjeta de vídeo que realiza cálculos utilizados para mostrar imágenes en una pantalla. También se le conoce como GPU.

graphics tablet / tableta gráfica
Tablero plástico electrónico, rectangular y plano, que se utiliza para crear dibujos y bocetos.

gray scale / escala de grises
Uso de muchos tonos del color gris, desde el blanco hasta el negro.

green computing / computación ecológica
Uso de computadoras que reduce el derroche de electricidad y la contaminación del medio ambiente que conlleva el uso de una computadora.

grid / rejilla
Conjunto de líneas de puntos y sólidas en una sección, que ayudan a colocar los controles de forma precisa en el diseño de un formulario, informe o página de acceso a datos.

gridline / línea de cuadrícula
1. Líneas que definen las filas y las columnas de una tabla. 2. En Microsoft Excel, referencia visual para la configuración de las celdas en una hoja de cálculo.

grouped report / informe agrupado
Informe en el cual los datos de un registro en la tabla primaria aparecen como un grupo, seguido, en las líneas subsiguientes del informe, por los registros agrupados de la tabla relacionada.

Groups bar / barra Grupos
Sección de la ventana de la base de datos que permite organizar en grupos los diferentes tipos de objetos de la base de datos, con accesos directos a dichos objetos, de manera que se pueda trabajar con ellos más fácilmente.

Groupware / *Groupware*
Tipo de software que ayuda a grupos de personas a trabajar juntos en proyectos y compartir información a través de una red.

Groupware database / base de datos *Groupware*
Base de datos que almacena documentos como por ejemplo, programas, calendarios, manuales, memos e informes.

GSM / *GSM*
Tipo de tecnología de teléfono celular digital 2G.

hacker / pirata informático
Intruso que irrumpe en un sitio de comercio electrónico u otro sistema de computadoras con el propósito de dañar el sistema o robar los nombres, direcciones e información de las tarjetas de crédito de los clientes del comercio.

hand geometry system / sistema de geometría de la mano
Dispositivo biométrico que mide la forma y el tamaño de la mano de una persona y compara estas medidas con las medidas almacenadas.

andheld computer / computadora portátil
Computadora lo suficientemente pequeña para que quepa en una mano mientras el usuario la opera con la otra mano.

andle / controladores
Pequeñas cajas que aparecen alrededor de un objeto, indicando que el objeto está seleccionado y puede ser manipulado.

andout / documento
En Microsoft PowerPoint, una impresión de una diapositiva que se da al público presente.

andwriting recognition software / software de reconocimiento .e escritura a mano
Software que convierte las letras y los símbolos manuscritos en caracteres que una computadora puede procesar.

anging indent / sangría francesa
Tipo de sangría de párrafo en la cual todas las líneas excepto la primera línea del párrafo tienen sangría desde el margen izquierdo.

ard copy / copia impresa
Información impresa que existe físicamente.

ard disk / disco duro
Tipo de dispositivo de almacenamiento que contiene uno o más platos circulares inflexibles que almacenan datos, instrucciones e información.

ard disk drive / unidad le disco duro
Tipo de dispositivo de almacenamiento que contiene uno o más platos circulares rígidos en los que se almacenan datos, instrucciones e información.

hard disk drive

hardware / hardware
Componentes eléctricos, electrónicos y mecánicos que tiene una computadora.

hardware theft / robo de hardware
Acto de robar equipos de computadora.

hardware vandalism / vandalismo de hardware
Acto de desfigurar o destruir equipos de computadora.

hash / *hash*
Una fórmula matemática que genera un código del contenido de un mensaje.

Hawthorne Effect / efecto *Hawthorne*
El resultado de un estudio que mostró que la productividad de los trabajadores mejoró durante la observación.

H

HD / *HD*
Alta densidad.

HDTV / *HDTV*
La forma más avanzada de televisión digital. HDTV es la forma abreviada de *High Definition TV* (televisión de alta definición).

head crash / aterrizaje de las cabezas
Tipo de falla de disco duro que ocurre cuando una cabeza de lectura / escritura toca la superficie de un plato del disco.

head section / sección de encabezado
Parte de un documento HTML encerrado por las etiquetas <head> y </head> que incluyen las meta etiquetas de una página y su título. Una página Web no muestra el contenido del elemento de encabezado

header / encabezado
Texto que aparece en la parte superior de cada página en un documento

heading row / fila de encabezado
Fila superior de una tabla.

heading tag / etiqueta de encabezado
Etiqueta de HTML que instruye al navegador de Web para que muestre el texto marcado como un título.

head-mounted pointer / puntero montado en la cabeza
Puntero que va montado en la cabeza del usuario y puede ser utilizado por una persona con incapacidad física.

headset / *headset*
Dispositivo de salida de audio que cabe sobre los oídos de un usuario y genera sonido que solamente el usuario puede escuchar.

heat pipe / disipador de calor
Pequeño dispositivo que enfría los componentes eléctricos en una computadora portátil.

eat sink / rejilla de enfriamiento
Pequeño componente de cerámica o metal con aletas en su superficie, que absorbe y ventila el calor producido por los componentes eléctricos.

elp / ayuda
Información que se puede utilizar para averiguar cómo realizar una tarea u obtener más información sobre una función.

Ielp task pane / panel de tareas de Ayuda
Panel de tareas en Microsoft Office que le permite buscar en el sistema de Ayuda utilizando palabras clave o frases para obtener más ayuda detallada.

elper application / aplicación de ayudante
Programa instalado en la computadora de un usuario, que el navegador de Web inicia y utiliza para "ayudar" a visualizar o tocar un archivo.

ertz / hercio
Un ciclo de reloj por segundo.

exadecimal numbering system / sistema de numeración exadecimal
Sistema de numeración de dieciséis dígitos (0, 1, 2, 3, 4, 5, 6, 7, 8, 9, a, b, c, d, e, y f) que se utiliza en una serie de aplicaciones de computadora, incluyendo el sistema de direccionamiento del Protocolo de Internet, versión 6.

ibernate / hibernar
Procedimiento de apagado que primero guarda todos los documentos en la memoria y luego apaga la computadora.

ierarchical structure / estructura jerárquica
Estructura de sitio Web en la cual los documentos se organizan de generales a específicos, en una disposición en forma de árbol.

ierarchy chart / gráfico de jerarquía
Gráfico utilizado por los programadores durante el diseño estructurado para mostrar los módulos de forma gráfica.

igh-availability systems / sistemas de alta disponibilidad
Sistemas que continúan funcionando y realizando tareas durante al menos el 99 por ciento del tiempo.

igh-definition television / televisión de alta definición
La forma más avanzada de televisión digital. También se le conoce como HDTV.

igh-level formatting / formateo de alto nivel
Formateo del disco lógico que coloca el sistema de un archivo en un disco duro.

igh-level language / lenguaje de alto nivel
Lenguaje de programación que a menudo es independiente de la máquina.

highlight / resaltar
Hacer clic y arrastrar el puntero del ratón sobre un texto o un objeto en la pantalla para seleccionarlo. También se le conoce como seleccionar.

high-performance addressing / direccionamiento de alto rendimiento
Tecnología utilizada por las pantallas de matriz pasiva más recientes parar proporcionar calidad de imagen que esté cerca de la de las pantallas TFT. También se le conoce como HPA.

history list / lista de historia
Un archivo en el cual un navegador de Web almacena la ubicación de cada página que visita a medida que navega los hipervínculos desde una página Web a otra.

H

hit / punto idéntico
Una página Web que está indexada en una base de datos de un motor de búsqueda y contiene texto que coincide con la expresión de búsqueda ingresada en el motor de búsqueda. Los motores de búsque proporcionan hipervínculos a los puntos idénticos en las páginas de resultados.

holographic storage / almacenamiento holográfico
Tipo de sistema de almacenamiento de una capacidad extremadamen alta, que está en desarrollo y que utiliza controladores holográficos y medios de grabación de alta sensibilidad.

Home button / botón de inicio
Botón en el que se hace clic para regresar a la página principal o a la página de inicio que se haya configurado para el navegador.

home design/landscaping software / software de diseño/landscaping para el hogar
Software de aplicación que ayuda en el diseño, remodelación o mejor de un hogar, terraza o paisaje.

home network / red de hogar
Red que consta de muchas computadoras y dispositivos conectados juntos en un centro.

home page / página principal
1. Página principal que todas las páginas en un sitio Web específico rodean y a la cual van de regreso en el vínculo. 2. Primera página que se abre cuando un programa de navegador de Web específico se inicia. 3. Página que un programa de navegador de Web específico carga la primera vez que se ejecuta. Las páginas principales bajo las segunda o tercera definición también se les conoce como páginas de inicio.

home user / usuario hogareño
Usuario que pasa el tiempo en la computadora de su casa.

HomeRF network / red *HomeRF*
Red doméstica que utiliza ondas de radio, en vez de cables, para transmitir datos. En la red HomeRF, RF es la forma abreviada de *Radio Frequency* (radio frecuencia).

oneypot / pote de miel
Un programa que está diseñado para atraer un intruso hacia una computadora.

op / salto
Conexión entre dos computadoras a medida que un archivo viaja a través de una red. Si un archivo viaja a través de 15 computadoras antes de llegar a su destino final, el archivo ha hecho 14 saltos (el número de computadoras en la ruta menos uno).

orizontal axis / eje horizontal
En el eje horizontal, o eje ***x***, se encuentran los valores de categoría de la serie de datos, o valores ***x***.

orizontal market software / software de mercado horizontal
Software empaquetado que cumple las necesidades de muchos tipos diferentes de compañías.

ost / anfitrión
Cualquier computadora que se conecte directamente a una red, por lo general, utilizando comunicaciones de alta velocidad para transferir datos y mensajes a través de Internet.

ost computer / computadora anfitriona
La computadora en una red de cliente - servidor que controla el acceso al hardware, software y otros recursos en la red.

ost name / nombre principal
El nombre de la computadora de su ISP en Internet más su dominio o nivel.

ot plugging / conexión en caliente
La capacidad de conectar y desconectar un dispositivo mientras la computadora está funcionando.

ot site / sitio caliente
Instalación separada que duplica los sistemas y las operaciones de un sitio crítico de una compañía.

ot spot / punto sensible
1. Zona con capacidad de conectividad inalámbrica a Internet. 2. Zona de una imagen en una página Web que, cuando se hace clic en ella, abre un objetivo del hipervínculo.

otmail / *Hotmail*
Servicio de correo electrónico basado en Web proporcionado por MSN.com que se utiliza para enviar y recibir mensajes de correo electrónico.

ot-swapping / *hot-swapping*
Característica que permite sustituir los componentes de un sistema mientras el resto del sistema continúa realizando su trabajo.

over button / botón sensitivo
Botón de hipervínculo en una página Web que cambia su apariencia cuando un usuario interacciona con el mismo. También se le conoce como botón interactivo.

HTML / *HTML*

Lenguaje especial de formateo que los programadores utilizan para formatear documentos para ser visualizados en la Web. HTML es la forma abreviada de *HyperText Markup Language* (Lenguaje de marcación de hipertexto).

HTML converter / convertidor de *HTML*

Un programa que convierte el texto formateado en código HTML.

HTML document / documento en *HTML*

Archivo de texto que incluye etiquetas de HTML que indican la manera en que un navegador de Web debe formatear el texto. También s le conoce como una página Web.

HTML editor / editor de *HTML*

Programa que le ayuda a crear un archivo en HTML insertando códigos de HTML a medida que se trabaja en él.

http / *http*

Una serie de reglas que define cómo se transfieren las páginas en la Web y es la forma abreviada de *Hypertext Transfer Protocol* (protocolo de transferencia de hipertexto.)

hub / núcleo

En la conexión de redes, dispositivo que proporciona un punto centr para los cables en una red.

Human Resources Information Systems / Sistemas de información de recursos humanos

Sistemas de información que administran una o más funciones de recursos humanos. También se le conoce como HRIS.

hybrid search engine / motor de búsqueda híbrido

Sitio Web que combina las funciones de un motor de búsqueda Web un directorio Web.

hypercube / hipercubo

Las múltiples dimensiones en las cuales se almacenan los datos en una base de datos multidimensional.

hyperlink / hipervínculo

Palabra, frase o gráfico en una página Web que al hacer clic en ella, lle a otro sitio en la página Web, documento Web o archivo.

hypermedia database / base de datos de hipermedia

Base de datos que contiene texto, gráficos, vídeo y sonido.

hypermedia link / vínculo de hipermedia

Conexión entre un documento en HTML y un archivo de multimedia, como por ejemplo, gráficos, clip de sonido o archivo de vídeo.

HyperTalk / *HyperTalk*

Lenguaje de programación orientado a objetos.

hypertext / hipertexto

Sistema de vinculación de páginas descrito por Ted Nelson en la década de 1960, en el cual el texto de una página se vincula con el texto de otras páginas.

ypertext database / base de datos de hipertexto
Base de datos que contiene vínculos de texto con otros tipos de documentos.

ypertext Markup Language / Lenguaje de marcación de ipertexto
Lenguaje de programación que se utiliza para formatear el texto utilizado en la Web. HTML proporciona una serie de etiquetas para formatear el texto que se puede utilizar para señalar los encabezamientos, párrafos, listas de puntos, listas numeradas y otros formatos de texto útiles en un documento HTML. También se le conoce como HTML.

ypertext server / servidor de hipertexto
Computadora que almacena documentos HTML y permite que otras computadoras se conecten a ella y lean dichos documentos.

ypertext Transfer Protocol / protocolo de transferencia de ipertexto
Serie de procedimientos comunes que se utilizan para cifrar y transmitir datos a través de Internet. También se le conoce como HTTP.

yper-Threading Technology / tecnología *Hyper-Threading*
Mejora la velocidad y el tiempo de procesamiento permitiendo que el chip del procesador simule la potencia de dos procesadores. También se le conoce como tecnología HT.

yphenation zone / zona de división de palabras
Distancia a partir del margen derecho a la cual se dividirán las palabras.

IBM Certified Solution Developer / programador de soluciones certificado por IBM
Certificación que avala los conocimientos de programación de aplicaciones XML y servicios Web.

IBM eServer Certified Specialist / especialista en *eServer* certificado por IBM
Certificación que avala los conocimientos de la línea IBM *eServer*.

-CASE / *I-CASE*
Programa para ayudar a los analistas en el desarrollo de un sistema de información. I-CASE es la forma abreviada de *Integrated Computer-Aided Software Engineering* (ingeniería de software integrada, asistida por computadora).

on / icono
Pequeña imagen que se visualiza en la pantalla de una computadora, que representa un programa, instrucción, documento o algún otro objeto. Por lo general, hacer clic en un icono con un ratón, hace que se ejecute un programa, se abra una carpeta o aparezca en pantalla el archivo (si es posible).

sample icons

I

ICQ / *ICQ*

Programa popular de mensajería instantánea que permite a los usuario jugar juegos, realizar chateo de texto, enviar mensajes de correo electrónico e intercambiar archivos y URLs con otros usuarios. ICQ es la forma abreviada de *I seek you* (Te busco).

identification / identificación

Tipo de control de acceso que verifica que una persona sea un usuari válido.

identity theft / robo de identidad

Robo de información personal con el propósito de realizar compras fraudulentas u obtener préstamos a nombre de otra persona.

IF function / función *IF* (SI)

Función lógica que somete a prueba si una condición específica es ve dadera. Si la condición es verdadera, la función realiza una operación; de lo contrario, se realiza una operación diferente.

If-then-else control structure / estructura de control *If-then-else*

Estructura de control de selección que tiene una condición que ofrec una de dos posibilidades: verdadero o falso.

illustration software / software de ilustración

Software de aplicación que permite dibujar ilustraciones, formas y otr imágenes gráficas con diferentes herramientas en pantalla.

image editing software / software de edición de imágenes

Software de aplicación que proporciona las capacidades de software de pintura y también le permite al usuario modificar las imágenes existentes.

image map / mapa de imágenes

Imagen gráfica en una página Web que apunta hacia un URL.

image processing / procesamiento de imágenes

Proceso de capturar, almacenar, analizar, visualizar, imprimir y manipu lar imágenes.

image processing system / sistema de procesamiento de imágene

Sistema que proporciona reproducciones exactas de los documentos originales.

Image tool / herramienta de imágenes

Herramienta de una caja de herramientas que se utiliza para colocar una foto u otra imagen gráfica en un formulario, informe o página de acceso a datos.

image viewer / visor de imágenes

Utilitario que permite a los usuarios visualizar y copiar el contenido d un archivo de gráficos.

IMAP / *IMAP*

Protocolo para recuperar mensajes de correo electrónico de un servidor de correo. IMAP es la forma abreviada de *Internet Mail Access Protocol* (Protocolo de acceso a mensajes de Internet).

npact printer / impresora de impacto
Tipo de impresora que forma caracteres y gráficos en un papel golpeando un mecanismo contra una cinta entintada que hace contacto físico con el papel.

nplementation phase / fase de implementación
El propósito de la fase de implementación consiste en construir, o escribir, el sistema nuevo o modificado y luego entregarlo a los usuarios.

nplementation / implementación
Proceso de escritura de un código que convierte el diseño de un programa en un programa y, si fuera necesario, crea la interfaz del usuario.

nport / importar
1. Convertir datos de un formato de un programa fuente hacia el formato del programa de destino mientras se trabaja en el programa destino. 2. Copiar un objeto de un archivo creado en un programa hacia un archivo creado en otro programa. Por ejemplo, copiar un gráfico en un documento de Microsoft Word.

ıbox / bandeja de entrada
En software de cliente de correo electrónico, bandeja en la cual se almacenan los mensajes de correo electrónico recibidos del servidor de correo.

ıcremental backup / copia de seguridad incremental
Procedimiento de copia de seguridad mediante el cual se copian solamente los archivos que han sufrido modificaciones desde la última vez que se hizo la última copia de seguridad completa o de seguridad incremental.

ıdex / índice
Base de datos mantenida por un motor de búsqueda que almacena información sobre sitios Web específicos.

ıdex.html / *index.html*
Nombre predeterminado del documento HTML que hace la función de pagina de inicio, o página principal, de un sitio Web.

ıference rules / reglas de inferencia
Serie de razonamientos lógicos aplicada a la base de conocimientos cada vez que un usuario describe una situación al sistema experto.

ıformation / información
Datos procesados; es decir, datos que están organizados, tienen sentido y son útiles.

ıformation architecture / arquitectura de información
Estrategia de tecnología total de una compañía.

ıformation privacy / privacidad de información
Derecho de las personas y compañías de denegar o restringir la recopilación de información personal y uso de ésta.

information processing cycle / ciclo de procesamiento de información
Serie de actividades de entrada, proceso, salida y almacenamiento realizadas utilizando una computadora.

information system / sistema de información
1. Sistema de computadora que recopila, almacena y procesa información, por lo general, dentro del contexto de una organización. 2. Hardware, software, datos, personas y procedimientos que colaboran para producir información de calidad. También se le conoce como IS.

Information technology department / Departamento de informática
Departamento que existe en la mayoría de las agencias gubernamentales y empresas medianas y grandes, que emplea personas en trabajos relacionados con la informática, quienes son los responsables de mantener todas las operaciones y redes informáticas funcionando sin interrupciones. También se le conoce como departamento de TI.

information theft / robo de información
Robo de información personal o confidencial.

infrared / infrarrojo
Tecnología inalámbrica que permite la comunicación entre dispositiv compatibles, como por ejemplo, PDAs y computadoras portátiles, utilizando rayos de luz infrarroja. También se le conoce como IR.

Infrared Data Association / Asociación de Datos por Infrarrojo
Grupo dedicado a desarrollar soluciones de conectividad inalámbrica de alta velocidad y bajo costo utilizando tecnología infrarroja. Tambié se le conoce como IrDA.

infrared printing / impresión infrarroja
Impresión que utiliza ondas de luz infrarroja para transmitir la señal d salida a una impresora.

inheritance / herencia
Concepto de los niveles en una categoría que hereda métodos y atributos de niveles superiores.

ink-jet printer / impresora de chorro de tinta
Tipo de impresora que no es de impacto que imprime caracteres y gráficos rociando minúsculas gotas de tinta líquida en un papel.

inline element / elemento en línea
Elemento que forma parte del mismo bloque como contenido circundante, como por ejemplo, palabras o frases individuales dentro de un párrafo.

inline graphic / gráfico en línea
Gráfico que forma parte de la línea de texto en la cual fue insertado.

inline image / imagen en línea
Elemento en línea que visualiza una imagen gráfica situada en un archiv separado dentro del contenido de un elemento a nivel de bloque.

nline style / estilo en línea
Definición de estilo especificada como atributo de una etiqueta HTML.

noculate / vacunar
Grabar información, como por ejemplo, el tamaño del archivo y la fecha de creación del archivo en un archivo de vacunación separado, y luego utilizar esta información para detectar si un virus altera los datos que describen el archivo del programa vacunado.

nput / entrada
Cualquier dato o instrucciones que se introducen en la memoria de una computadora.

nput device / dispositivo de entrada
Cualquier componente de hardware que permite a los usuarios ingresar datos o instrucciones en una computadora.

nput mask / máscara de entrada
Propiedad de campo que define un formato predeterminado que se utiliza para introducir y visualizar datos en un campo.

nsert row / insertar fila
Fila en blanco que aparece directamente debajo de la última fila de datos en un rango de lista, identificada por un asterisco azul (*) que aparece dentro de la celda de la extrema izquierda.

nsertion point / punto de inserción
Símbolo en una pantalla de computadora, por lo general, una barra vertical intermitente, que indica dónde aparecerá el próximo carácter que el usuario escriba. También se le conoce como cursor.

nput-Process-Output chart / gráfico de entradas-proceso-salidas
Gráfico utilizado por los programadores para identificar las entradas de un programa, sus salidas y los pasos de procesamiento requeridos para transformar las entradas en salidas.

nstalling / instalación
Proceso de instalar un software para trabajar con una computadora, impresora y otros componentes de hardware.

nstant messaging / mensaje instantáneo
Servicio de comunicaciones de Internet en tiempo real que notifica a un usuario cuando una o más personas están en línea y luego permite al usuario intercambiar mensajes o archivos o unirse a una sala de chateo privada con esas personas. También se le conoce como IM.

nstant messaging software / software de mensajería instantánea
Software que permite a dos o más personas chatear en tiempo real utilizando una conexión de Internet.

nstitute for Certification of Computer Professionals / Instituto ara la Certificación de Profesionales en Computadoras
Organización profesional que ofrece certificaciones y establece las normas destinadas a elevar el nivel de competencia en el sector de la informática. También se le conoce como ICCP.

instructions / instrucciones
Pasos que instruyen a una computadora cómo realizar una tarea específica.

integrated circuit / circuito integrado
Dispositivo electrónico que contiene muchas vías microscópicas capaces de transmitir corriente eléctrica.

Integrated Services Digital Network / Red digital de servicios integrados
Tipo de DSL que permite la transmisión de datos a anchos de banda de hasta 128 Kbps utilizando líneas telefónicas de cobre normales. También se le conoce como RDSI.

integration / integración
Capacidad de compartir información entre programas. También se le conoce como vinculación e incrustación de objetos u OLE.

integration test / prueba de integración
Prueba de un nuevo sistema de información durante la fase de implementación del ciclo de desarrollo del sistema, que verifica los trabajos de la aplicación con otras aplicaciones.

integrity / integridad
Medida de seguridad que evita la modificación de datos no autorizada

Intel-compatible processors / procesadores compatibles con *Intel*
Procesadores que tienen un diseño interno similar al de los procesadores Intel y realizan las mismas funciones que estos procesadores.

intellectual property / propiedad intelectual
Trabajos únicos y originales, como por ejemplo, ideas, invenciones, escrituras, arte, procesos, nombres y productos de compañías y logotipo

intellectual property rights / derechos de propiedad intelectual
Derechos a los cuales los creadores tienen derecho por su trabajo.

intelligent home network / red doméstica inteligente
Red que amplía la red doméstica básica para incluir funciones, como por ejemplo, el control de la iluminación, el ajuste de termostatos y un sistema de seguridad.

interactive button / botón interactivo
Botón de hipervínculo en una página Web que modifica su apariencia cuando un usuario interacciona con la misma. También se le conoce como botón sensitivo.

interactive TV / TV interactiva
Tecnología de comunicaciones de dos vías en la cual los usuarios interaccionan con la programación de televisión.

interactive Web page / página Web interactiva
Página Web creada a partir de un libro de Microsoft Excel, que proporciona a los usuarios herramientas para modificar y formatear los valore mostrados en la página Web desde sus navegadores; los cambios realizados en la página Web no afectan el libro original, y los cambios no perduran entre la última sesión del navegador y la siguiente.

nterconnected network / red interconectada
Término general para cualquier red de redes. También se le conoce como internet (i minúscula).

nternal comments / comentarios internos
Comentarios que explican el propósito de las instrucciones de los códigos dentro de un programa.

nternal drive bay / compartimiento para unidad interna
Compartimiento para unidad que está escondido completamente dentro de la unidad del sistema.

nternal modem / módem interno
Tarjeta adaptadora que permite que una computadora se comunique mediante líneas telefónicas, líneas de televisión por cable u otro medio.

nternal sources / fuentes internas
Fuentes de datos de los análisis de contabilidad y financieros.

nternational Computer Security Association Labs / aboratorios Internacionales de la Asociación para la Seguridad e las Computadoras
Organización que ayuda a las compañías y a las personas con planes de seguridad de informática. También se le conoce como ICSA Labs.

nternet / Internet
La red más grande del mundo que está compuesta por computadoras situadas en todo el mundo, conectadas por cables de fibra óptica, satélites, líneas telefónicas y otras formas de medios de comunicación electrónica.

nternet access provider / proveedor de acceso a Internet
Firma que compra acceso a Internet desde puntos de acceso a la red y lo vende a comercios, personas y a proveedores de acceso a Internet (IAPs) más pequeños. También se le conoce como IAP, proveedor de servicio de Internet o ISP.

nternet addiction disorder / trastorno de adicción a Internet
Trastorno que se atribuye a los usuarios que dependen o abusan de Internet. También se le conoce como IAD.

nternet backbone / columna vertebral de Internet
Principales compañías de tráfico de red en Internet.

nternet backup / copia de seguridad de Internet
Sistema de almacenamiento empresarial que se utiliza para almacenar datos en la Web.

nternet Content Rating Association / Asociación de lasificación de Contenidos de Internet
Asociación que proporciona un sistema de clasificación del contenido en Internet que es similar al sistema de clasificación que se utiliza para las películas y los vídeos. También se le conoce como ICRA.

Internet Corporation for Assigned Names and Numbers (ICANN) / Corporación del Internet para Nombres y Número Asignados (ICANN)
Organización que, desde 1998, ha tenido la responsabilidad de administrar los nombres de dominio de alto nivel más comúnmente utilizados en Internet. También se le conoce como ICANN.

Internet Engineering Task Force / Fuerza de Tarea de Ingeniería en Internet
Grupo autoorganizado que hace contribuciones técnicas a Internet y tecnologías relacionadas. Es el organismo principal que desarrolla nuevas normas de Internet. También se le conoce como IETF.

Internet Explorer / Explorador de Internet
Navegador de Web que se incluye en el sistema operativo de Microsoft Windows, a partir de la versión Windows 98.

Internet hard drive / unidad de disco de Internet
Servicio en la Web que proporciona almacenamiento a los usuarios de computadoras.

Internet host / anfitrión de Internet
Computadora que conecta a una LAN o WAN con Internet.

Internet postage / franqueo de Internet
Franqueo digital comprado a través de Internet e impreso en una computadora personal.

Internet printing / impresión por Internet
Impresión que utiliza Internet para permitir a los usuarios enviar un trabajo de impresión a una impresora de red específica desde cualquier parte del mundo. En vez de imprimir en una impresora local, los usuarios imprimen en una dirección Web que está asociada con la impresora deseada.

Internet Protocol / protocolo de Internet
Parte del conjunto de reglas de TCP/IP para enviar datos a través de una red. La versión 4 (IPv4) es la que más se utiliza en Internet en la actualidad, no obstante, la versión 6 (IPv6) ha sido aprobada y se está implementando. Una conversión completa de la IPv4 a la IPv6 tomará muchos años. También se le conoce como IP.

Internet Protocol address / dirección de protocolo de Internet
Número único que consta de cuatro juegos de números de tres dígitos desde 000 hasta 255 separados por puntos (por ejemplo, 216...) e identifica el servidor o computadora específico conectado a Internet. También se le conoce como dirección IP.

nternet receiver / receptor de Internet
Efecto electrodoméstico de Internet que se coloca en la parte superior o cerca de un televisor y permite que un usuario en su casa obtenga acceso a Internet y navegue las páginas Web con un dispositivo que se parece a un control remoto.

nternet Relay Chat / Chat de Relé de Internet
Programa para múltiples usuarios que permite el intercambio de mensajes cortos de texto a través de Internet en tiempo real. También se le conoce como IRC.

nternet service provider / proveedor de servicio de Internet
Firma que compra acceso a Internet desde puntos de acceso a la red y lo vende a comercios, personas y a proveedores de acceso a internet (IAPs) más pequeños. También se le conoce como ISP (por sus siglas en inglés) provedor de servicio de Internet o IAP.

nternet solutions provider / proveedor de soluciones de Internet
Compañía que proporciona servicios de *hosting* de Web.

nternet telephony / telefonía de Internet
Uso de Internet para conectar a una persona que llama con una o más personas a las que llama.

nternet Worm / Gusano de Internet
Programa lanzado por A Robert Morris, en 1988, que utilizó los puntos débiles de los programas de correo electrónico y sistemas operativos para autodistribuirse a algunas de las computadoras que estaban entonces conectadas con Internet. El programa creó muchas copias del mismo en las computadoras que infectó y luego consumió la potencia de procesamiento de las computadoras infectadas e impidió que éstas ejecutaran otros programas.

nternet2 / Internet2
1. Red que está desarrollando un grupo de universidades y la NSF, que tendrá anchos de banda en su estructura principal que serán mayores de 1 Gbps. 2. Proyecto de investigación y desarrollo, sin ánimos de lucro, relacionado con Internet, que se centra en corregir las ineficiencias de Internet.

nteroperability / interoperabilidad
Capacidad de un sistema de información de compartir información con otros sistemas de información dentro de la empresa.

nterpreter / intérprete
Programa que lee una instrucción de código, la convierte en una o más instrucciones de lenguaje de máquina y luego ejecuta dichas instrucciones.

nterrupt request line / línea de solicitud de interrupción
Línea de comunicaciones entre un dispositivo y un procesador. También se le conoce como IRQ.

intranet / intranet
LAN o WAN que utiliza el protocolo TCP/IP, pero no se conecta con sitios fuera de la firma u organización anfitrión.

intrusion detection software / software de detección de intrusión
Software que analiza automáticamente todo el tráfico de la red, evalúa las vulnerabilidades del sistema, identifica el acceso o las intrusiones no autorizados y notifica a los administradores de la red los patrones de comportamiento sospechoso o violaciones del sistema.

IP address / dirección de *IP*
Número que identifica de forma única a cada computadora o dispositivo conectado a Internet.

IPv6 / *IPv6*
También se le conoce como IPng o *IP next generation* (Próxima generación de IP), el nuevo esquema de direccionamiento de IP que alargará las direcciones de IP de 32 bits a 128 bits y aumentará el número de direcciones de IP disponibles a 3.4 × 1038.

I

IRC robot / robot *IRC*
Programa automatizado que presta servicios de rutina en una red IRC, como por ejemplo, anunciar la entrada de nuevos participantes en un canal.

IrDA / *IrDA*
1. Tecnología que utiliza ondas de luz infrarroja (IR) para transmitir datos de forma inalámbrica entre dispositivos. 2. Organización que desarrolla normas para puertos IrDA. IrDA es la forma abreviada de *Infrared Data Association* (Asociación de Datos por Infrarrojos).

iris recognition system / sistema de reconocimiento del iris
Utilizado en áreas de muy alta seguridad; el sistema tiene una cámara que utiliza la tecnología de reconocimiento de iris para leer los patrones del iris del ojo.

ISA bus / bus *ISA*
El tipo de bus de expansión más lento y más común. ISA es la forma abreviada de *Industry Standard Architecture* (Arquitectura estándar de la industria).

ISDN / RDSI
Conjunto de normas para la transmisión digital a alta velocidad de datos por línea telefónica de cobre normal. RDSI es la forma abreviada de *Integrated Services Digital Network* (Red digital de servicios integrados).

ISDN modem / módem de RDSI
Tipo de módem que envía datos e información digital desde una computadora a una línea RDSI y recibe datos e información digital de la línea RDSI.

ISP / *ISP*
Proveedor regional o nacional de acceso a la Internet. ISP es la forma abreviada de *Internet Service Provider* (proveedor de servicios de Internet).

tanium / *Itanium*
Procesador de Intel utilizado por las terminales de trabajo y los servidores económicos.

tem / artículo
Elemento básico que almacena información en Outlook, similar a un archivo en otros programas.

J2EE / *J2EE*
Conjunto de tecnologías de Sun Microsystems que permite a los programadores desarrollar e implementar servicios Web para la empresa.

jack / conector
Término a veces utilizado para identificar un puerto de audio o vídeo.

ava / *Java*
Lenguaje de programación orientado a objetos que utiliza un compilador Justo a tiempo (JIT) para convertir su código fuente en código de máquina.

ava applet / *applet* Java
Pequeño programa de Java que se ejecuta dentro de otro programa como por ejemplo un navegador Web, el cual añade multimedia e interactividad a las páginas Web.

avaScript / *JavaScript*
Lenguaje interpretado que utilizan los programadores para agregar contenido dinámico y elementos interactivos a una página Web.

avaScript program / programa *JavaScript*
Pequeño programa que puede ejecutarse sin ser primero compilado en códigos legibles por una computadora.

ewel box / estuche
Caja de plástico protectora que se utiliza para almacenar CDs y DVDs cuando no se están utilizando.

ob / trabajo
Operación que el procesador de la computadora controla.

oin / Unión
En una base de datos, el proceso de relacionar tablas a través de un campo común.

oint Academic Network / Red Académica Conjunta
Internet establecida por las universidades del Reino Unido. Conocida también como JANET.

Joint Photographic Experts Group / Grupo de expertos en fotografía unidos
Formato de archivo para imágenes gráficas que se utiliza ampliamente en Internet para almacenar imágenes que contienen muchos colores y unos cuantos bordes afilados, como fotografías y arte de tono continuo. También se le conoce como JPEG.

joint-application design session / sesión de diseño de aplicación conjunta
Reunión de grupo, estructurada y de larga duración en la cual los usuarios y los profesionales de IT colaboran para diseñar o desarrollar una aplicación. También se le conoce como sesión JAD.

joule / *joule*
Unidad de energía que puede absorber un dispositivo de protección de oscilaciones antes de que pueda dañarse.

Journal / diario
Carpeta de Microsoft Outlook que contiene una agenda para registrar sus actividades, como por ejemplo, hacer una llamada telefónica, enviar un mensaje de correo electrónico o el tiempo utilizado trabajando en un documento.

joystick / *joystick*
Dispositivo puntero que se utiliza en los juegos o en las simulaciones de vuelos y buceos que consiste en una palanca vertical montada en una base.

JPEG / *JPEG*
Formato de archivo para imágenes gráficas que se utiliza ampliamente en Internet para almacenar imágenes que contienen muchos colores y unos cuantos bordes afilados, como fotografías y arte de tono continuo. JPEG es la forma abreviada de *Joint Photographic Experts Group* (Grupo de expertos en fotografía unidos).

JScript / *JScript*
Subconjunto de JavaScript apoyado por Internet Explorer.

junk mail / correo basura
Mensajes de correo electrónico no solicitados, por lo general, promocionando o vendiendo un producto o servicio. También se le conoce como *spam*.

justified alignment / alineación justificada
Tipo de alineación en la cual las líneas completas de texto están espaciadas entre el margen izquierdo y el derecho y ninguno de los márgenes queda irregular.

justify alignment button

ust-in-time compiler / compilador Justo a tiempo
Compilador utilizado por Java para convertir el código fuente en código de máquina, según sea necesario. También se le conoce como compilador JIT.

KBps / *KBps*
KBps es la forma abreviada de *Kilobytes per second* (kilobytes por segundo).

Keep Together property / propiedad Mantener texto junto
Propiedad para un grupo, en un informe, para mantener las partes del grupo juntas en la misma página. Los parámetros para la propiedad son No (valor predeterminado), *Whole Group* (imprime el encabezado del grupo, detalle y pie de página de grupo en la misma página) y *With First Detail* (imprime el encabezado del grupo en una página solamente si también puede imprimir el primer registro de detalle). En el caso de una sección, esta propiedad especifica si la sección se empieza a imprimir en una página nueva si la sección completa no cabe en la página en que se encuentra.

ernel / núcleo
El núcleo de un sistema operativo que administra memoria y dispositivos, mantiene el reloj de la computadora, inicia aplicaciones y asigna los recursos de la computadora.

ey field / campo clave
Campo que identifica de forma exclusiva a cada registro en un archivo.

eyboard / teclado
Dispositivo de entrada que contiene teclas que los usuarios pulsan para introducir datos en una computadora.

eyboard monitoring software / software de monitoreo del eclado
Software que registra cada golpe de tecla en un archivo al cual un usuario más tarde accede ingresando la contraseña correcta.

eyboard shortcut / acceso abreviado mediante el teclado
Combinación de teclas que se pulsa para ejecutar un comando.

eychain drive / unidad de llavero
Dispositivo de almacenamiento de memoria flash que se enchufa en un puerto USB en una computadora o dispositivo portátil.

ey frame / cuadro clave
Cuadros a intervalos iguales en un clip de vídeo digital que contiene todos los datos de dicho cuadro. El resto de los cuadros contiene solamente la información que es diferente de los cuadros clave precedentes.

keyguard / *keyguard*
Placa metálica o plástica colocada encima de un teclado, que permite a los usuarios con movilidad limitada descansar sus manos en el teclado sin pulsar ninguna tecla por accidente.

keywords / palabras clave
Palabras o frases ingresadas en un cuadro de texto de motor de búsqueda para encontrar una página Web.

kilobits per second / kilobits por segundo
Medida de ancho de banda; 1,024 bps. También se conoce como Kbps.

kilobyte / *kilobyte*
Una unidad de medida para el tamaño de los archivos; equivale a 1,024 bytes (8,192 bits). Un archivo de un KB almacena aproximadamente mil caracteres de texto.

kiosk / kiosko
Computadora independiente, por lo general con una pantalla táctil, utilizada por algunos negocios en sitios públicos para proporcionar información al público.

knowledge base / base de conocimientos
Componente de un sistema experto que contiene los conocimientos de temas combinados y la experiencia de los expertos humanos.

knowledge management / administración de conocimientos
Proceso mediante el cual una empresa recopila, archiva, indexa y recupera sus conocimientos o recursos. También se le conoce como KM.

knowledge management software / software de administración de conocimientos
Software utilizado por organizaciones para ayudar en la tarea de la administración de conocimientos. También se le conoce como KMS.

knowledge workers / trabajadores del conocimiento
Personas cuyos trabajos se centran en la recopilación, procesamiento y aplicación de información; entre ellos se encuentran los contadores, ingenieros y otros profesionales.

L1 cache / caché L1
Tipo de caché de memoria que se construye directamente en el chip del procesador.

L2 cache / caché L2
Tipo de caché de memoria que es un poco más lento que el caché L1, pero que tiene mucha más capacidad; ésta oscila entre 64 KB y 4 MB.

L3 cache / caché L3
Un tipo de caché de memoria que está separado del chip del procesador en la tarjeta principal y que existe solamente en las computadoras que utilizan caché de transferencia avanzado L2.

abel / etiqueta
Texto ingresado en una celda de hoja de cálculo.

abel printer / impresora de etiqueta
Impresora pequeña que imprime en un material adhesivo etiquetas que pueden colocarse en una serie de artículos.

abel tool / herramienta de etiqueta
En Microsoft Access, herramienta de la caja de herramientas que se utiliza para colocar una etiqueta en un formulario, informe o página de acceso a los datos. Se usa para las etiquetas que muestran un título u otro texto y que no están adheridas a otros controles.

AN / *LAN*
Red que conecta a computadoras y dispositivos en un área geográfica limitada. También se le conoce como red de área local.

andscape orientation / orientación horizontal
Tipo de orientación de página en la cual la página es más ancha que alta, de manera que el texto se extiende en la parte más ancha de la página.

landscape orientation

arge business user / usuario de empresa grande
Usuario de computadora que trabaja para una empresa que tiene cientos de miles de empleados, en oficinas en todo el país o en todo el mundo.

arge-format printer / impresora de formato grande
Tipo de impresora que no es de impacto, que utiliza tecnología de chorro de tinta para producir impresiones a color de calidad fotográfica realista y de gran tamaño.

aser printer / impresora láser
Tipo de impresora que no es de impacto, de alta calidad y alta velocidad, que crea imágenes utilizando un rayo láser y tinta en polvo, llamado tóner.

atency / latencia
Tiempo que tarda una señal en viajar de un sitio a otro en una red.

aunch / lanzar
Iniciar un programa.

ayers / capas
Pistas adicionales de sonido que se pueden añadir por programas de edición de vídeo a un vídeo además del sonido grabado en la cámara de vídeo.

ayout / diseño
Forma predeterminada de organizar el texto y los objetos en una diapositiva.

layout chart / gráfico de presentación
Gráfico que contiene notaciones tipo programación para los datos, desarrollado durante el diseño detallado de un sistema de información para el uso de un programador.

LCD monitor / monitor LCD
Monitor de escritorio que utiliza una pantalla de cristal líquido en vez de un tubo de rayos catódico para mostrar imágenes en pantalla, dando lugar a una imagen nítida y sin oscilaciones.

LCD projector / proyector LCD
Tipo de proyector que utiliza tecnología de pantalla de cristal líquido, se conecta directamente a una computadora y utiliza su propia fuente de luz para mostrar la información desde una computadora en una pantalla más grande.

leading / dirección
Actividad de administración que implica dar instrucciones y autorizar otras personas a realizar el trabajo que sea necesario.

left alignment / alineación izquierda
Tipo de alineación en la cual el texto se alinea en el margen izquierdo y queda irregular en el margen de la derecha.

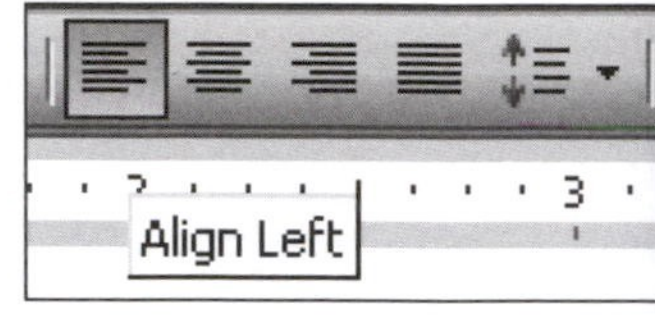

left alignment button

left tab / tabulación izquierda
Estilo de alineación de tabulador que coloca el borde izquierdo del texto en la parada del tabulador y extiende el texto hacia la derecha.

legacy system / sistema de herencia
Sistema de computadora que se ha desactualizado debido a los avances en tecnología o los requisitos organizativos de cambio.

legal software / software legal
Software de aplicación que ayuda en la preparación de documentos legales y proporciona información legal a las personas, familias y pequeños negocios.

legend / leyenda
Se usa para identificar el formato del marcador de datos que se utiliza en cada serie de un gráfico. Se utiliza si el gráfico contiene más de una serie de datos.

letter-quality / de calidad de carta
De una calidad que es aceptable para las cartas comerciales. También se le conoce como LQ.

Level 1 / Nivel 1
La configuración de almacenamiento RAID más sencilla, que escribe datos en dos discos al mismo tiempo para duplicar los datos.

license agreement / convenio de licencia
El derecho a utilizar un software particular, que es emitido por los fabricantes de software.

light pen / pluma óptica
Dispositivo de entrada manual que puede detectar la presencia de luz.

limited edition / edición limitada
Versión restringida de un programa que proporciona la mayoría de las funciones de la versión completa que está a la venta. El software de edición limitada omite una o más características útiles de la versión completa. También se le conoce como versión de evaluación.

line chart / gráfico de líneas
Gráfico en el que se indica una tendencia, durante un período de tiempo, mediante una línea ascendente o descendente.

line printer / impresora de línea
Tipo de impresora de impacto, de alta velocidad, que imprime una línea completa a la vez.

line spacing / espacio entre líneas
Cantidad de espacio vertical entre las líneas de texto.

line style / estilo de línea
Estructura de un borde.

line weight / peso de línea
El espesor de un borde.

linear structure / estructura lineal
Estructura de sitio Web en la cual se ordena los documentos en secuencia, y cada página está vinculada al documento anterior y subsiguiente en la secuencia.

line-of-sight transmission / transmisión de línea de vista
Transmisión que requiere que el dispositivo remitente y el dispositivo receptor estén en línea entre sí de manera que nada obstruya la vía de la transmisión.

line-splitter / divisor de línea
Dispositivo que divide las señales combinadas de una compañía de televisión por cable en sus componentes de televisión y de datos.

link / vínculo
1. Una conexión entre dos páginas HTML. También se le conoce como hipervínculo o vínculo de hipertexto. 2. Una conexión entre dos archivos en la cual un objeto se ve desde ambos archivos, pero solamente se puede editar o modificar en el archivo fuente.

link bar / barra de vínculo
Función en una página Web que contiene hipervínculos que abren otras páginas en el sitio Web.

linked object / objeto vinculado
Archivo separado insertado en un documento destino que está vinculado con el documento fuente.

linking / vinculación
Método de pegar un vínculo (conexión) con un objeto en un archivo destino, de manera que el objeto exista solamente en el archivo fuente, pero el vínculo despliegue el objeto en el archivo destino; se puede editar el objeto en el archivo fuente y los cambios aparecerán en el archivo destino.

Linux / *Linux*
Tipo de sistema operativo Unix popular, multitarea, que es gratis, tiene código de fuente disponible públicamente e incluye muchos lenguajes de programación y programas utilitarios.

liquid crystal display / pantalla de cristal líquido
Tipo de pantalla que utiliza un compuesto líquido para presentar información en una pantalla. También se le conoce como LCD.

liquidation broker / corredor de liquidaciones
Compañía que pone en contacto a los vendedores de inventario obsoleto con compradores que buscan artículos de oportunidad.

LISP / *LISP*
Lenguaje de programación que se utiliza para las aplicaciones de inteligencia artificial.

list / lista
Recopilación de datos similares almacenados en una manera estructurada en filas y columnas, como listas de cliente, números de teléfono y transacciones.

list address / dirección de lista
Dirección de correo electrónico a la cual se envían artículos y respuestas en una lista de correo. También se le conoce como nombre de lista.

list administrator / administrador de lista
En una lista de correo cerrada, la persona asignada para supervisar la lista de correo, y que está autorizada a aceptar o rechazar las solicitudes para formar parte de la lista de correo de posibles miembros.

list arrow / flecha de lista
Flecha que aparece en un cuadro de lista; se hace clic en la flecha de la lista para ver y seleccionar opciones.

list box / cuadro de lista
Cuadro que muestra una lista de opciones disponibles de las cuales se puede seleccionar un artículo.

list moderator / moderador de lista
Persona que modera una lista de correo para asegurarse de que la lista siempre reciba y envíe la información adecuada e importante a sus miembros.

list owner / propietario de lista
El administrador que controla una lista de correo.

list range / rango de lista
Filas y columnas que se encuentran dentro de un marco de lista.

list server / servidor de lista
Servidor que ejecuta el software de lista de correo electrónico que administra automáticamente las solicitudes de los usuarios para inscribirse o darse de baja de una lista, y recibe y redirecciona los mensajes enviados a la lista.

list-of-values match / correspondencia con la lista de valores
Selección de registros cuyo valor para el campo designado coincide con uno de dos o más valores de condición simple.

LISTSERV / *LISTSERV*
1. Software para ejecutar listas de correo en macrocomputadoras IBM.
2. Listas de correo electrónico nombradas como un popular producto de software de listas de correo electrónico.

literal display character / carácter literal de visualización
Carácter especial que aparece automáticamente en posiciones específicas del valor de un campo, generalmente asociado con la máscara de entrada del campo.

lithium-ion batteries / baterías de litio-ion
Tipo de baterías utilizadas por las computadoras portátiles que duran más tiempo que las baterías de níquel cadmio o las baterías híbridas de níquel.

loaded / cargado
Proceso mediante el cual la computadora recupera un programa del dispositivo de almacenamiento y lo coloca en su memoria.

local area network / red de área local
Red que conecta computadoras y dispositivos en un área geográfica limitada. También se le conoce como LAN.

local bus / bus local
Bus de expansión de alta velocidad que conecta los dispositivos.

local computer / computadora local
Nombre dado a un cliente cuando se conecta con un sitio FTP.

local/regional ASP / ASP local / regional
Proveedor de servicios de aplicación que ofrece una variedad de aplicaciones de software para una región geográfica específica.

localization / localización
Traducción de un idioma que toma en cuenta la cultura y las costumbres del país o región individual.

location operator / operador de ubicación
Un operador de motor de búsqueda Web que le permite buscar términos que aparecen cerca uno de otro en el texto de una página Web. El más común es el operador NEAR. También se conoce como operador de proximidad.

Locked property / propiedad bloqueada
En cada celda en un libro, la propiedad que determina si se pueden hacer cambios o no a dicha celda una vez que se activa la protección.

locking / bloqueo
En WebDAV, el proceso que evita que los usuarios editen archivos simultáneamente.

log / diario
1. Archivo que registra tanto los intentos de acceso exitosos como los fallidos. 2. Lista de actividades que cambian el contenido de una base de datos.

log off / desconectarse
Proceso de terminar la conexión con una computadora, una red, Internet o una cuenta de correo electrónico.

log on / conectarse
El proceso de identificarse a una computadora con un nombre de usuario y contraseña dándole, por consiguiente, acceso a la computadora y a sus archivos y programas.

logic / lógica
Requisitos de procesamiento para cada programa en un sistema de información.

logic bomb / bomba lógica
Virus que se activa cuando detecta una condición específica.

logic error / error de lógica
Flujo en el diseño del programa que ocasiona resultados inexactos.

logical design / diseño lógico
Segunda tarea en la fase de análisis del ciclo de desarrollo de sistemas, realizada por el analista de sistemas. El diseño lógico consta de tres actividades principales: estudiar cómo funciona el sistema actual; determinar los deseos, necesidades y requisitos de los usuarios; y recomendar una solución.

logical element / elemento lógico
Elemento que describe la naturaleza del contenido adjunto, pero no necesariamente cómo dicho contenido debe aparecer.

logical function / función lógica
Categoría de las funciones de Microsoft Excel que somete a prueba, o evalúa, si una condición, por lo general introducida como una expresión, es verdadera o falsa.

logical operations / operaciones lógicas
Operaciones que incluyen condiciones junto con operadores lógicos como por ejemplo Y, O y NO.

logical operator / operador lógico
En una consulta, un operador que le permite combinar dos o más condiciones.

logical security / seguridad lógica
La protección de activos utilizando medios no físicos. También se le conoce como seguridad informática.

Logo / *Logo*
Lenguaje de programación que es una herramienta didáctica que se utiliza para enseñar programación y solución de problemas a los niños.

Lookup function / Función de consulta
Una categoría de las funciones de Microsoft Excel que puede utilizarse para buscar o hacer referencia a una información almacenada en una tabla.

lookup table / tabla de búsqueda
1. En Microsoft Access, tabla que contiene datos de referencia que es utilizada por otras tablas en la base de datos. 2. En Microsoft Excel, información colocada en una hoja de cálculo en un formato de tabla que Excel puede utilizar para buscar información y copiarla en otra celda.

lookup value / valor de consulta
El valor que se coteja con un valor de comparación.

Lookup Wizard field / campo de Asistente de Consulta
Campo de clave externa que permite, como opción, visualizar el valor de la clave externa así como otros valores de campo del registro relacionado de la tabla primaria. También se le conoce como campo de Consulta.

loop / lazo
Ejecución de un programa de una o más acciones repetidamente mientras se cumpla una condición.

lossless compression / compresión fija
Tecnología que reduce el tamaño del archivo de una imagen sin ninguna pérdida de datos.

lossy compression / compresión libre
Procedimiento de compresión de archivos que borra algunos elementos del gráfico. Mientras mayor sea el nivel de compresión, más detalles del gráfico se pierden.

low-level formatting / formateo de bajo nivel
Formateo físico del disco, que por lo general realiza el fabricante del disco duro.

low-level language / lenguaje de bajo nivel
Lenguaje de programación que depende de la máquina.

lurking / fisgoneo
Proceso de observar los mensajes colocados en una lista de correo, grupo de debate o sala de chateo sin participar en la discusión.

Mac OS X / *Mac OS X*
Sistema operativo multitarea que es la última versión de sistema operativo Macintosh.

machine cycle / ciclo de máquina
Las cuatro operaciones básicas (búsqueda, descodificación, ejecución y almacenamiento) que realiza un procesador.

machine-dependent language / lenguaje dependiente de máquina
Lenguaje de programación que funciona solamente en un tipo específico de computadora.

machine-independent language / lenguaje independiente de máquina
Lenguaje de programación que puede funcionar en muchos tipos diferentes de computadoras y sistemas operativos.

machine language / lenguaje de máquina
Lenguaje de programación de bajo nivel, que es el único lenguaje que una computadora reconoce directamente.

machine translation / traducción automática
Traducción automática de un idioma a otro mediante el uso de computadoras.

Macintosh operating system / sistema operativo Macintosh
Sistema operativo para computadoras Macintosh.

macro / macro
1. Secuencia de pulsaciones de teclas e instrucciones que un usuario registra y guarda en una aplicación, que le permite automatizar las tareas rutinarias, repetitivas, o difíciles. 2. Enunciado que genera muchas instrucciones de lenguaje de máquina para una sola instrucción de lenguaje ensamblador.

macro recorder / grabadora de macros
Elemento de software que se utiliza para grabar una macro.

macro virus / virus de macro
Virus que se esconde en el lenguaje de macro de una aplicación.

magnetic media / medios magnéticos
Tipo de medio de almacenamiento que utiliza partículas magnéticas para almacenar elementos, como por ejemplo, datos, instrucciones e información, en la superficie de un disco.

magnetic motion capture system / sistema magnético de captura de movimiento
Sistema utilizado para grabar los movimientos humanos para convertirlos en datos que se programan para reproducir esos movimientos como movimientos de personajes animados en juegos de computadora.

magnetoresistive RAM / RAM magnetoresistiva
Almacena datos utilizando cargas magnéticas en vez de cargas eléctricas. También se le conoce como MRAM.

mail client software / software de cliente de correo
Programa de correo electrónico que solicita entrega de correo de un servidor de correo a su PC.

mail merge / combinación de correspondencia
Proceso de combinación de información a partir de dos documentos separados para crear muchos documentos finales con información personalizada en cada uno de ellos.

mail server / servidor de correo
Sistema de hardware y software que determina, a partir de la dirección de correo electrónico del destinatario, una de entre varias rutas electrónicas a la que enviar el mensaje.

mailing list / lista de correo
Dirección de correo electrónico que representa a un grupo de direcciones de correo electrónico individuales.

mailto / vínculo *Mailto*
Hipervínculo que contiene una dirección de correo electrónico. Cuando un usuario hace clic en un vínculo *Mailto*, su programa de correo electrónico se abre y muestra un mensaje nuevo dirigido a la dirección de correo electrónico del vínculo *Mailto*.

main document / documento principal
En una combinación de correspondencia, documento que contiene el texto estándar que no sufrirá modificaciones y los campos de combinación en los que se incluirá la información variable. También se le conoce como documento inicial.

main form / formulario principal
En un formulario basado en dos tablas de Microsoft Access, formulario que contiene los datos de la tabla principal.

main routine / rutina principal
Función principal de un programa, identificada por un programador en el diseño estructurado.

mainframe computer / macrocomputadora
Computadora más grande y más costosa que una minicomputadora o una PC. Empresas y otras organizaciones utilizan macrocomputadoras para prestar servicio a cientos o miles de usuarios conectados de forma simultánea, almacenando una enorme cantidad de datos, instrucciones e información, para procesar grandes volúmenes de trabajo a altas velocidades.

maintaining / mantenimiento
1. Proceso de adición, modificación y eliminación de registros en las tablas de bases de datos para mantenerlas actualizadas y sin errores.
2. Proceso mediante el cual los programadores corrigen errores o introducen mejoras a un programa existente.

major gridline / línea principal de la cuadrícula
Línea que extiende las marcas *tick* por toda el área de trazado.

major tick mark / marca *tick* principal
Pauta de las principales unidades de incremento en el eje *X* o en el eje *Y*.

male connectors / conectores macho
Conectores que tienen una o más espigas desnudas.

malicious-logic programs / programas de lógica maliciosa
Programas que actúan sin el conocimiento del usuario y pueden afectar de forma negativa el funcionamiento de una computadora o capturar información sobre un usuario, como por ejemplo, contraseñas.

management / administración
Empleados del departamento de informática que dirigen la planificación, investigación, desarrollo, evaluación e integración de la tecnología.

management information system / sistema de información de administración
Sistema de información que genera información exacta, oportuna y organizada, de manera que los administradores y otros usuarios puedan tomar decisiones, resolver problemas, supervisar actividades y monitorear el progreso. También se le conoce como MIS.

managers / administradores
Empleados responsables de la coordinación y control de los recursos de una organización, entre ellos, personas, dinero, materiales e información.

Manufacturing Resource Planning II / Planificación de los recursos de producción II
Ampliación de la Planificación de requisitos materiales que también incluye software para ayudar a programar y monitorear la producción en tiempo real, y controlar la calidad de los productos. También se le conoce como MRP II.

margins / márgenes
Partes de una página que caen fuera del cuerpo principal del texto, incluyendo la parte superior, la parte inferior y ambos lados del papel.

market research system / sistema de investigación de mercado
Tipo de sistema de información de mercado que almacena y analiza los datos recopilados mediante encuestas.

marketing information system / sistema de información de marketing
Sistema de información que funciona como un depósito central para las tareas de la unidad funcional de marketing.

markup language / lenguaje de marcación
Lenguaje que describe la estructura y el contenido de un documento.

marquee / marquesina
Cuadro de texto de una página Web en el que se visualiza un mensaje de texto en movimiento.

master / masterizar
1. Proceso de crear DVDs y CDs. 2. En Microsoft PowerPoint, diapositiva que contiene los elementos y estilos de la plantilla de diseño, incluyendo el texto y otros objetos que aparecen en todas las diapositivas del mismo tipo.

Material Requirements Planning / Planificación de requisitos de materiales
Enfoque de administración de información en un entorno productivo que utiliza software para ayudar a monitorear y controlar los procesos relacionados con la producción. También se le conoce como MRP.

maximize / aumentar al máximo
Agrandar una ventana para que abarque toda la pantalla.

MAX function / función *MAX*
Función de Microsoft Excel que calcula los montos máximos de una categoría dada y que tiene una sintaxis similar a las funciones PROMEDIO y SUMA.

MBps / *MBps*
MBps es la forma abreviada de megabytes por segundo.

m-commerce / comercio electrónico móvil
Comercio electrónico que se lleva a cabo mediante la utilización de dispositivos móviles. También se le conoce como comercio móvil.

measurement interval / intervalo de medición
Duración de una prueba de evaluación comparativa.

mechanical mouse / ratón mecánico
Ratón que tiene una bola de goma o metal en su parte inferior.

Media Center PC / *Media Center PC*
Computadora personal de escritorio, para entretenimiento en casa, que incluye un procesador de gama media - alta, disco duro de gran capacidad, unidades de CD y DVD, control remoto y capacidad de gráficos y audio avanzados.

meeting / reunión
Cita a la cual el usuario convoca a personas o para la cual reserva recursos, entre ellos salas de conferencia y equipos de proyección.

megabits per second / megabits por segundo
Medida de ancho de banda; 1,048,576 bps. También se le conoce como *Mbps*.

megabyte / *megabyte*
Unidad de medida del volumen de los archivos; equivale a 1,048,576 bytes (8,388,608 bits). Un archivo de un MB almacena aproximadamente un millón de caracteres de texto. También se le conoce como MB.

Memex / *Memex*
Dispositivo de extensión de memoria imaginado por Vannevar Bush en 1945, quien almacenó todos los libros, registros, cartas y resultados de las investigaciones de una persona en micropelícula. La idea incluía la utilización de dispositivos mecánicos para ayudar a los usuarios a consultar la información recopilada de manera rápida y flexible.

memory / memoria
Componentes electrónicos de una computadora en los que se almacenan instrucciones en espera de ser ejecutadas por el procesador, así como los datos que necesitan esas instrucciones, y los resultados de los datos procesados (información).

memory cache / caché de memoria
Caché que ayuda a acelerar los procesos de una computadora, almacenando las instrucciones y los datos de uso frecuente.

memory cell / celda de memoria
Representación de un solo bit de datos en la RAM, creada por transistores y un condensador.

memory controller / controlador de memoria
Controlador que organiza las direcciones de las celdas de memoria en las cuales almacena los datos, y envía la dirección de la columna y la fila mediante una descarga eléctrica por las líneas de dirección apropiadas.

memory management / administración de memoria
Actividad del sistema operativo que perfecciona la utilización de la memoria de acceso aleatorio (RAM).

memory module / módulo de memoria
Tarjeta pequeña de circuitos impresos que contiene los chips de RAM y que se inserta en una ranura de la placa madre.

memory resident / residente en memoria
Que permanece en la memoria mientras una computadora está en funcionamiento.

memory slots / ranuras de memoria
Zonas de la placa madre en las que se insertan los módulos de memoria.

Memory Stick / *stick* de memoria
Tipo de medio de almacenamiento en miniatura, que se puede extraer que consiste en una tarjeta de memoria flash capaz de almacenar entre 16 MB y 128 MB de datos.

menu / menú
Elemento en la pantalla de una computadora que contiene una serie de comandos entre los cuales el usuario puede seleccionar.

menu bar / barra de menú
Conjunto de menús para los comandos que se utilizan comúnmente.

menu command / comando de menú
Palabra de un menú en la que se hace clic para ejecutar una tarea.

ıenu convention / convención de menú
Indicio visual sobre lo que se puede esperar cuando se selecciona un elemento de un menú.

ıenu-driven interface / interfaz basada en menús
Tipo de interfaz de usuario que proporciona menús como medio para introducir comandos.

ıenu generator / generador de menús
Parte de un generador de aplicaciones que permite que un programador cree un menú para las opciones de una aplicación.

ıerchant account / cuenta de afiliación
Cuenta abierta con una compañía de tarjetas de crédito que permite a una empresa aceptar pagos de sus clientes mediante tarjetas de crédito.

ıerge / combinación
Proceso de combinar el documento principal con una fuente de datos.

ıerge field / campo de combinación
En una combinación de correspondencia, marcador de posición de texto en un documento principal que le dice a Microsoft Word donde insertar información proveniente de la fuente de datos.

ıerged document / documento combinado
En una combinación de correspondencia, documento que es idéntico al documento principal excepto que los campos de combinación han sido reemplazados por datos tomados de la fuente de datos.

M

ıessage authentication code / código de autenticación de ıensaje
Número exclusivo que un programa de función de compendio de mensaje utiliza para preservar la integridad de un mensaje de correo electrónico. También se le conoce como MAC.

ıessage board / pizarra de mensajes
Tipo de grupo de discusión popular basado en la Web, que no requiere un *newsreader* (lector de noticias).

ıessage body / cuerpo del mensaje
Contenido de un mensaje de correo electrónico.

ıessage digest / compendio del mensaje
Mensaje único enviado desde una lista de correo que contiene un conjunto de mensajes publicados en la lista de correo, reduciendo por consiguiente el número total de mensajes que el miembro de una lista de correo recibe de la misma.

ıessage digest function program / programa de función de ompendio de mensaje
Programa que preserva la integridad de un mensaje de correo electrónico produciendo un código de identificación exclusivo llamado código de autenticación de mensaje (MAC). También se le conoce como programa de función de código *hash*.

ıessage flag / indicador de mensaje
Icono que aparece en el encabezado del mensaje.

message header / encabezado del mensaje
Parte de un mensaje de correo electrónico que contiene información sobre el remitente, los destinatarios y el asunto del mensaje.

meta tag / meta etiqueta
Elemento de HTML que un creador de páginas Web coloca en el encabezamiento de una página Web para informar a los robots de Web sobre el contenido de la página.

metadata / metadatos
1. Información detallada que aparece en un diccionario de datos sobre los datos de una base de datos. 2. Información sobre los archivos y datos en un sistema de administración de contenido.

meta-search engine / meta-motor de búsqueda
Herramienta que acepta una expresión de búsqueda y la transmite a varios motores de búsqueda que ejecutan la expresión de búsqueda en sus bases de datos de información de páginas Web y devuelven resultados que el meta-motor de búsqueda consolida y proporciona.

method / método
Procedimiento de un objeto, que contiene actividades que leen o manejan datos.

metrics / métrica
Medidas utilizadas para las pruebas de evaluación comparativa.

metropolitan area network / red de área metropolitana
Red de alta velocidad que conecta las redes de área local en un área metropolitana y se hace cargo de la mayor parte de la actividad de comunicación en toda esa región. También se le conoce como MAN.

MICR / *MICR*
Tecnología que lee textos que han sido impresos con tinta magnética. MIRC es la forma abreviada de *magnetic ink character recognition* (reconocimiento de caracteres con tinta magnética).

MICR reader / lector MICR
Dispositivo que convierte los caracteres MICR en un formulario que una computadora puede procesar.

Micro Focus Net Express / *Micro Focus Net Express*
Popular programa de COBOL para computadoras personales.

microbrowser / micronavegador
Tipo especial de navegador para dispositivos móviles habilitados para Web, diseñado para pantallas pequeñas y con potencia de computación limitada.

microcode / microcódigo
Código de muy bajo nivel que puede escribirse en un chip PROM.

microdrive / microunidad
Tipo de medio de almacenamiento que se puede extraer, en miniatura que consiste en un medio magnético capaz de almacenar hasta 1 GB de datos.

microfiche / microficha
Pequeña hoja de película, cuyo tamaño por lo general, es de aproximadamente 4 por 6 pulgadas, en la cual se almacenan imágenes microscópicas de documentos.

microfilm / micropelícula
Rollo de película, cuya longitud por lo general, es de 100 a 215 pies, en la cual se almacenan copias microscópicas de documentos.

microprocessor / microprocesador
Término utilizado por algunos fabricantes de computadoras y de chips para referirse al chip del procesador de una computadora personal.

Microsoft Office / *Microsoft Office*
Conjunto de los más populares programas de Microsoft: Word, Excel, PowerPoint, Access y Outlook.

Microsoft Office System / Sistema Microsoft Office
Cartera de programas y servicios que están estrechamente integrados, aunque también se pueden comprar por separado; entre los mismos se encuentran Microsoft Office, OneNote, InfoPath, Visio, FrontPage, Project y muchos más.

Microsoft Reader / *Microsoft Reader*
Programa que puede instalarse en un PDA, computadora portátil o computadora de escritorio para obtener la misma funcionalidad de un dispositivo de *e-book*.

microwave station / estación de microondas
Parábola reflectora, con base en la tierra, que contiene la antena, los transceptores y otros equipos necesarios para las comunicaciones por microondas.

microwaves / microondas
Ondas de radio que pueden proporcionar una transmisión de la señal a alta velocidad.

middle management / administración intermedia
Administradores responsables de implementar las decisiones estratégicas de la administración ejecutiva.

MIDI / *MIDI*
Formato de archivo de audio que almacena información digital sobre cada elemento de un sonido, incluyendo su paso, longitud y volumen. La mayoría de los sintetizadores de teclados utilizan el formato MIDI. MIDI es la forma abreviada de *Musical Instrument Digital Interface* (Interfaz digital para instrumentos musicales).

MIDI port / puerto MIDI
Tipo especial de puerto serie que conecta la unidad del sistema con un instrumento musical, como por ejemplo un teclado electrónico.

midrange server / servidor de rango medio
Servidor más potente y de mayor tamaño que una computadora de estación de trabajo que, por lo general, admite la conexión de varios cientos y, algunas veces, hasta unos cuantos miles de computadoras conectadas al mismo tiempo.

millennium bug / error del milenio
Error, o error de programa, que tuvo lugar cuando la fecha de las computadoras cambió al 1 de enero del 2000.

millipede / *millipede*
Dispositivo de almacenamiento del tamaño de un sello postal, desarrollado por IBM, que puede contener hasta 1 terabit de datos por pulgadas cuadrada.

MILNET / *MILNET*
Sección de ARPANET, creada en 1984, reservada para usos militares que requiere altos niveles de seguridad. MILNET es la forma abreviad de *Military network* (red militar).

MIME / *MIME*
Protocolo que especifica cómo codificar datos sin texto, como gráfico y sonido, de manera que se puedan enviarlos a través de Internet. MIME es la forma abreviada de *Multipurpose Internet Mail Extensions* (Extensiones multipropósito de correo por Internet).

MIN function / función MIN
Función de Microsoft Excel que calcula los montos mínimos para una categoría dada y tiene una sintaxis similar a las funciones PROMEDIO y SUMA.

minicomputer / minicomputadora
Computadora de mayor tamaño y más costosa que una PC. Empresas otras organizaciones utilizan minicomputadoras para procesar grandes volúmenes de trabajo, a altas velocidades.

mini-DVD media / discos mini-DVD
Tipo de disco DVD de lectura / escritura que tiene tres pulgadas de diámetro.

minimize / minimizar
Reducir una ventana en la pantalla al tamaño de un botón de programa en la barra de tareas de Windows.

minor gridline / línea secundaria de la cuadrícula
Líneas que dividen el espacio entre las líneas principales de las cuadrículas.

minor tick mark / marca *tick* secundaria
Indicación de las unidades de incremento secundarias en el eje *X* o en el eje *Y*.

MIPS / *MIPS*
Medida de velocidad de procesador expresada en términos de millones de instrucciones que un procesador puede ejecutar en un segundo. MIPS es la forma abreviada de *millions of instructions per second* (millones de instrucciones por segundo).

mirror site / sitio espejo
Réplica de un servidor existente que proporciona una ubicación alternativa para descargar archivos.

irroring / replicación
La más simple configuración de almacenamiento RAID que escribe datos en dos discos al mismo tiempo para duplicar la información.

ixed reference / referencia mixta
Referencia de celda que contiene tanto referencias relativas como absolutas, por ejemplo, B$4.

obile cash / dinero móvil
Método de pago de productos, que requiere de un teléfono celular conectado a Internet. También se le conoce como *m-cash*.

obile computer / computadora móvil
Computadora personal que un usuario puede llevar consigo de un lugar a otro.

obile device / dispositivo móvil
Dispositivo informático lo suficientemente pequeño para que un usuario pueda sujetarlo en su propia mano.

obile printer / impresora móvil
Impresora pequeña y ligera, que funciona con baterías y permite que un usuario imprima desde una computadora portátil, Tablet PC o PDA.

obile users / usuarios móviles
Usuarios que, mientras están lejos de la oficina principal o institución educativa, trabajan en una computadora portátil, PDA habilitada para Web o teléfono inteligente.

ockup / maqueta
Prototipo de entrada o salida que contiene datos reales, desarrollada durante la fase de diseño detallado de un sistema de información.

odem / módem
Dispositivo que convierte la señal digital de una computadora en una señal analógica (modulación), de manera que pueda viajar por una línea telefónica, y también convierte las señales analógicas que llegan a través de una línea telefónica en señales digitales que la computadora puede utilizar (demodulación).

odem card / tarjeta de módem
Tarjeta adaptadora que permite que una computadora se comunique a través de líneas telefónicas, líneas de televisión por cable u otros medios.

oderated list / lista moderada
Lista de correo que tiene un moderador de lista que es responsable de descartar cualquier mensaje que sea inadecuado o irrelevante para los miembros de la lista.

oderated newsgroup / grupo de debate moderado
Grupo de debate en el cual un artículo publicado se envía primeramente a un moderador, en vez de presentarse inmediatamente al grupo de debate.

oderator / moderador
Persona que revisa el contenido de los artículos de un grupo de debate y luego los publica, si son apropiados.

Modula-2 / *Modula-2*
Lenguaje de programación que se utiliza para desarrollar software de sistemas.

modulation / modulación
Conversión, mediante un módem, de señales digitales en señales analógicas para ser enviadas a través de una línea telefónica.

module / módulo
Sección de un programa que realiza una sola función, identificada durante la fase de diseño estructurado.

monitor / monitor
Caja plástica o de metal que aloja un dispositivo de visualización com periférico independiente.

mono / mono
Sonido grabado con un solo canal, de manera que durante su reproducción se emite el mismo sonido tanto por la bocina izquierda como por la derecha.

monochrome / monocromático
Que se visualiza en un solo color.

morphing / *morphing*
Efecto especial de vídeo, mediante el cual una imagen de vídeo se transforma en otra imagen.

Mosaic / *Mosaic*
El primer programa con una GUI (interfaz gráfica de usuario) que podía leer HTML y utilizar hipervínculos en documentos HTML pa navegar de página a página en computadoras, en cualquier lugar en Internet. Mosaic fue el primer navegador de Web que se utilizó ampli mente para las PCs.

motherboard / placa madre
Tarjeta principal de la unidad del sistema, que tiene algunos componentes electrónicos conectados y otros incorporados.

motherboard

motion capture technology / tecnología de captura de movimiento
Tecnología que se utiliza para desarrollar juegos de computadora con personajes animados con movimientos humanos naturales, muy reales.

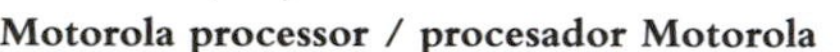

Motorola processor / procesador Motorola
Procesador, producido por Motorola, cuyo diseño es diferente al de un procesador tipo Intel.

ouse / ratón
Dispositivo puntero que cabe cómodamente debajo de la palma de la mano de un usuario.

ouse over / *mouse over*
Acción de mover el puntero del ratón sobre un botón interactivo o una imagen interactiva.

ouse pad / almohadilla de ratón
Almohadilla rectangular de goma o espuma que proporciona tracción para un ratón mecánico.

ouse pointer / puntero del ratón
Símbolo pequeño que se visualiza en una pantalla de computadora, cuya ubicación y forma cambia a medida que el usuario mueve el ratón. También se le conoce como puntero.

ove a file / mover un archivo
Mover un archivo de su ubicación actual y colocarlo en una ubicación nueva.

ove handle / cuadro de desplazamiento
Cuadro de mayor tamaño que aparece en la esquina superior izquierda de un control seleccionado, que se utiliza para desplazar dicho control.

oving Picture Experts Group (MPEG) format / formato PEG (Grupo de expertos en imágenes en movimiento)
Conjunto de formatos de archivo comprimidos para almacenar archivos de vídeo y audio en la Web.

oving Picture Experts Group Audio Layer 3 / capa 3 de audio l grupo de expertos de imágenes en movimiento
Pista de audio de formato MPEG, versión 3, que se hizo popular a medida que el precio del almacenamiento en disco, en computadoras personales, fue bajando y las grabadoras de CDs (también llamadas quemadores de CDs) se pusieron al alcance de los usuarios domésticos. Los archivos de formato MP3 tienen un poco menos de calidad que los archivos de formato WAV, pero son un 90 por ciento más pequeños. También se le conoce como MPEG MP3.

ozilla / *Mozilla*
Suite de programas que incluye un navegador de Web que se basa en el mismo código de programa interno que el Netscape Navigator.

ozilla Firebird / *Mozilla Firebird*
Versión de la suite de programas Mozilla que incluye solamente el código para el navegador de Web.

P / *MP*
Un millón de píxeles.

P3 / *MP3*
Formato que reduce un archivo de audio a aproximadamente una décima parte de su tamaño original, preservando en gran medida la calidad original del sonido.

PEG-4 / *MPEG-4*
Versión actual de una popular norma de compresión de vídeo.

MPR II standard / norma MPR II
Conjunto de normas que define los niveles de radiación electromagnética aceptables para un monitor.

MUD, object oriented / MUD, orientado a objetos
Juego de aventuras de realidad virtual que utiliza programación orien tada a objetos. También se le conoce como MOO.

multidimensional database / base de datos multidimensional
Tipo de base de datos que almacena datos en más de dos dimensione lo que permite que los usuarios tengan acceso y analicen cualquier vista de la base de datos.

multifunction peripheral / periférico multifunción
Dispositivo de salida que se parece a una máquina copiadora pero pro porciona la funcionalidad de una impresora, un escáner, una copiador y, en algunos casos, de una máquina de fax.

multilayer perception / percepción multicapas
Modelo de redes neurales que constan de, por lo menos, tres capas de entrada de circuitos, ocultas, y circuitos de salida. También se le conoc como MLP.

multimedia / *multimedia*
Cualquier aplicación que combine texto con gráficos, animación, audio, vídeo y /o realidad virtual.

M

multimedia authoring software / software de autoría de multimedia
Software que se utiliza para combinar texto, gráficos, animación, audi y vídeo en una presentación interactiva, y que se utiliza para la capacitación basada en la informática y en la Web.

multimedia database / base de datos multimedia
Base de datos que almacena imágenes, clips de audio y/o clips de vídeo.

multimedia message service / servicio de mensajes de multimed
Con el servicio de mensajes de multimedia, los usuarios pueden envi gráficos, fotos, clips de vídeo, archivos de sonido, así como mensajes d texto cortos, a otro teléfono inteligente. También se le conoce como MMS o mensajes de multimedia.

multiplexing / multiplexado
Técnica utilizada por ISDN que permite que una línea telefónica que originalmente podía transportar solamente una señal de computadora, transporte tres o más señales al mismo tiempo, a través de la misma líne

multiprocessing / multiprocesamiento
Con capacidad para admitir dos o más procesadores que ejecutan programas al mismo tiempo.

multipurpose operating system / sistema operativo multipropósito
Sistema operativo independiente y de red.

multiread CD drive / unidad de CD multilectura
Unidad que puede leer CDs de audio, CDs de datos, CD-Rs y CD-RWs.

multisession disc / disco multisesión
Disco en el cual se puede escribir más de una vez, permitiendo que los usuarios guarden datos adicionales en el disco posteriormente.

multitask / multitarea
Que puede ejecutar más de una tarea a la vez y cambiar rápidamente entre proyectos.

multiuser / multiusuario
Capaz de permitir que dos o más usuarios ejecuten programas simultáneamente.

Musical Instrument Digital Interface / interfaz digital de instrumentos musicales
Norma del sector de la música electrónica que define cómo los dispositivos reproducen sonidos electrónicamente. También se le conoce como MIDI.

My Computer / Mi PC
En Windows, herramienta que se utiliza para ver, organizar y tener acceso a programas, archivos y unidades de la computadora.

My Documents / Mis documentos
En Windows, carpeta incorporada diseñada como un lugar cómodo para almacenar documentos, gráficos y otros trabajos.

name / nombre
En Microsoft Excel, palabra o cadena de caracteres relacionados con una celda o rango de celdas.

Name box / cuadro de nombres
Cuadro ubicado en el extremo de la izquierda de la barra de Fórmulas de Microsoft Excel, en el cual se visualiza también la celda de referencia de la celda activa.

Name property / propiedad Nombre
Propiedad que se utiliza para especificar el nombre de un objeto o control.

name space management / administración del espacio de nombres
En WebDAV, función que permite a un programador copiar, mover y cambiar el nombre de los archivos en un servidor.

nanosecond (ns) / nanosegundo (ns)
Mil millonésima parte de un segundo.

National Digital Information Infrastructure & Preservation Program / Programa nacional de infraestructura y preservación de la información digital
Proyecto que fue puesto en práctica por el Congreso de Estados Unidos para recopilar, organizar y preservar las obras digitales.

national ID card / tarjeta de identificación nacional
Tarjeta que proporciona prueba de identificación resistente al fraude.

national ISP / ISP nacional
Proveedor de servicios de Internet que proporciona acceso a Internet en varias de las principales ciudades y pueblos de todo el país.

natural language query interface / interfaz de búsqueda en lenguaje natural
Interfaz que permite a los usuarios introducir una pregunta exactamente como se le haría esa pregunta a una persona. El motor de búsqueda analiza la pregunta utilizando los patrones de estructura gramatical de preguntas que le han sido introducidos y convierte la pregunta en lenguaje natural en una consulta de búsqueda.

navigation / navegación
Desplazarse de una ubicación a otra en la computadora, como por ejemplo, de una ventana a otra.

near letter quality / calidad casi de carta
De una calidad ligeramente inferior a la aceptable para las cartas comerciales. También se le conoce como NLQ.

necessity / necesidad
Medidas de seguridad que evitan demoras de los datos (disminución d la velocidad de la transmisión de datos) o denegaciones (impedir que los datos lleguen a su destino).

nest / anidar
Proceso de colocación de un elemento dentro de otro.

nested element / elemento anidado
Elemento contenido dentro de otro elemento.

nested tag / etiqueta anidada
En HTML, etiqueta que aparece dentro de una etiqueta sencilla o der tro de las etiquetas de apertura y cierre de una etiqueta doble.

Net / Red
Conjunto mundial de redes que enlaza a millones de empresas, agenci gubernamentales, instituciones educativas y personas. También se le conoce como Internet.

netiquette / netiqueta
Conjunto de normas comúnmente aceptadas que representan el comportamiento adecuado en Internet.

Netscape Communicator Suite / Suite Netscape Communicato
Suite de programas desarrollado por Netscape Communications Corporation que incluye el navegador de Web Navigator y el progran de correo electrónico Mail.

Netscape Mail / *Netscape Mail*
Programa cliente de correo electrónico que forma parte de la suite de programas de Netscape Communicator. También se le conoce como Mail.

Netscape Navigator / *Netscape Navigator*
Popular programa de navegación de Web. También se le conoce como Navigator.

NetWare / *NetWare*
Sistema operativo de redes diseñado por Novell para redes cliente - servidor.

network / red
Conjunto de dos o más computadoras y dispositivos, conectados a través de dispositivos de comunicaciones y medios de transmisión, que permite que las computadoras compartan los recursos.

network access points / puntos de acceso a la red
Puntos en los cuales las porciones locales de Internet se conectan a su estructura principal de red. También se le conoce como NAP.

network address translation device / dispositivo de traducción de direcciones de red
Computadora o componente de hardware de una red que convierte las direcciones IP privadas en direcciones IP normales, de manera que los paquetes que se originen dentro de una red secundaria puedan transmitirse a través de Internet. También se le conoce como dispositivo NAT.

network architecture / arquitectura de red
Diseño de computadoras, dispositivos y medios en una red.

network attached storage / almacenamiento conectado a una red
Servidor que se instala en una red con la única finalidad de proporcionar almacenamiento a los usuarios y sistemas de información conectados a la misma. También se le conoce como NAS.

network backbone / estructura principal de red
Líneas de larga distancia, y la tecnología de apoyo, que transportan grandes cantidades de datos entre los principales nodos de la red.

network card / tarjeta de red
Dispositivo de comunicaciones que permite que una computadora o dispositivo tenga acceso a una red.

Network Control Protocol / protocolo de control de red
Conjunto de normas para formatear, ordenar y verificar los errores de datos utilizado por ARPANET y otros precursores de Internet. También se le conoce como NCP.

network interface card / tarjeta de interfaz de red
Tarjeta u otro dispositivo insertado en una computadora o conectado a ella, que permite a la misma conectarse a una red. También se le conoce como NIC.

network layer / nivel de red
Quinto nivel en el modelo de referencia de Interconexión de sistemas abiertos (OSI), que encamina un mensaje del remitente al destinatario.

network license / licencia de red
Acuerdo legal que permite a muchos usuarios de red tener acceso a un programa de software en un servidor, de forma simultánea.

Network News Transfer Protocol / protocolo de transferencia de noticias en red
Protocolo de Internet que se ocupa de las fuentes de noticias. También se le conoce como NNTP.

network operating system / sistema operativo de redes
Software que se ejecuta en una computadora servidor y permite que otras computadoras, llamadas computadoras clientes, se conecten a ella y compartan sus recursos, como por ejemplo, impresoras, archivos o programas. También se le conoce como NOS.

network place / sitio de red
En Windows, acceso directo con una conexión de un sitio Web, FTP, ubicación de red (como por ejemplo, una red de área local) o proveedor de almacenamiento en línea.

network server / servidor de red
Servidor de una red cliente - servidor que administra el tráfico o actividad de la red.

network topology / topología de redes
Configuración de las computadoras y los dispositivos de una red de comunicaciones.

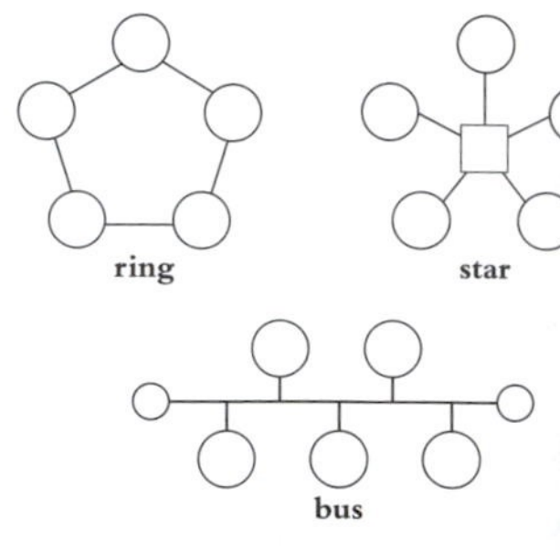

network topologies

neural network / red neural
Tipo de sistema de inteligencia artificial que trata de emular la forma en que funciona el cerebro humano.

neurons / neuronas
Miles de millones de células del cerebro humano que realizan operaciones inteligentes.

news search engine / motor de búsqueda de noticias
Sitio Web que permite realizar búsquedas del contenido de reportajes noticiosos de actualidad en muchas publicaciones y servicios cablegráficos

news server / servidor de noticias
Servidor que almacena un grupo de debate; el conjunto de servidores de noticias conectados a Internet que componen Usenet.

newsfeed / fuente de noticias
Proceso de almacenamiento y reenvío de artículos de grupos de debate para mantener la actualización de los inventarios de artículos de dichos grupos.

newsgroup / grupo de debate
1. Zona en línea en la cual los usuarios sostienen discusiones por escrito sobre un asunto específico; 2. Categoría de tema de Usenet; 3. Forum o grupo de discusión en Internet.

newspaper-style columns / columnas periodísticas
Texto dividido en dos o más bloques verticales, o columnas, en una página.

newsreader / lector de noticias
Programa que se encarga de la comunicación entre un cliente y un servidor de noticias. Outlook Express de Microsoft y Mail de Netscape cuentan con software lector de noticias incorporado.

nickname / sobrenombre
Versión abreviada del nombre de una persona, que se utiliza para recuperar la dirección de correo electrónico del usuario, de la Libreta de direcciones.

nit / *nit*
Unidad de intensidad de luz visible que es igual a una candela por metro cuadrado.

node / nodo
Computadora o dispositivo que forma parte de una red.

noise / ruido
Interrupción eléctrica que se produce cuando una señal no deseada se mezcla con el voltaje normal que entra a una computadora.

nonadjacent range / rango no adyacente
Rango de celdas que está compuesto por dos o más rangos adyacentes separados.

nonimpact printer / impresora de no impacto
Tipo de impresora que imprime caracteres y gráficos sobre el papel sin realmente golpearlo.

nonmanagement employees / empleados no administrativos
Entre ellos se incluye al personal de producción, de oficina y de dirección.

nonprinting characters / caracteres no imprimibles
Símbolos que pueden aparecer en la pantalla, pero no en la página impresa.

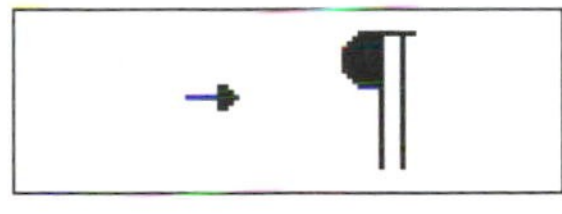

nonprinting tab and paragraph marks

nonprocedural language / lenguaje no procedimental
Lenguaje de programación que utiliza instrucciones con una sintaxis similar a la del idioma inglés, para recuperar datos de los archivos o de una base de datos.

nonresident / no residente
Que permanece en el disco duro hasta que se necesite.

nonunique sort field / campo de ordenamiento no único
Campo de ordenamiento para el cual más de un registro puede tener el mismo valor.

nonvolatile memory / memoria no volátil
Tipo de memoria que no pierde su contenido cuando se desconecta la alimentación de corriente a la computadora.

normalization / normalización
Proceso utilizado por un programador de bases de datos relacionales para organizar los datos.

Not logical operator / operador lógico No
Operador lógico que deniega un criterio o selecciona registros para los cuales el campo designado no se corresponde con el criterio.

note / nota
1. Un breve expediente escrito. 2. En Microsoft PowerPoint, información en la diapositiva para el presentador; también se le conoce como notas del presentador.

note taking software / software para tomar notas
Software de aplicación que permite a los usuarios introducir texto mecanografiado, comentarios manuscritos, dibujos o bocetos en cualquier lugar de una página.

notebook computer / computadora portátil
Computadora personal portátil, lo suficientemente pequeña para que quepa en el regazo de un usuario.

NOW() function / función NOW()
Función de fecha que muestra de forma automática la fecha actual en un libro de trabajo cada vez que se vuelve a abrirlo.

NS / *NS*
Mil millonésima parte de un segundo. También se le conoce como nanosegundo.

NSFnet / *NSFnet*
Enorme red de la Fundación Nacional para la Ciencia, compuesta por cinco centros de supercomputadoras.

NTSC converter / convertidor NTSC
Dispositivo que conecta una computadora a un televisor analógico y convierte la señal digital de la computadora en una señal analógica que se puede visualizar en el televisor.

null value / valor nulo
Valor que se obtiene cuando no se introduce el valor de un campo; una clave primaria no puede tener un valor nulo.

numbered list / lista numerada
Párrafos numerados de forma consecutiva dentro del texto del cuerpo.

numeric check / comprobación numérica
Comprobación de validez para garantizar que los usuarios introduzcan solamente datos numéricos en un campo.

object / objeto
1. Elemento que puede contener tanto datos como los procedimientos que leen o controlan dichos datos. 2. Cualquier cosa que pueda ser controlada como conjunto, como por ejemplo, un gráfico, tabla, foto, clip de vídeo o de audio; en términos de OLE, objeto significa la información específica que se desea compartir entre los programas.

object dependency / dependencia entre objetos
Relación que existe entre dos objetos cuando un cambio de las propiedades de los datos de uno de los objetos afecta las propiedades de los datos del otro.

object linking and embedding / vinculación e incrustación de objetos
Medio de transferir y compartir información entre programas; también se le conoce como integración u OLE.

object modeling / modelación de objetos
Técnica de análisis y diseño que combina datos con los procesos que actúan sobre dichos datos en una misma unidad llamada objeto.

object program / programa objeto
Versión de lenguaje de máquina de un programa que es el resultado de la compilación del lenguaje de tercera generación.

object query language / lenguaje de consulta de objetos
Lenguaje de consulta utilizado por bases de datos orientadas a objetos y relacionadas con objetos para manejar y recuperar datos. También se le conoce como OQL.

object-oriented database / base de datos orientada a objetos
Tipo de base de datos que almacena datos de objetos, que son elementos que contienen datos, así como las operaciones que leen o procesan dichos datos. También se le conoce como OODB.

object-oriented design / diseño orientado a objetos
Enfoque de diseño de programa mediante el cual un programador empaqueta los datos y el programa (o procedimiento) en una misma unidad, un objeto. También se le conoce como diseño OO.

object-oriented programming language / lenguaje de programación orientado a objetos
Lenguaje que se utiliza para implementar un diseño orientado a objetos. También se le conoce como lenguaje OOP. El lenguaje OOP permite a los programadores volver a utilizar y modificar los objetos existentes, lo que da como resultado la creación de programas más rápidos. Un lenguaje OOP también es dirigido por eventos. Un evento es una acción a la cual responde un programa, como por ejemplo, pulsar una tecla del teclado, introducir un valor en un cuadro de texto, mover el ratón, hacer clic en un botón o dar una instrucción de voz.

object-relational databases / bases de datos relacionales orientadas a objetos
Bases de datos que combinan características de los modelos de datos relacionales y de datos orientados a objetos.

Objects bar / barra de Objetos
Sección de la ventana Base de datos que controla los grupos principales de objetos, como por ejemplo, tablas, consultas, formularios e informes en una base de datos de Microsoft Access.

OCR devices / dispositivos OCR
Dispositivos de reconocimiento óptico de caracteres entre los que se incluyen pequeños escáneres ópticos para leer caracteres y software sofisticado para analizar lo que se lee.

OCR software / software de OCR
Software que puede leer y convertir documentos de texto en archivos electrónicos. OCR es la forma abreviada de *optical character recognition* (reconocimiento óptico de caracteres).

octet / octeto
Número de 8 bits. Las personas que trabajan con redes de computadoras utilizan con frecuencia este término en vez del término "byte".

Office Clipboard / Portapapeles de Office
Zona de almacenamiento temporal en la cual se pueden recopilar hasta 24 objetos (incluyendo texto) de cualquier documento de Microsoft Office y después pegarlos en cualquier documento de Office; para utilizar el Portapapeles de Office hay que abrir el panel de tareas del Portapapeles.

office information system / sistema de información de oficinas
Sistema de información que permite a los empleados realizar tareas utilizando computadoras y otros dispositivos electrónicos, en vez de realizarlas de forma manual. También se le conoce como OIS.

offline / fuera de línea
No estar conectado a un servidor de correo electrónico.

offline UPS / UPS fuera de línea
Tipo de suministro ininterrumpible de energía que pasa a utilizar la corriente de una batería cuando se produce una falla en la línea de alimentación eléctrica.

offsite / sitio remoto
Ubicación separada de la sala de computadoras, la cual a menudo se utiliza para almacenar copias de seguridad de archivos provenientes de la sala de las computadoras.

OLE / *OLE*
Medio de transferir y compartir información entre programas. OLE es la forma abreviada de *object linking and embedding* (vinculación e incrustación de objetos).

onboard navigation system / sistema de navegación a bordo
Sistema incluido en muchos vehículos que se fabrican en la actualidad; es un sistema de comunicaciones que ofrece a los pasajeros opciones como direcciones, servicios de emergencia, diagnóstico a distancia, opciones de bloqueo y rastreo de vehículos.

one-sided tag / etiqueta sencilla
Etiqueta que se utiliza para elementos vacíos, que no tienen una etiqueta de apertura o de cierre; tiene la forma <elemento/>, en la cual "elemento" es el nombre del elemento vacío.

one-to-many relationship / relación de uno a muchos
Tipo de relación de base de datos que existe entre dos tablas cuando un registro de la primera tabla no se corresponde con ningún registro de la segunda tabla o lo hace con uno o muchos registros, y cuando un registro de la segunda tabla se corresponde exactamente con un registro de la primera tabla.

online / en línea
Describe el estado de una computadora cuando se conecta a una red.

online analytical processing / procesamiento analítico en línea
Programas que analizan y resumen datos. También se les conoce como OLAP.

online auction / subasta en línea
Método de comercio electrónico que permite a los consumidores realizar compras entre sí.

online backup service / servicio de copia de seguridad en línea
Sitio Web que hace una copia de seguridad a los archivos, automáticamente, desde una sala de computadoras a su ubicación en línea.

online banking / banca en línea
Conexión en línea con la computadora de un banco para tener acceso a saldos de cuenta, pagar cuentas y copiar resúmenes de transacciones mensuales a la computadora de un usuario.

online help / ayuda en línea
Equivalente electrónico de un manual de usuario que, por lo general, se integra en un programa y proporciona asistencia a los usuarios para aumentar la productividad y reducir las frustraciones al minimizar el tiempo que les toma aprender cómo utilizar un software de aplicación.

online investing / inversión en línea
Utilización de una computadora para comprar y vender acciones y bonos en línea, sin la mediación de un corredor de bolsa.

online meeting / reunión en línea
Reunión entre usuarios que están todos conectados a un servidor que les permite compartir documentos entre sí en tiempo real.

online resume / currículum en línea
Currículum que se publica en un sitio Web.

O

online security service / servicio de seguridad en línea
Sitio Web que evalúa una computadora para comprobar si es vulnerable a las comunicaciones con la Web y a los mensajes de correo electrónico, y luego ofrecer recomendaciones sobre cómo tratar dicha vulnerabilidad.

online service provider / proveedor de servicios en línea
Compañía que proporciona acceso a Internet así como muchas otras opciones sólo a los abonados. También se le conoce como OSP.

online storage / almacenamiento en línea
Servicio disponible en la Web que proporciona almacenamiento para los usuarios de computadoras, por lo general, por una cuota mensual mínima.

online trading / operaciones bursátiles en línea
Acceso en línea por parte de usuarios para invertir en acciones, bonos, fondos de inversión, etc., sin la mediación de un corredor de bolsa.

online transaction processing / procesamiento de transacciones en línea
Sistema mediante el cual una computadora procesa cada transacción a medida que se introduce. También se le conoce como OLTP.

online UPS / UPS en línea
Tipo de suministro ininterrumpible de energía que siempre toma la corriente de una batería, proporcionando así protección continua.

on-screen keyboard / teclado en pantalla
Tipo de teclado, utilizado en ocasiones por usuarios discapacitados, mediante el cual se visualiza un gráfico de un teclado estándar en la pantalla del usuario.

open / abierto; abrir
1. Cuando se describe un sistema de información, significa que comparte fácilmente información con otros sistemas de información.
2. Tener acceso a un archivo o iniciar un programa.

open architecture / arquitectura abierta
Enfoque que permite a cada una de las redes de una red interna continuar utilizando sus propios protocolos y métodos de transmisión de datos para mover datos internamente.

open language / lenguaje abierto
Lenguaje de programación que cualquiera puede utilizar sin comprar una licencia.

open list / lista abierta
Lista de correo en la cual la inscripción es automática.

Open Systems Interconnection reference model / modelo de referencia de Interconexión de sistemas abiertos
Norma de comunicaciones para redes, que describe el flujo de datos en una red a través de siete niveles: aplicación; presentación; sesión; transporte; red; enlace de datos; y físico. También se le conoce como modelo de referencia OSI.

opening tag / etiqueta de apertura
1. En una etiqueta HTML doble, la etiqueta que el navegador encuentra primero y que activa el formato definido. 2. Etiqueta que identifica el inicio de una etiqueta doble; la misma tiene la forma <elemento>, en la cual "elemento" es el nombre del elemento.

open-source software / software de fuente abierta
Software creado y mantenido por programadores voluntarios; el software se pone a la disposición de los usuarios de manera gratuita.

Opera / Opera
Programa de navegador de Web que no es muy utilizado, pero está ganando popularidad.

operating system / sistema operativo
Software que ayuda a la computadora a realizar tareas esenciales, como por ejemplo, mostrar información en la pantalla y guardar los datos en discos. También se le conoce como OS.

operation / operación
Procedimiento de un objeto, que contiene actividades que leen o manejan datos. También se le conoce como método.

operational decision / decisión operativa
Decisión tomada por los administradores operativos, que comprende las actividades cotidianas dentro de una compañía.

operational feasibility / factibilidad operativa
Parámetro que indica lo bien que funcionará un sistema de información propuesto.

operational management / administración operativa
Administradores que supervisan a los empleados de producción, de oficina y otros empleados no administrativos de una compañía.

operations / operaciones
Actividades básicas de una empresa que conllevan la creación, venta y apoyo de los productos y servicios que la compañía produce y presta.

operations model / modelo de operaciones
Procesos comerciales no relacionados con los ingresos de una compañía, como por ejemplo, compra, contratación, recepción y producción.

optical / óptico
Término utilizado para el almacenamiento láser, como por ejemplo, en CD o DVD.

optical carrier / portadora óptica
Tipo de línea telefónica arrendada que utiliza fibra óptica. También se le conoce como OC.

optical character recognition / reconocimiento óptico de caracteres
Tecnología de lectores ópticos que permite que los caracteres mecanografiados, impresos mediante computadora o escritos a mano, sean leídos y convertidos de documento normal a una forma que la computadora pueda procesar. También se le conoce como OCR.

optical fiber / fibra óptica
Hilo de cristal o plástico tan fino como un cabello humano y que forma parte del núcleo del cable de fibra óptica.

optical mark recognition / reconocimiento óptico de marcas
Tecnología de lector óptico que lee las marcas hechas con la mano, como por ejemplo, pequeños círculos o rectángulos. También se le conoce como OMR.

optical mouse / ratón óptico
Ratón que utiliza dispositivos, como por ejemplo, sensores ópticos o láser, que emiten y captan la luz para detectar el movimiento del ratón.

optical reader / lector óptico
Dispositivo que utiliza una fuente de luz para leer caracteres, marcas y códigos, y luego los convierte en datos digitales que una computadora puede procesar.

optical resolution / resolución óptica
Resolución física real a la cual una cámara digital puede capturar una imagen digital.

optical scanner / escáner óptico
Dispositivo de entrada detector de luz que lee textos y gráficos impresos, y luego convierte los resultados de dicha lectura en una forma que la computadora puede procesar.

optically assisted hard drive / disco duro ópticamente asistido
Tipo de disco duro desarrollado recientemente que combina tecnologías ópticas con medios magnéticos para crear capacidades potenciales de almacenamiento de hasta 400 GB.

option button / botón de opción
Control utilizado en un campo SÍ / NO que aparece como un círculo relleno de color blanco; un punto dentro del círculo indica un valor SÍ, y un círculo vacío indica un valor NO. Los botones de opción se presentan en una lista, para la que se selecciona una de las opciones como valor predeterminado. Al seleccionar un elemento nuevo de la lista se cancela la selección del elemento que esté seleccionado en ese momento. También se le conoce como botón de radio.

optional argument / argumento opcional
Argumento que no es necesario para que la función calcule un valor (si no se incluye un argumento opcional, Microsoft Excel supone un valor predeterminado para éste).

options / opciones
Adiciones a un comando que cambian o refinan el comando en una manera especificada.

Or logical operator / operador lógico O
Operador lógico que el usuario utiliza en una búsqueda cuando quiere que se seleccione un registro, si se cumple al menos una de las condiciones especificadas.

order of precedence / orden de precedencia
Conjunto de normas predefinidas que Excel observa para calcular de forma no ambigua qué operador se aplica primero, qué operador se aplica en segundo lugar, y así sucesivamente.

ordered list / lista ordenada
Formato de lista HTML en el cual los elementos aparecen en orden precedido por números o letras.

organic LED / LED orgánico
Tipo más moderno de pantalla TFT que utiliza moléculas orgánicas para presentar una pantalla más fácil de leer y más brillante que las pantallas TFT estándar. También se le conoce como OLED.

organization chart / organigrama
Diagrama de cuadros conectados mediante líneas, que muestra la jerarquía de los cargos dentro de una organización.

organized information / información organizada
Información organizada de manera que se ajuste a las necesidades y los requisitos de la persona encargada de tomar decisiones.

orphaned header tag / etiqueta de encabezado huérfana
Sección de encabezado de informe que aparece automáticamente en la parte inferior de una página. El primer registro de detalle que sigue a la sección de encabezado huérfana aparece en la parte superior de la página siguiente.

orphaned record / registro huérfano
Registro cuyo registro coincidente en la tabla primaria o relacionada se ha eliminado.

outbox / bandeja de salida
En programas de correo electrónico, bandeja en la cual se almacenan los mensajes de correo electrónico que no se han enviado.

outline / esquema
1. La línea o borde exterior de un objeto o figura. 2. Resumen estructurado que proporciona los principales puntos de un asunto y omite los detalles menores.

outline symbol / símbolo de esquema
En la vista Esquema, carácter especial que aparece a la izquierda de cada párrafo.

Outlook / *Outlook*
Programa de administración de información creado por Microsoft, que se utiliza para enviar, recibir y organizar mensajes de correo electrónico, así como para planificar la agenda, organizar reuniones y contactos, crear una lista de tareas a realizar y hacer apuntes. También se puede utilizar Outlook para imprimir horarios, listas de tareas, directorios telefónicos y otros documentos.

Outlook Express / *Outlook Express*
Programa de cliente de correo electrónico creado por Microsoft, que funciona con el software del navegador de Web "Internet Explorer".

output / salida
Datos que han sido procesados y convertidos en una forma útil.

output device / dispositivo de salida
Componente de hardware que transmite información a una o más personas.

outsource / subcontratar
1. Hacer que una entidad externa a una compañía desarrolle un software para la compañía. Algunas compañías subcontratan solamente el aspecto del desarrollo del software de sus operaciones informáticas, mientras que otras subcontratan más o todas sus operaciones informáticas. 2. Utilizar a una organización externa o servicio Web en línea para la administración de almacenamiento.

overvoltage / sobrevoltaje
Perturbación eléctrica que se produce cuando el voltaje de la corriente que entra sobrepasa considerablemente los 120 voltios normales. Los sobrevoltajes pueden ocasionar daños instantáneos y permanentes al hardware.

Ovonic memory / memoria Ovónica
Tipo de chip de memoria que puede almacenar datos prácticamente para siempre y del que se espera que llegue a sustituir a los chips de memoria flash que se desgastan con el tiempo.

P2P / *P2P*
Tipo de red de igual a igual mediante la cual los usuarios se conectan directamente con los discos duros de los demás e intercambian archivos a través de Internet.

packaged software / software empacado
Software preescrito, protegido por derechos de autor y de producción en masa, disponible a la venta y que satisface las necesidades de una amplia variedad de usuarios, no solamente las de un solo usuario o compañía.

packet flooding attack / ataque de saturación de paquetes
Amenaza de seguridad mediante la cual un *cracker* bombardea a un servidor u otra computadora con mensajes, con la intención de saturar los recursos de ancho de banda de la red, inhabilitando con efectividad las comunicaciones de la organización.

packet switching / intercambio de paquetes
Método para enviar información a través de una red en la cual los archivos y mensajes se dividen en paquetes que se marcan electrónicamente con códigos de acuerdo a sus lugares de origen y destino. Los paquetes se envían a través de la red, cada uno posiblemente por una ruta diferente. Los paquetes se vuelven a unir al llegar a su destino.

packets / paquetes
Pequeñas unidades en que se dividen los datos durante la transmisión de datos a través de las redes. Los paquetes contienen los datos, el desti-

natario (destino), el origen (remitente), y la información de secuencia que se utiliza para volvera ensamblar los datos en el lugar de destino.

page / página

Cantidad de datos e instrucciones de programas que pueden ser intercambiados en un momento dado entre la memoria y el almacenamiento.

page break / salto de página

1. Ubicación en una hoja de trabajo que determina dónde comienza una nueva página. 2. Tipo de salto que hace que empiece una nueva página.

page description language / lenguaje de descripción de página

Software que le dice a una impresora cómo disponer el contenido de una página impresa. También se le conoce como PDL.

page layout / composición de página

Proceso de disponer texto y gráficos en un documento página por página.

page ranking / clasificación de página

Método utilizado por los motores de búsqueda para calificar (clasificar) las páginas Web por el número de otras páginas Web que se vinculan a ellas, de manera que los URLs de las páginas Web con altos niveles de clasificación se puedan presentar primero en la página de resultados de búsqueda. Una página que tiene más páginas Web vinculadas a ella recibe una clasificación más alta que una página que tiene menos páginas vinculadas a ella. En esquemas complejos de clasificación de páginas, el valor de cada vínculo varía según la clasificación de la página vinculada. El motor de búsqueda Google fue pionero en el desarrollo de los conceptos y las tecnologías de clasificación de páginas.

page title / título de página

Texto que aparece en la barra de título del navegador cada vez que se visualiza una página Web en un navegador.

page transition / transición de página

Efecto animado que se puede aplicar a una o más páginas Web en un sitio Web, que se ejecuta cuando el usuario carga o sale de la página o entra o sale del sitio.

paging / archivo virtual

Técnica de intercambio de elementos entre la memoria y el almacenamiento.

Paint / *Paint*

Programa de gráficos que se incluye como parte del sistema operativo Windows.

paint software / software paint

Software de aplicación que permite a los artistas gráficos, profesionales de multimedia, ilustradores técnicos y especialistas en autoedición dibujar imágenes, formas y otras imágenes gráficas con diferentes herramientas en pantalla.

Palm OS / *Palm OS*
Sistema operativo resumido que funciona en los PDA accionados por Palm.

pane / panel
Sección de una ventana; por ejemplo, Windows Explorer se divide en dos paneles.

paragraph / párrafo
Texto que termina con un símbolo de márca de párrafo (¶) o una sola marca de párrafo en una sola línea.

paragraph spacing / espacio entre párrafos
Distancia entre la última línea de un párrafo y la primera del siguiente.

paragraph style / estilo de párrafo
Estilo que formatea el párrafo que contiene el punto de inserción y que puede afectar todo acerca de la apariencia del párrafo, incluyendo el espacio entre líneas y el espacio entre párrafos.

parallel conversion / conversión en paralelo
Estrategia de conversión para implementar un nuevo sistema de información, que consiste en tener que trabajar durante un lapso de tiempo específico con los dos sistemas, el nuevo y el antiguo.

parallel port / puerto en paralelo
Tipo de interfaz para conectar un dispositivo a la unidad del sistema que puede transferir más de un 1 bit a la vez.

parallel processing / procesamiento en paralelo
Utilización simultánea por parte de una computadora de múltiples procesadores para ejecutar un programa, a fin de acelerar el tiempo de procesamiento.

parameter query / consulta de parámetros
Consulta que muestra un cuadro de diálogo que le pide al usuario que introduzca uno o más valores de criterios cuando ejecute la consulta.

parent / padre
La segunda copia más antigua de un archivo en un sistema de copia de seguridad de tres generaciones.

parsing / análisis sintáctico
Trabajo que realiza un motor de búsqueda cuando analiza una búsqueda en lenguaje natural para convertirla en una consulta de búsqueda. El motor de búsqueda utiliza los conocimientos que le han dado sobre la estructura gramatical de las preguntas para realizar la tarea de análisis.

partial backup / copia de seguridad parcial
Sistema de copia de seguridad que le permite al usuario seleccionar archivos específicos para guardarlos en una copia de seguridad, independientemente de que los archivos hayan sido modificados o no con posterioridad a la última copia de seguridad que se haya hecho de los mismos.

partial dependency / dependencia parcial
Condición que exite cuando los campos en una tabla dependen solamente de parte de la clave principal.

partitioning / partición
Proceso de dividir un disco duro en regiones llamadas particiones.

Pascal / *Pascal*
Lenguaje de programación que se desarrolló para enseñar a los estudiantes los conceptos de programación estructurada.

passive-matrix display / pantalla de matriz pasiva
Tipo de pantalla LCD que utiliza menos transistores y requiere menos energía que una pantalla de matriz activa, lo que da como resultado, con frecuencia, colores que no son tan brillantes como los de una pantalla de matriz activa.

password / contraseña
Combinación privada de caracteres, asociados con el nombre de un usuario, que permite tener acceso a ciertos recursos de computadoras.

password manager / administrador de contraseñas
Programa que almacena información de inicio de sesión en forma cifrada en el disco duro del usuario.

paste / pegar
Proceso de transferir un elemento desde un portapapeles a un lugar específico en un documento.

pasted object / objeto pegado
Objeto copiado de un documento fuente que se inserta en un documento destino, de manera que dicho objeto se convierte en parte del documento destino.

path / ruta de acceso
Ruta para llegar a un archivo en un servidor o en los nombres de ruta de la computadora local.

pattern match / comparación de patrones
Selección de registros con un valor para el campo designado que se corresponde con el patrón del valor de condición simple.

payload / rutina maliciosa
Acción destructiva o broma para la cual se creó un virus o programa lógico malicioso.

PC card / tarjeta de PC
Dispositivo delgado del tamaño de una tarjeta de crédito que añade memoria, almacenamiento, sonido, fax/módem, comunicaciones y otras capacidades a las computadoras de escritorio o móviles.

PC card

PC card bus / bus de tarjeta de PC
Bus de expansión para una Tarjeta de PC.

PC card slot / ranura de tarjeta de PC
Tipo especial de ranura de expansión en computadoras portátiles y en otras computadoras móviles a las cuales puede conectarse una Tarjeta de PC.

PC-compatible / compatible con PC
Cualquier computadora personal basada en el diseño de la computadora personal IBM original.

PC video camera / cámara de vídeo para PC
Cámara de vídeo digital que permite a un usuario doméstico o a una pequeña empresa capturar vídeo e imágenes fijas, enviar mensajes de correo electrónico con anexos de vídeo, añadir imágenes en vivo a mensajes instantáneos, transmitir imágenes en vivo a través de Internet y hacer llamadas de videoteléfono.

PCI bus / bus PCI
Norma de bus local actual. PCI es la forma abreviada de *Peripheral Component Interconnect* (Interconexión de componentes periféricos).

PCL / *PCL*
Lenguaje de descripción de página común desarrollado para las impresoras por Hewlett-Packard. PCL es la forma abreviada de *Printer Control Language* (Lenguaje de control de impresora).

PCMCIA cards / tarjetas PCMCIA
Dispositivo delgado del tamaño de una tarjeta de crédito que añade memoria, almacenamiento, sonido, fax/módem, comunicaciones y otras capacidades a las computadoras de escritorio o móviles. Ahora se llaman Tarjetas de PC.

PDA / *PDA*
Uno de los dispositivos móviles de poco peso más populares en uso en la actualidad, que proporciona funciones de organizador personal, como por ejemplo, calendario, libreta de citas, libreta de direcciones, calculadora y libreta para notas. PDA es la forma abreviada de *personal digital assistant* (asistente digital personal).

peer / unidad igual
Cualquiera de las computadoras en una red de igual a igual.

peer-to-peer network / red de igual a igual
Red poco costosa y sencilla en la cual cada computadora, o unidad igual, tiene iguales responsabilidades y capacidades en la red.

Pentium / *Pentium*
Familia de procesadores Intel utilizados por la mayoría de las PC de alto rendimiento, con velocidades de reloj que oscilan entre 75 y 200 MHz.

performance monitor / monitor de rendimiento; monitoreo de rendimiento

1. Programa del sistema operativo que evalúa y proporciona información sobre diferentes recursos y dispositivos de la computadora. 2. Actividad realizada durante la fase de apoyo del ciclo de desarrollo de sistemas que conlleva el control del desempeño de un sistema de información nuevo o de uno modificado.

peripheral / periférico

Dispositivo que se conecta a una unidad del sistema y es controlado por el procesador en la computadora, como por ejemplo, una impresora o escáner, que amplía la entrada o salida de una computadora o sus capacidades de almacenamiento.

Perl / *Perl*

Lenguaje de programación que originalmente se desarrolló como lenguaje procedimental. Perl es la forma abreviada de *Practical Extraction and Report Language* (Lenguaje práctico de extracción e informe).

personal area networking / red de área personal

Red inalámbrica que utiliza ondas de luz infrarroja u ondas de radio Bluetooth para conectar dispositivos personales entre sí.

Personal Communications Services / servicios de comunicaciones personales

1. Término utilizado por la Comisión Federal de Comunicaciones de Estados Unidos para identificar todas las comunicaciones digitales inalámbricas. También se le conoce como PCS. 2. Red inalámbrica digital que transfiere datos de voz y de texto a una velocidad de hasta 14.4 Kbps. También se le conoce como PCS.

personal computer / computadora personal

Computadora que puede realizar todas sus actividades de entrada, procesamiento, salida y almacenamiento por sí misma y contiene al menos un dispositivo de entrada, un dispositivo de salida, un dispositivo de almacenamiento, memoria y un procesador.

personal computer maintenance utility / utilitario de mantenimiento de computadoras personales

Programa utilitario que identifica y soluciona problemas del sistema operativo, detecta y repara problemas en el disco e incluye la capacidad de mejorar el rendimiento de una computadora.

Personal Computer Memory Card International Association / Asociación Internacional de Tarjetas de Memoria para Computadoras Personales

Asociación que desarrolla las normas para la tarjeta PC con el fin de ayudar a asegurar que se puedan intercambiar las tarjetas entre las computadoras móviles. También se le conoce como PCMCIA.

personal digital assistant / asistente digital personal
Computadora de bolsillo que puede enviar y recibir llamadas telefónicas y de fax inalámbricas, actuar como un organizador personal, realiza cálculos, almacenar notas y descargar páginas Web formateadas para dispositivos de bolsillo. También se le conoce como PDA.

personal DTP software / software de DTP personal
Software de aplicación que ayuda a los usuarios domésticos y a los usuarios de pequeña oficina/oficina en casa a crear boletines, folletos, anuncios, tarjetas postales, tarjetas de felicitación, membretes, tarjetas comerciales, avisos de publicidad, calendarios, logotipos y páginas Web.

personal finance software / software de finanzas personales
Programa de contabilidad simplificado que ayuda con las finanzas a un usuario doméstico o usuario de pequeña oficina/oficina en casa.

personal firewall / cortafuegos personal
Programa utilitario que detecta y protege una computadora personal contra el acceso no autorizado.

personal folders file / archivo de carpetas personales
Archivo de almacenamiento con una extensión .pst que contiene carpetas de Microsoft Outlook, mensajes, formularios y archivos; solamente puede visualizarse desde Outlook.

personal identification number / número de identificación personal
Contraseña numérica que se utiliza para fines de seguridad, que asigna una compañía o selecciona un usuario. También se le conoce como PIN

personal information manager / administrador de información personal
Software de aplicación que incluye características para ayudar a un usuario a organizar la información personal. También se le conoce como PIM.

personal paint/image editing software / software personal de edición de imágenes y pintura
Software de aplicación, con una interfaz fácil de usar y diferentes herramientas simplificadas, que permite a los usuarios domésticos y a los usuarios de una oficina pequeña/oficina en casa dibujar cuadros, forma y otras imágenes.

personalization / personalización
Personalización de las páginas del portal de un usuario para satisfacer las necesidades de dicho usuario.

perspective / perspectiva
Representación de objetos tridimensionales sobre una superficie plana que produce una sensación de distancia y tamaño relativo.

PGA / *PGA*
Tipo de empaque para procesadores y chips de memoria en computadoras personales de escritorio. PGA es la forma abreviada de *pin grid array* (configuración de cuadrículas de agujas).

phased conversion / conversión en fases
Estrategia de conversión para implementar un nuevo sistema de información.

phases / fases
Categorías en las cuales se agrupan las actividades de desarrollo de sistemas: fase de planificación, fase de análisis, fase de diseño, fase de implementación y fase de apoyo.

phishing / *phishing*
Ataque a una computadora en el cual los mensajes de correo electrónico que dicen provenir de un comercio legítimo dirigen a los destinatarios a un sitio Web no autorizado donde se instruye al destinatario a proporcionar información sensible, de manera que el sitio Web que ha obtenido acceso de forma no autorizada pueda robar la información personal del destinatario.

phoneline network / red de línea telefónica
Red doméstica que utiliza las líneas telefónicas existentes.

Photo CD / *Photo CD*
Tipo de disco compacto que puede almacenar imágenes digitales.

photo community / comunidad de fotos
Sitio Web donde los usuarios pueden crear un álbum de fotos en línea y almacenar sus fotografías electrónicas o compartirlas con otros usuarios.

photo editing software / software de edición de fotos
Software popular de edición de imágenes que permite a un usuario editar fotografías digitales y crear álbums de fotos electrónicas.

photo printer / impresora de fotos
Tipo de impresora de no impacto a color que produce fotos con la calidad de un laboratorio de fotos.

photo scanner / escáner de fotos
Tipo de dispositivo de entrada, detector de luz, diseñado especialmente para escanear fotografías.

physical design / diseño físico
Especificaciones de diseño detalladas para los componentes en un sistema de información.

physical element / elemento físico
Elemento que describe cómo debe aparecer el contenido, pero no indica la naturaleza del contenido.

physical layer / nivel físico
Séptimo nivel del modelo de referencia de Interconexión de sistemas abiertos (OSI).

physical security / seguridad física
Dispositivos tangibles, como por ejemplo, candados, alarmas, puertas a prueba de incendio, cercas de seguridad, cajas fuertes o bóvedas y edificios a prueba de bombas, que protegen los activos contra acceso, uso, alteración o destrucción no autorizados.

P

physical transmission media / medios de transmisión física
Medios de transmisión que utilizan alambre, cable y otros materiales tangibles para enviar las señales de comunicaciones.

picture CD / CD de fotos
Tipo de disco compacto que almacena versiones digitales de un solo rollo o película que utiliza un formato de archivo .jpg .

picture messaging / mensaje con fotos
Permite a los usuarios enviar gráficos, fotos, clips de vídeo y archivos de sonido, así como cortos mensajes de texto.

pie chart / gráfico circular
Gráfico que se visualiza en forma de pastel redondo cortado en tajadas para mostrar la relación de las partes con un todo.

piggyback upgrade / actualización por superposición
Actualización del procesador mediante la cual se superpone un chip de procesador nuevo sobre el ya existente.

PILOT / *PILOT*
Lenguaje de programación que se utiliza para escribir programas de enseñanza asistidos por computadora. PILOT es la forma abreviada de *Programmed Inquiry Learning Or Teaching* (Aprendizaje o enseñanza mediante preguntas programadas).

pilot conversion / conversión piloto
Estrategia de conversión para implementar un nuevo sistema de información.

Ping command / comando *Ping*
Comando que comprueba la conectividad TCP/IP de las conexiones de red y de Internet.

P

pinned items list / lista de elementos permanentes
Lista de elementos que permanecen en el menú de Arranque de Windows a menos que se decida eliminarlos.

pipelining / entubamiento
Método para hacer que un procesador sea más rápido.

pixel / píxel
Unidad de menor tamaño que aparece en la pantalla de una computadora, la cual mide aproximadamente 1/72 de pulgada cuadrada. Consiste en un punto de color que, al combinarse con otros, forma una imagen; píxel es la forma abreviada, de *picture element* (elemento de imagen).

pixel pitch / paso de píxel
Distancia, en milímetros, entre píxeles de color similar en una pantalla

pixels per inch / píxeles por pulgada
Número de píxeles en una pulgada vertical u horizontal de pantalla. También se le conoce como ppi.

pixilated / pixelado
Imagen borrosa que se produce cuando la resolución y el tamaño de la imagen no guardan proporción.

L/I / *PL/I*
Lenguaje de programación que consiste en un lenguaje comercial y científico que combina muchas características de FORTRAN y COBOL.

laceholder / marcador de posición
Región de una diapositiva, o área en un esquema, reservada para insertar texto o gráficos.

lagiarism / plagio
Uso de material (ya sea que esté en el dominio público o esté protegido por derechos de autor) sin dar crédito a la fuente.

lain old telephone service / servicio telefónico antiguo
El servicio telefónico estándar proporcionado por las compañías de teléfono a clientes comerciales y residenciales para las comunicaciones por voz. Este servicio permite a los usuarios transmitir datos utilizando un módem con un ancho de banda de entre 28.8 y 56 Kbps. También se le conoce como POTS.

lain text / texto sin formato
Información no cifrada.

lanning phase / fase de planificación
Primera fase del ciclo de desarrollo de sistemas que comienza cuando el comité ejecutivo recibe una solicitud para realizar un proyecto. La fase de planificación comprende cuatro actividades principales: revisar y aprobar las solicitudes del proyecto; priorizar las solicitudes del proyecto; asignar recursos, como por ejemplo, dinero, personal y equipos a los proyectos aprobados; y formar un grupo de desarrollo del proyecto para cada proyecto aprobado.

latform / plataforma
Conjunto de programas que contienen instrucciones que coordinan todas las actividades entre los recursos de hardware de la computadora.

latter / plato
Componente de un disco duro que está hecho de aluminio, cristal o cerámica y está revestido de un material de aleación que permite grabar los elementos magnéticamente en su superficie.

layer / *player*
Software utilizado por una persona para escuchar un archivo de audio en una computadora.

lot area / área de trazado
1. Zona rectangular que contiene una representación gráfica de los valores de la serie de datos. 2. Fondo para los marcadores de datos y las líneas de cuadrícula de un gráfico dinámico.

lotters / trazadores de gráficos
Impresoras sofisticadas que generan imágenes utilizando una fila de alambres cargados eléctricamente (llamados agujas) para dibujar un patrón electrostático sobre un papel especialmente estucado, y luego funden el tóner sobre dicho patrón.

Plug and Play / *Plug and Play* (Enchufe y opere)
Capacidad de una computadora de configurar nuevos dispositivos automáticamente a medida que un usuario los instala.

plug-in / programa agregado
Aplicaciones que permiten a un navegador de Web llevar a cabo tareas para las cuales no fue diseñado originalmente, tales como reproducir archivos de sonido y de vídeo.

PMT function / función PMT
Función estadística que determina el pago mensual requerido para liquidar un préstamo.

PNG format / formato PNG
Formato de archivo para imágenes, utilizado en la Web, que tiene hasta 16 millones de colores y que utiliza una tecnología de compresión sin pérdidas para reducir el tamaño del archivo de las imágenes sin que se produzca pérdida alguna de datos. PNG es la forma abreviada de *Portable Network Graphic* (Gráfico de red portátil).

point / punto; indicar con el puntero
1. Descansar el puntero del ratón en un objeto en la pantalla. 2. Medida del tamaño de una fuente, igual a aproximadamente 1/72 de una pulgada de altura.

point and shoot camera / cámara apunta y dispara
Cámara digital ligera que se vende a un precio razonable y proporciona imágenes fotográficas de calidad aceptable.

point of presence / punto de presencia
Punto de acceso en Internet. El punto de presencia se logra cuando los usuarios discan un número telefónico proporcionado por un proveedor de acceso. También se le conoce como POP.

Point of sale / Punto de venta
Lugar en una tienda minorista o de víveres donde un consumidor paga por los productos o servicios. También se le conoce como POS.

pointer / puntero
Pequeño símbolo, visualizado en la pantalla de una computadora, cuya ubicación y forma cambia a medida que el usuario mueve el dispositivo apuntador. También se le conoce como puntero de ratón.

examples of pointers

pointing device / dispositivo apuntador
Dispositivo de entrada que permite a un usuario controlar un puntero en la pantalla.

pointing stick / puntero
Dispositivo puntero sensible a la presión, que se mueve apretándolo con un dedo.

polymorphic virus / virus polimórfico
Virus que cambia su código a medida que infecta las computadoras.

POP / *POP*
Uno de los procedimientos definidos por Internet que trata sobre los mensajes de correo electrónico entrantes. POP consiste en un protocolo estándar, ampliamente utilizado, que forma parte de la suite de Internet de protocolos reconocidos. POP es la forma abreviada de *Post Office Protocol* (protocolo de oficina de correos).

POP3 / *POP3*
Versión más reciente de POP (protocolo de oficina de correo), la cual es una tecnología de comunicaciones utilizada por algunos servidores de correo entrante.

popup title / título de salto
Título que aparece cuando un usuario sostiene el puntero del ratón sobre un objeto, como por ejemplo, un elemento vinculado.

port / puerto
1. Punto en el cual se conecta un dispositivo periférico a una unidad de sistema, de manera que puede enviar datos a la computadora o recibir información desde ella. 2. Puerta virtual en una computadora que permite que el tráfico entre y salga de la computadora. Diferentes puertos se utilizan para diferentes formas de comunicación entre una computadora y una red o dispositivos, como una impresora.

port scan / escaneo de puertos
Proceso que tiene lugar cuando una computadora comprueba todos o algunos de los puertos de otra computadora para determinar si sus puertos están abiertos (el tráfico no es filtrado y el puerto permite el paso a través de él), cerrados (el puerto no acepta el tráfico, pero un *cracker* podría utilizar este puerto para lograr entrar y analizar la computadora) o son invisibles (el puerto podría estar abierto o cerrado, pero no permite el paso a través de él).

portable / portátil
Capacidad de un medio de almacenamiento de ser sacado de una computadora y llevado a otra computadora.

portable keyboard / teclado portátil
Teclado de tamaño normal que un usuario puede conectar y desconectar convenientemente de un PDA.

Portable Network Graphic / gráfico de red portátil
Formato de archivo para imágenes utilizado en la Web con hasta 16 millones de colores que utiliza una tecnología de compresión fija para reducir el tamaño del archivo de las imágenes sin que ocurra pérdida alguna de los datos. También se le conoce como PNG o formato PNG.

portal / portal
Conjunto de vínculos, contenido y servicios presentados en una página Web, diseñada para guiar a los usuarios hacia la información.

portrait orientation / orientación vertical
Tipo de orientación de página en la cual la página tiene más altura que ancho (como una carta comercial típica).

POS terminal / terminal POS
Terminal utilizada por las tiendas minoristas para registrar las compras, procesar las tarjetas de crédito o débito y actualizar el inventario.

possessed object / pase de acceso
Cualquier objeto que haya que presentar para tener acceso a una computadora o centro de computadoras, como por ejemplo, una placa, una tarjeta, una tarjeta inteligente o una llave.

post / enviar
1. El acto de enviar un mensaje a una lista de correos. 2.Proceso de añadir artículos a un grupo de debate.

Post Office Protocol / protocolo de oficina de correo
Uno de los procedimientos definidos por Internet que maneja los mensajes de correo electrónico entrantes. También se le conoce como POP. POP consiste en un protocolo estándar, ampliamente utilizado, que forma parte de la suite de Internet de protocolos reconocidos.

postage printer / impresora de sellos de correo
Tipo de impresora de etiquetas que tiene incorporada una báscula digital e imprime sellos de correo.

post-implementation system review / revisión posterior a la implementación de un sistema
Reunión con los usuarios que se celebra durante la fase de apoyo del ciclo de desarrollo de un sistema y cuyo objetivo consiste en averiguar si el sistema de información está funcionando de acuerdo con las expectativas de los usuarios.

PostScript / *PostScript*
Lenguaje común de descripción de páginas para impresoras desarrollado por Adobe.

Power-on self test / autoprueba de encendido
Serie de pruebas que realiza el BIOS para asegurarse de que el hardware de la computadora está conectado adecuadamente y funcionando bien. También se le conoce como POST.

power supply / suministro de energía eléctrica
Componente de la unidad del sistema que convierte la energía de CA del tomacorriente de la pared en energía de CC que emplea una computadora.

power surge / subida de voltaje
Perturbación eléctrica que se produce cuando el voltaje de la corriente que entra sobrepasa considerablemente los 120 voltios normales.

power user / usuario avanzado
Usuario que requiere las capacidades de una estación de trabajo u otra computadora poderosa y que, por lo general, trabaja con aplicaciones de multimedia y utiliza software específico de la industria.

PowerBuilder / *PowerBuilder*
Potente herramienta de programación visual utilizada para las aplicaciones orientadas a objetos de empresas de gran escala y basadas en la Web.

owerline cable network / red de cables eléctricos
Red doméstica que utiliza las mismas líneas que suministran electricidad a la casa para transmitir datos y, por consiguiente, no requiere cableado adicional.

owerPoint / *PowerPoint*
Programa de gráficos para presentaciones creado por Microsoft que se utiliza para crear un conjunto de diapositivas que pueden contener texto, gráficos e imágenes.

owerPoint Viewer / visor de *PowerPoint*
Programa separado que se puede utilizar para hacer una presentación de diapositivas en cualquier computadora con Windows 95/98/2000/NT/XP.

ractical Extraction and Report Language / Lenguaje práctico e extraccion e informe
Lenguaje de programación que originalmente se desarrolló como un lenguaje de procedimiento. También se le conoce como Perl.

recedence operators / operadores de precedencia
Operadores que aclaran la agrupación dentro de expresiones de búsqueda complejas, por lo general, indicadas mediante paréntesis o dobles signos de interrogación. También se le conocen como operadores de inclusión u operadores de agrupación.

recedent cell / celda precedente
Celda a la cual se hace referencia y proporciona los valores utilizados en la fórmula de una celda activa.

reemptive multitasking / multitarea con prioridades
Proceso mediante el cual un sistema operativo interrumpe un programa que se está ejecutando y transfiere el control a otro programa en espera de ser ejecutado.

reliminary investigation / investigación preliminar
Primera tarea en la fase de análisis del ciclo de desarrollo de sistemas, realizada por el analista de sistemas.

resentation graphics software / software de gráficos para resentaciones
Software de aplicación que permite a un usuario crear medios visuales para presentaciones a fin de comunicar ideas, mensajes y otras informaciones a un grupo.

resentation layer / nivel de presentación
El segundo nivel en el modelo de referencia de Interconexión de sistemas abiertos (OSI), que convierte los datos de mensajes convertidos en un lenguaje que la computadora receptora puede procesar. Este proceso puede también comprimir o cifrar los datos.

resentational attribute / atributos de presentaciones
Atributo que especifica exactamente cómo un navegador debe presentar un elemento; la mayoría de los atributos de presentaciones son desaprobados.

P

press / presionar
Aplicar presión al botón del ratón.

Pretty Good Privacy / *Pretty Good Privacy* (Muy buena privacidad)
Programa de correo electrónico popular que es gratis para los usuario no comerciales. También se le conoce como PGP.

preview pane / panel preliminar
Área en programas de correo electrónico que aparece debajo de la lis de mensajes y muestra el contenido del mensaje de correo electrónic seleccionado en la lista de mensajes.

primary key / clave principal
Campo, o conjunto de campos, cuyos valores identifican de forma exclusiva a cada registro en una tabla.

primary sort field / campo de ordenación principal
El primer campo de clasificación especificado que determina el order de los registros en una hoja de datos.

primary table / tabla primaria
Tabla "uno" en una relación de uno a muchos.

print / imprimir
Enviar una copia de un documento desde una computadora hasta un medio, como por ejemplo, papel.

print area / área de impresión
Porción seleccionada de una hoja de trabajo que se desea imprimir.

Print Preview window / ventana de Vista preliminar
Ventana que muestra cómo lucirá un documento cuando se imprima

print server / servidor de impresión
Servidor en una red de cliente - servidor que administra las impresor y los trabajos de impresión.

print spooler / integrador de impresión
Programa que intercepta los trabajos de impresión de un sistema oper tivo y los coloca en una cola.

printer / impresora
Dispositivo de salida que produce texto y gráficos en un medio físico, como papel o película de transparencia.

printout / copia impresa
Información impresa que existe físicamente y que es una forma de salida más permanente que una copia electrónica que existe solamente en la pantalla.

private chat / chat privado
Comunicación en tiempo real en Internet que ocurre entre personas que se conocen y se invitan a participar en la discusión.

private IP addresses / direcciones de IP privadas
Serie de números de IP que han sido separados para ser utilizados en subnet dentro de los LANs y WANs. Estas direcciones de IP no se permiten en los paquetes que viajan en Internet.

rivate key / clave privada
En el contexto de cifrado, la clave que solamente conoce su propietario. También se le conoce como clave secreta.

rivate key encryption / cifrado de clave privada
Forma de cifrado que utiliza una sola clave conocida tanto por el remitente como por el destinatario. También se le conoce como cifrado simétrico.

rocedural language / lenguaje procedimental
Lenguaje de programación que se utiliza para asignar un nombre o nombres a una secuencia de instrucciones de programa, llamada procedimiento.

rocedure / procedimiento
Instrucción, o serie de instrucciones, que un usuario sigue para llevar a cabo una actividad.

rocess / proceso
Acción que transforma un flujo de datos de entrada en un flujo de datos de salida, que se muestra gráficamente en un diagrama de flujo de datos.

rocess modeling / modelación de proceso
Técnica de análisis y diseño que describe los procesos que transforman las entradas en salidas.

rocessing form / formulario de procesamiento
Formulario que recopila datos de los visitantes a un sitio Web.

rocessor / procesador
Componente electrónico en la placa base de una computadora que interpreta y lleva a cabo las instrucciones básicas que operan la computadora. También se le conoce como CPU o unidad central de procesamiento.

roduct activation / activación del producto
Proceso mediante el cual un usuario proporciona un número de identificación del producto de software al fabricante de software ya sea en línea o por teléfono, a fin de recibir un número de identificación de instalación que es único para la computadora en la cual está instalado el software.

rogram / programa
Serie de instrucciones que le dice a una computadora qué hacer y cómo hacerlo. También se le conoce como software o aplicación.

rogram button / botón de programas
Botón que aparece en la barra de tareas de cada programa abierto.

rogram development cycle / ciclo de desarrollo de programas
Actividades de desarrollo de programas que se realizan durante la fase de implementación del ciclo de desarrollo de un sistema: analizar los requisitos, diseñar la solución, validar el diseño, implementar el diseño, comprobar la solución y documentar la solución.

program development tools / herramientas de desarrollo de u programa

Programas fáciles de usar diseñados para ayudar tanto a los programadores como a los usuarios en la creación de programas.

program flowchart / diagrama de flujo del programa

Herramienta de diseño utilizada por los programadores para mostrar gráficamente la lógica en un algoritmo de solución.

program logic / lógica del programa

Descripción gráfica o escrita, paso por paso, de los procedimientos pa resolver un problema.

program specification package / paquete de especificación de programas

Documento desarrollado por un analista de sistemas durante el diseñ de un programa, que comunica claramente al programador los requisi tos del programa.

programmer / programador

Persona que diseña, escribe, somete a prueba y modifica programas d computadora.

programming language / lenguaje de programación

Conjunto de palabras, símbolos y códigos que permite a un programador comunicar las instrucciones a una computadora.

programming team / grupo de programación

Grupo de programadores que desarrolla programas.

progressive disclosure / divulgación progresiva

Técnica de presentar uno a la vez los elementos en una diapositiva de presentación.

P

project developer / desarrollador de proyectos

Persona que analiza los requisitos de software, diseña soluciones de so ware y supervisa el proceso de desarrollo del software.

project dictionary / diccionario del proyecto

Producto de la modelación del proceso que contiene toda la documentación y los resultados de un proyecto.

project leader / líder del proyecto

Miembro del equipo de un proyecto que administra y controla el pre supuesto y el programa del proyecto, y puede también realizar análisis de sistemas y tareas de programación.

project management / administración del proyecto

Proceso de planificar, programar y luego controlar las actividades durante el ciclo de desarrollo de un sistema.

project management software / software de administración de proyectos

1. Para un programador de sistema, software utilizado por los líderes d proyecto para ayudarle a planificar, programar y controlar los proyecto de desarrollo. 2. Para un usuario de sistema, software de aplicación qu le permite planificar, programar, rastrear y analizar los acontecimiento recursos y costos de un proyecto.

'oject manager / administrador de proyecto
Persona que supervisa todos los proyectos concedidos y asigna recursos, selecciona grupos y lleva a cabo las evaluaciones de desempeño.

'oject notebook / cuaderno del proyecto
Registro que contiene toda la documentación de un mismo proyecto.

oject plan / plan del proyecto
Registro de elementos del proyecto, incluyendo la meta, objetivos y expectativas del proyecto; las actividades requeridas; los estimados de tiempo para cada actividad; los estimados de costo para cada actividad; el orden de actividades y las actividades que pueden tener lugar al mismo tiempo.

oject request / solicitud del proyecto
Solicitud formal, escrita por los usuarios, de un sistema de información nuevo o modificado.

oject team / grupo del proyecto
Grupo de personas formado para un proyecto de desarrollo de un sistema, que consta de los usuarios, el analista de sistemas y otros periféricos IT.

:olog / *Prolog*
Lenguaje de programación que se utiliza para el desarrollo de aplicaciones de inteligencia artificial. Prolog es la forma abreviada de *PROgramming LOGic* (lógica de programación).

ROM chip / chip de PROM
Chip ROM en blanco en el cual un programador puede escribir permanentemente, utilizando microcódigo. PROM es la forma abreviada de *programmable read-only memory* (memoria programable de sólo lectura).

'omote / ascender
Elevar el nivel de un elemento en un esquema.

'opagate / propagar
Proceso de actualizar los cambios de las propiedades de los campos hechos en vista de Diseño de Microsoft Access con la propiedad correspondiente en los formularios e informes que incluyen el campo modificado.

'operty / propiedad
1. Cada elemento de datos en un objeto. 2. Características de cada campo en una tabla. 3. En WebDAV, característica que le permite a un programador almacenar, eliminar y revisar la información sobre las páginas Web, incluyendo el creador de la página y la fecha de última revisión.

'operty propagation / propagación de propiedad
Función de Microsoft Access que actualiza las propiedades de control en los objetos cuando se modifica una propiedad de campo de tabla.

'oprietary / proprietario
Sistemas de información que son más difíciles de interoperar con otros sistemas de información.

proprietary software / software propietario
Software que es propiedad privada y limitada de un proveedor o modelo de computadora específicos.

protecting / protección
En Microsoft Excel, función que controla la capacidad que tienen los usuarios de hacer cambios en una hoja de trabajo, como por ejemplo cambiar un valor en una celda, borrar hojas de trabajo o insertar hojas nuevas.

protocol / protocolo
Conjunto de reglas para formatear, ordenar y comprobar los errores de los datos enviados a través de una red.

prototype / prototipo
Modelo de trabajo de un sistema de información propuesto.

proxy server / servidor *proxy* (servidor apoderado)
Servidor situado fuera de la red de una compañía que controla qué comunicaciones pasan a la red de la compañía.

prune / recortar
Proceso de cortar las escenas que no se desean mantener en un vídeo.

pseudocode / seudocódigo
Herramienta de diseño de programas que utiliza una forma condensada de inglés para transmitir la lógica del programa.

public chat / chat público
Comunicación en tiempo real en Internet que ocurre en un salón de chat u otro lugar público.

public domain / dominio público
Trabajos protegidos por derechos de autor o trabajos que reúnen las condiciones exigidas para ser protegidos por derechos de autor, cuando éstos han vencido o han sido cedidos de forma voluntaria por su propietario. El usuario tiene la libertad de copiar texto, imágenes y otros elementos en el dominio público, sin obtener permiso.

public domain software / software de dominio público
Software libre que ha sido donado para uso público y no tiene restricciones de derechos de autor.

public Internet access point / punto de acceso público a Internet
Ubicación pública donde las personas pueden conectarse de forma inalámbrica a Internet utilizando sus computadoras o dispositivos móviles.

public key / clave pública
En el contexto de cifrado, la clave que todos conocen.

public key encryption / cifrado de clave pública
Forma de cifrado que utiliza dos claves diferentes, una clave pública que todos conocen y una clave privada o secreta que solamente la conoce la persona que posee ambas claves. También se le conoce como cifrado asimétrico.

ublic switched telephone network / red telefónica pública onmutada
Sistema telefónico a nivel mundial que maneja las llamadas telefónicas orientadas por voz. También se le conoce como PSTN.

ublish / publicar
1. Copiar un archivo HTML y las carpetas y archivos asociados a un servidor de Web o a un servidor de red, de manera que otros puedan ver las páginas Web a través de World Wide Web o una intranet. 2. En Excel y PowerPoint, guardar archivos de Microsoft Office (documentos, libros de trabajo, presentaciones, etc.) como páginas Web.

ull / extraer
Solicitar un usuario información a un servidor de Web.

ure dot-com / puro punto-com
Comercio que realiza todas sus ventas en la Web y no tiene tiendas físicas.

'ure Tablet PCs / Pure Tablet PCs
Tablet PCs que no tienen un teclado conectado, pero pueden acoplarse.

ush / empuje
Proceso de un servidor de Web que envía el contenido a la computadora de un usuario a intervalos regulares o cada vez que se hacen actualizaciones al sitio.

QBE / *QBE*
Ejemplo de la información que se está solicitando a bases de datos en una consulta. QEB es la forma abreviada de *query by example* (consulta por ejemplo).

quarantine / cuarentena
Área separada de un disco duro que es ocupada por un programa antivirus para guardar un archivo infectado hasta que se elimine la infección.

uery / consulta
Pregunta que se hace sobre los datos almacenados en una base de datos; en respuesta, la base de datos visualiza los registros y campos especificados que contestan la pregunta.

uery by example / consulta mediante ejemplo
Tipo de consulta de base de datos fácil de usar, que se encuentra en la mayoría de los DBMS, que permite a los usuarios proporcionar una muestra o descripción de los tipos de datos solicitados, mediante la utilización de una representación gráfica de la tabla de la base de datos y de su estructura de filas. También se le conoce como QBE.

uery language / lenguaje de consulta
Lenguaje de base de datos que consiste en instrucciones con una sintaxis similar a la del idioma inglés, que permite a los usuarios especificar los datos que se deben visualizar, imprimir o almacenar.

Query Wizard / Asistente de Consulta
Herramienta de Access que le hace una serie de preguntas al usuario y después crea una búsqueda basada en sus preguntas.

queue / cola
1. Línea de más de un trabajo de impresión dentro de un búfer.
2. Mensajes de correo electrónico que el cliente guarda de forma temporal antes de enviarlos.

QuickTime / *QuickTime*
Extensión de navegador que reproduce vídeo, sonido, música, 3-D y realidad virtual en computadoras Macintosh, PCs y dispositivos inalámbricos.

quoted message / mensaje citado
Parte del cuerpo del mensaje original de un remitente que el usuario incluye en su respuesta al mismo.

QWERTY keyboard / teclado QWERTY
El tipo de teclado que más se utiliza, nombrado así porque en la línea superior de letras ordenadas alfabéticamente aparecen las letras QWERTY.

RAD / *RAD*
Método de desarrollar software, mediante el cual el programador escribe e implementa un programa en segmentos en vez de esperar hasta que todo el programa esté terminado. RAD es la forma abreviada de *rapid application development* (desarrollo de aplicación rápida).

radio button / botón de radio
Campo de formulario que presenta al usuario una selección que se puede escoger haciendo clic en un botón. Los botones de radio se presentan en una lista, uno de los cuales es seleccionado como valor predeterminado. Si se selecciona un nuevo miembro de la lista se cancela la selección que está activa en ese momento. También se le conoce como botón de opción.

radio frequency / radiofrecuencia
Las frecuencias del espectro electromagnético donde tiene lugar la mayoría de las radio comunicaciones, desde aproximadamente 10 kilohertz hasta aproximadamente 300 gigahertz. También se le conoce como RF.

radio frequency identification / identificación de radiofrecuencia
Tecnología que utiliza señales de radio para comunicarse con una etiqueta colocada en un objeto, un animal o una persona. También se le conoce como RFID.

ragged / irregular
Texto disparejo a lo largo de un margen.

AID / *RAID*
Grupo de dos o más discos duros integrados, que se utilizan para duplicar datos, instrucciones e información para mejorar la confiabilidad de los datos. RAID es la forma abreviada de *redundant array of independent disks* (arreglo redundante de discos independientes).

AM / *RAM*
Tipo de memoria en la cual el procesador y otros dispositivos pueden leer y escribir. Los programas y los datos se cargan en RAM desde los dispositivos de almacenamiento, como el disco duro, y permanecen en RAM mientras tanto la computadora tenga potencia continua. RAM es la forma abreviada de *random access memory* (memoria de acceso aleatorio).

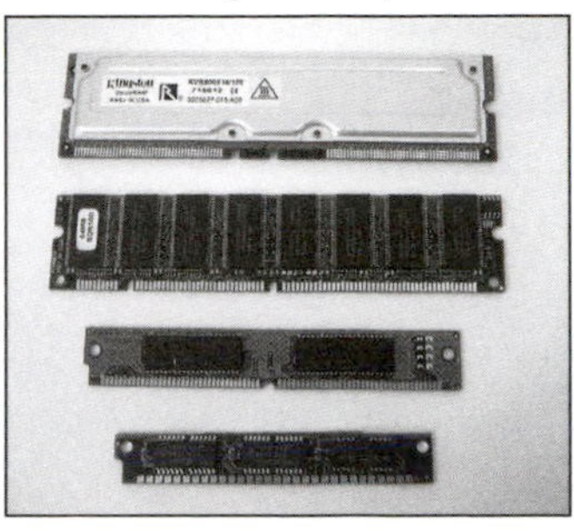

Types of RAM

ımbus DRAM / *rambus DRAM*
Tipo de RAM dinámica (DRAM) que es mucho más rápida que la DRAM síncrona (SDRAM) porque utiliza técnicas de entubamiento. También se le conoce como RDRAM.

ındom access / acceso aleatorio
Tipo de acceso a los datos mediante el cual el dispositivo de almacenamiento puede asignar datos específicos o un archivo inmediatamente, sin tener que moverse consecutivamente a través de los artículos almacenados en frente del artículo o archivo de datos deseado.

ındom access memory / memoria de acceso aleatorio
Tipo de memoria en la cual el procesador y otros dispositivos pueden leer y escribir. Comunmente se le conoce como RAM.

ınge / rango
1. En una red inalámbrica, la distancia física entre el punto de acceso y un dispositivo inalámbrico. 2. En Microsoft Excel, un grupo de celdas de la hoja de trabajo, que pueden estar adyacentes o no adyacentes; también se le conoce como rango de celdas.

ınge check / verificación de rango
Verificación de validez para determinar si un número está dentro de un rango específico.

ınge reference / referencia de rango
Identificación de un rango de celdas utilizando la esquina izquierda superior y la esquina derecha inferior de la selección del rectángulo de las celdas.

Q

rapid application development / desarrollo de aplicación rápid
Método de desarrollar software, mediante el cual el programador escribe e implementa un programa en segmentos en vez de esperar hasta que todo el programa esté terminado. También se le conoce como RAD.

Rational Unified Process / proceso unificado racional
Metodología popular que utiliza el UML. También se le conoce como RUP.

RDBMS / *RDBMS*
Sistema mediante el cual los datos están organizados como colección de tablas, y las relaciones entre las mesas y las tablas se forman a través de un campo común. RDBMS es la forma abreviada, en idiom inglés, de *relational database management system* (sistema de administración de base de datos relacional).

read-only memory / memoria de sólo lectura
Tipo de memoria que se utiliza para almacenar datos e instrucciones permanentes debido a que es una memoria que no es volátil. Tambiér se le conoce como ROM.

read-only privileges / privilegios sólo de lectura
Autorizaciones de DBMS que permiten a un usuario ver los datos en una base de datos pero no hacerles ningún cambio.

read/write head / cabeza de lectura/escritura
El mecanismo es una unidad de disco que lee o escribe datos en la superficie de grabación del disco.

reading / lectura
Proceso de transferir datos, instrucciones e información desde un medio de almacenamiento a la memoria.

Reading Layout view / vista Esquema de lectura
Vista que permite examinar rápidamente un documento, mostrando todo el contenido de una página en una sola pantalla, con una fuente lo suficientemente grande para leerlo con facilidad.

real time / tiempo real
Describe el tiempo cuando los usuarios están conversando en línea al mismo tiempo.

Real-time clock / reloj de tiempo real
Chip respaldado por batería, separado del reloj del sistema, que mantiene el registro de la fecha y hora actual en una computadora.

RealPlayer / *RealPlayer*
Plug-in de navegador que reproduce archivos de audio y de vídeo.

receiving device / dispositivo de recepción
Dispositivo, como una computadora, que acepta las transmisión de datos, instrucciones o información.

reciprocal backup relationship / relación de apoyo recíproco
Relación con otra firma, mediante la cual cada firma proporciona esp cio y, algunas veces, equipos a la otra en caso de desastre.

ecord / registro
Grupo de campos relacionados en una base de datos, que contiene datos sobre el nacimiento de una persona, producto, objeto o evento.

ecord number / número de registro
Número único asignado a un registro en una base de datos a fin de identificarlo.

ecordset / conjunto de registros
Conjunto de registros obtenido como resultado de una consulta.

ecovery disk / disco de recuperación
Disco flexible, disco Zip, CD o DVD que contiene unos cuantos archivos del sistema capaces de iniciar una computadora, que se utiliza cuando la computadora no puede arrancar desde su disco duro. También se le conoce como disco de arranque.

ecovery plan / plan de recuperación
Tercer paso en una recuperación de desastre.

ecovery utility / utilitario de recuperación
Función de un DBMS que utiliza registros y/o copias de seguridad para restaurar una base de datos cuando se daña o se le destruye.

ecurring appointment / cita recurrente
Cita que se repite con regularidad, semanalmente o el tercer martes del mes.

ecurring task / tarea recurrente
Tarea que ocurre repetidamente.

Recycle Bin / papelera de reciclaje
Zona del disco duro de su computadora donde se guardan los archivos borrados hasta que se los elimine de forma permanente.

Redo button / botón Rehacer
Botón en la barra de herramientas Estándar en el cual se puede hacer clic para invertir los efectos del botón Deshacer.

edundancy / redundancia
Componentes de hardware duplicados que se utilizan en caso de que se rompa una pieza del hardware de un sistema, de manera que otra pieza pueda asumir sus tareas.

eference software / software de referencia
Software de aplicación que proporciona información valiosa y cabal para todos las personas.

eferential integrity / integridad referencial
Conjunto de normas que Access hace cumplir para mantener la coherencia entre las tablas cuando se actualizan los datos de una base de datos.

Refresh button / botón Actualizar
Botón en un navegador de Web en el cual se puede hacer clic para volver a mostrar una página Web actualizada que se haya visitado.

refresh operation / operación de actualización
Proceso durante el cual un controlador de memoria lee la memoria e inmediatamente la vuelve a escribir, recargando un condensador.

refresh rate / velocidad de actualización
Velocidad a la que un monitor vuelve a dibujar una imagen en la pantalla.

regional ISP / ISP regional
Proveedor de servicios de Internet que usualmente proporciona acceso a Internet a una zona geográfica específica.

registers / registros
Pequeñas zonas de almacenamiento a alta velocidad de un procesador, en las que se almacena temporalmente datos e instrucciones.

registrar / registro
Organización utilizada para registrar un nombre de dominio.

registry / registro
Varios archivos en Windows XP que contienen información sobre la configuración del sistema.

reintermediation / reintermediación
Proceso mediante el cual una compañía entra en un sector con una nueva forma de ofrecer un producto a un buen precio a otros participantes en dicho sector, incluyendo los consumidores en ultima instancia del producto o servicio.

related table / tabla relacionada
Tabla "muchos" en una relación de uno a muchos.

relation / relación
Nombre utilizado por un programador de una base de datos relacional para referirse a un archivo.

relational database / base de datos relacional
Tipo de base de datos que almacena datos en tablas compuestas por filas y columnas, y almacena las relaciones de los datos.

R

relational database management system / sistema de administración de base de datos relacional
Sistema en el cual los datos se organizan en forma de conjunto de tablas y se forman las relaciones entre las tablas a través de un campo común. También se le conoce como RDBMS.

relationship / relación
Conexión dentro de los datos en una base de datos.

relative path / ruta relativa
Ruta que describe la ubicación de un archivo en relación con la ubicación del documento actual.

relative reference / referencia relativa
En una fórmula de Microsoft Excel, la dirección de un rango de celda basada en la posición relativa de la celda que contiene la fórmula y la celda a la cual hace referencia la fórmula. Si se copia la fórmula, la referencia relativa se ajusta para reflejar la nueva ubicación de la celda que contiene la fórmula.

emovable hard disk / disco duro removible
Disco duro que se puede insertar y sacar de una unidad de disco duro, que puede ser un dispositivo externo o incorporado en la unidad del sistema.

epetition control structure / estructura de control de repetición
Estructura de control que permite que un programa realice una o más acciones repetidamente siempre y cuando se cumplan ciertas condiciones.

epetitive strain injury / lesión por tensión repetitiva
Lesión o trastorno de los músculos, nervios, tendones, ligamentos y coyunturas. También se le conoce como RSI.

eplace / Reemplazar
Poner palabras o caracteres nuevos en lugar de palabras o caracteres existentes, por lo general, después de realizar una búsqueda de los datos que se van a reemplazar. Muchas aplicaciones generalmente incluyen comandos de búsqueda y reemplazo.

eply / responder
Enviar un mensaje de correo electrónico en respuesta a otro recibido con anterioridad.

eply to All / responder a todos
Responder al remitente y a todos los destinatarios (incluyendo a los destinatarios de cualquier copia oculta) de un mensaje de correo electrónico.

eport / informe
Copia impresa formateada (o visualización en pantalla) del contenido de una o más tablas en una base de datos.

eport generator / generador de informes
Función de DBMS que permite a los usuarios diseñar un informe en una pantalla, recuperar los datos en el diseño de informe y luego visualizar o imprimir el informe.

eport Header section / sección de Encabezado del informe
Sección de un informe que muestra los datos y otros objetos solamente una vez al comienzo del informe.

eport Program Generator / generador de programas de nformes
Lenguaje no procedimental originalmente utilizado para asistir a los comercios a generar informes. También se le conoce como RPG.

eport Wizard / Asistente de Informes
Herramienta de Microsoft Access que le hace una serie de preguntas al usuario y a continuación crea un informe basado en sus respuestas.

eport writer / escritor de Informe
Función que se utiliza para diseñar un informe en una pantalla, recuperar datos en el diseño de informes y luego visualizar o imprimir el informe.

repository / depósito
1. Elemento de un DBMS que contiene datos sobre cada archivo en una base de datos y cada campo dentro de dichos archivos. 2. Producto de modelo de proceso que contiene toda la documentación y los elementos a entregar de un proyecto.

request for proposal / solicitud de propuesta
Documento que resume los requisitos técnicos de un sistema de información. También se le conoce como RFP.

request for system services / solicitud de servicios de sistemas
Solicitud formal, escrita por los usuarios, de un sistema de información nuevo o modificado.

rescue disk / disco de rescate
Disco removible que contiene una copia no infectada de los comando principales del sistema operativo y de la información de arranque.

Research task pane / panel de tarea de investigación
Panel de tarea en Microsoft Office que proporciona una serie de herramientas de investigación, incluyendo un tesauro, un motor de búsqued en Internet y acceso a la Enciclopedia Encarta y al Diccionario Encarta.

resizing buttons / botones de cambio de tamaño
Botones mediante los que se cambia el tamaño y se cierra la ventana del programa o la ventana del archivo.

resolution / resolución
Nitidez y claridad de una imagen, definida en píxeles.

Resource Description Framework / Infraestructura para la descripción de recursos
Aplicación de XML que describe un método que los editores en líne pueden utilizar para distribuir contenido en la Web. También se le conoce como RDF.

resources / recursos
Hardware, software, datos e información compartidos mediante una red.

response time / tiempo de respuesta
Tiempo, en milisegundos (mseg.), que toma activar o desactivar un píxel.

restore / restaurar
1. Copiar archivos de seguridad a sus lugares originales en una computadora. 2. Cambiar el tamaño de una ventana a su tamaño prefijado.

restore program / programa para restaurar
Programa que invierte el proceso de copia de seguridad y restaura los archivos de seguridad a su forma original.

results pages / páginas de resultados
Páginas Web generadas por un motor de búsqueda en Web que contiene hipervínculos con páginas Web que contienen coincidencias con la expresión de búsqueda introducida en el motor de búsqueda.

retinal scanner / escáner de retina
Dispositivo biométrico que utiliza la tecnología de reconocimiento del iris para leer los patrones individuales en los diminutos vasos sanguíneos de la parte posterior del ojo de una persona.

revenue model / modelo de ingresos
Procesos comerciales en una compañía que generan ventas u otros ingresos, como cobros por servicios prestados.

revision marks / marcas de revisión
Subrayados, colores de fuente y líneas verticales especiales que indican las correcciones a un documento.

revolutions per minute / revoluciones por minuto
Número de veces por minuto que gira el plato de un disco duro. También se le conoce como rpm.

RGB / *RGB*
Forma abreviada de *red, green, blue* (rojo, verde, azul); representa la cantidad de los colores rojo, verde y azul que se combinan para crear un color.

Rich Site Summary / Resumen de sitio multimedia
Aplicación de XML que describe un método que los editores en línea pueden utilizar para distribuir contenido en la Web. También se le conoce como RSS.

rich text format / formato de texto enriquecido
Formato especial para texto que conserva la distribución de los datos; los archivos guardados en este formato tienen la extensión del nombre del archivo .rtf. También se le conoce como RTF.

right alignment / alineación derecha
Tipo de alineación en la cual el texto se alinea en el margen derecho y queda irregular en el izquierdo.

right alignment button

right-click / clic derecho
Hacer clic sobre un objeto con el botón derecho del ratón.

right indent / sangría derecha
Tipo de sangría de párrafo en la que todas las líneas del párrafo van sangradas desde el margen derecho.

right tab / tabulación derecha
Estilo de alineación de tabulación que coloca el borde derecho del texto en el tabulador y extiende el texto hacia la izquierda.

RIMM / *RIMM*
Módulo de memoria que aloja los chips RDRAM. RIMM es la forma abreviada de *Rambus inline memory module* (módulo de memoria en línea Rambus).

R

ring network / red en anillo
Tipo de red en la cual un cable forma un lazo cerrado, o anillo, con todas las computadoras y dispositivos dispuestos a lo largo del anillo.

ripping / "ripear"
Proceso de copiar canciones individuales de un CD de audio comprado y convertirlas a un formato digital.

rivers / *rivers*
Áreas en blanco que corren a través del texto de una página.

robot / *robot*
Programa utilizado por un motor de búsqueda en la Web que busca automáticamente en la Web para encontrar nuevos sitios Web y actualiza la información sobre sitios Web que ya están en la base de datos del motor de búsqueda. También se le conoce como araña, robot Web o *bot*.

rollback / restauración no actualizada
Técnica de recuperación de datos en la cual un DBMS utiliza un registro para deshacer los cambios que se hicieron a una base de datos durante un período de tiempo determinado.

rollforward / restauración actualizada
Técnica de recuperación de datos en la cual un DBMS utiliza un registro para volver a introducir los cambios que se hicieron en una base de datos con posterioridad a la última vez que se guardaron o se hizo una copia de seguridad.

root directory / directorio raíz
Carpeta de máximo nivel de un sistema de archivos que contiene archivos y otras carpetas.

router / enrutador
Computadora en una internet de conmutación de paquetes que acepta paquetes de otras redes y determina la mejor forma de enviar cada paquete a su destino.

routing / enrutamiento
Proceso de enviar paquetes a través de una red o redes.

routing algorithm / algoritmo de enrutamiento
Programa en una computadora de enrutador en una internet de conmutación de paquetes que determina la mejor ruta por la cual enviar los paquetes.

row / fila
1. Nombre utilizado por un usuario de una base de datos relacional para referirse a un registro. 2. Posición vertical de una hoja de trabajo, identificada por números.

row selector / selector de filas
En una hoja de datos, el cuadrado pequeño al comienzo de una fila (también llamado selector de registro), en el cual se hace clic para seleccionar toda la fila.

RPG / *RPG*
Lenguaje no procedimental originalmente utilizado para ayudar a los comercios a generar informes. RPG es la forma abreviada de *Report Program Generator* (Generador de programas de reporte).

RSA encryption / cifrado RSA
Tecnología poderosa de cifrado de clave pública que se utiliza para cifrar los datos que se transmiten a través de Internet.

rule / regla
Oración que especifica las condiciones que determinan si se debe actuar en relación a un mensaje, las acciones que deben ser aplicadas a los mensajes que califican y cualquier excepción que elimine un mensaje del grupo que califica.

ruler / regla
Dispositivo de medición estándar ubicado en el borde superior e izquierdo de una sección que define las dimensiones horizontal y vertical de un formulario o informe y que sirve de guía para la colocación de controles.

run / ejecutar
Proceso de utilizar software.

run-time error / error en tiempo de ejecución
Error que ocurre durante la ejecución de un programa.

running queries / consultas en ejecución
Proceso de responder una consulta y visualizar los resultados.

safeguards / salvaguardas
Medidas de protección que reducen al mínimo los riesgos de seguridad informática.

Sales force automation / Automatización de las fuerzas de ventas
Software que proporciona a los vendedores viajantes las herramientas electrónicas que necesitan para ser más productivos. También se le conoce como SFA.

S

sampling / muestreo
Proceso de grabación de sonido digital que implica la descomposición de una forma de onda en intervalos prefijados y la representación de todos los valores durante un intervalo, con un único valor.

sampling rate / velocidad de muestreo
Número de veces por segundo que se graba un sonido. También se le conoce como frecuencia.

sans serif font / fuente Sans-serif
Fuente que no tiene rasgos cortos decorativos (llamados remates) en la parte superior e inferior de las letras. Arial y Helvética son ejemplos de fuentes Sans serif.

sans serif font

save / guardar
Transferir un documento, de la memoria de una computadora a un medio de almacenamiento.

save as / guardar como
Comando común que se encuentra en las aplicaciones que permite almacenar el archivo con un nuevo nombre o en un nuevo lugar.

scalability / escalabilidad
Medida de lo que puede crecer un sistema de hardware informático, aplicación de software o sistema informático para satisfacer las crecientes demandas de rendimiento.

scale / escala
Rango de valores que se extiende a lo largo de un eje.

scaling / conversión a escala
Proceso de modificación del tamaño de un gráfico para que quepa en un documento.

scan rate / velocidad de escaneado
Velocidad a la cual un monitor reproduce las imágenes en la pantalla.

scanner / escáner
Dispositivo de entrada, sensor de luz, que lee textos y gráficos impresos y luego traduce los resultados de dicha lectura a un formato que la computadora pueda procesar.

scanner fraud / fraude de lector de código de barras
Tipo de fraude mediante el cual el precio del lector de códigos de barras de un artículo, en una tienda, difiere deliberadamente del precio de lista.

scenes / escenas
Tramos cortos de un vídeo.

schedule feasibility / factibilidad del programa
Parámetro que indica si las fechas de entrega establecidas para un proyecto son razonables.

scheme / esquema
Parte de una URL que indica el tipo de recurso al que hace referencia dicha URL.

scope / alcance
Meta, objetivos y expectativas de un proyecto.

scope creep / ampliación del alcance
Se produce cuando una actividad de un proyecto ha llevado a otra actividad que no había sido planificada originalmente; de este modo, el alcance del proyecto ahora es mayor.

screen saver / protector de pantalla
Utilitario que hace que la pantalla de un monitor muestre una imagen móvil o la pantalla vacía.

ScreenTip / *ScreenTip*
Texto en pantalla que aparece cuando se sitúa el puntero del ratón sobre ciertos objetos, como por ejemplo, los objetos de la barra de tareas o un botón de la barra de herramientas. Los *ScreenTips* le informan al usuario del propósito o función del objeto que está señalando con el puntero.

Script / *Script*
Programa interpretado que se ejecuta en la computadora de un cliente, y que añade efectos especiales de multimedia y capacidades interactivas a las páginas Web.

scripting language / lenguaje de *script*
Lenguaje interpretado que se utiliza para escribir los *scripts*.

scroll / desplazar
Mover un texto hacia arriba o hacia abajo, en una ventana, para visualizar un texto que actualmente no es visible en la pantalla.

SCSI / *SCSI*
Tipo de interfaz paralela, de alta velocidad, utilizada para conectar dispositivos periféricos a una computadora. SCSI es la forma abreviada de *small computer system interface* (interfaz de sistemas para pequeñas computadoras).

SCSI controller / controlador SCSI
Interfaz utilizada en los controladores de disco duro, que puede soportar de ocho a quince dispositivos periféricos, dependientes del controlador, y que puede transferir datos a velocidades de hasta 160 MBps.

SCSI port / puerto SCSI
Puerto paralelo especial, de alta velocidad, al cual se pueden conectar dispositivos periféricos, como por ejemplo, unidades de disco e impresoras.

Search / Búsqueda
Función que permite a un usuario localizar todas las veces que aparece cierto carácter, palabra o frase en un documento.

search and replace / búsqueda y reemplazo
Opción que le permite encontrar, de manera automática, todos los casos de una palabra o frase específica y sustituirla por otra palabra o frase. También se le conoce como Encontrar y reemplazar.

search criteria / criterios de búsqueda
Texto o propiedades de los archivos que se desean encontrar.

search engine / motor de búsqueda
Programa de software que encuentra sitios y páginas Web.

search expression / expresión de búsqueda
Palabra o frase que se introduce en un motor de búsqueda en la Web; una expresión podría incluir instrucciones que le digan al motor de búsqueda cómo realizar su búsqueda. También se le conoce como consulta o pregunta de búsqueda.

search filter / filtro de búsqueda
Función de un motor de búsqueda en la Web que permite eliminar páginas Web de una búsqueda, en base a ciertos atributos, como por ejemplo, idioma, fecha, dominio, *host* o componente de página (hipervínculo, etiqueta de imagen, etiqueta de título).

search text / texto de búsqueda
Palabra o frase que se introduce en el cuadro de texto de un motor de búsqueda para encontrar una página Web.

second-generation computers / computadoras de segunda generación
Computadoras que utilizan transistores para el procesamiento y almacenamiento de datos, en lugar de tubos al vacío.

second-generation languages / lenguajes de segunda generación
Lenguajes ensambladores que siguieron a los lenguajes de máquina de primera generación. También se les conoce como 2GL.

second-generation wireless system / sistema inalámbrico de segunda generación
Red inalámbrica que transfiere datos a una velocidad de hasta 14.4 Kbps. También se le conoce como red inalámbrica 2G.

second-level bullet / viñeta de segundo nivel
Viñeta colocada debajo de una viñeta de primer nivel (y separada de ésta por sangría); también se le conoce como subviñeta.

secondary sort field / campo de ordenamiento secundario
Segundo campo que determina el orden de los registros que ya han sido ordenados por el campo de ordenamiento primario.

secondary storage / almacenamiento secundario
Material físico en el que una computadora guarda datos, instrucciones e información.

secrecy / confidencialidad
Medidas de seguridad que impiden la revelación no autorizada de datos y garantiza la autenticidad de la fuente de los datos.

section / sección
Unidad o parte de un documento que puede tener su propia orientación de página, márgenes, encabezados, pies de página y alineación vertical.

section break / salto de sección
Tipo de división en un documento, que separa una sección de otra.

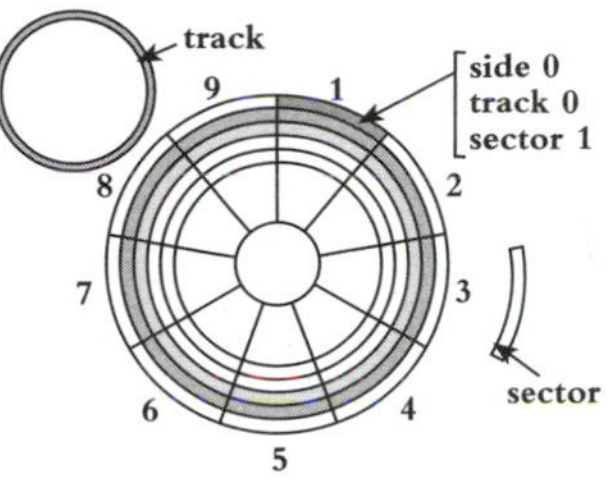

floppy disk showing sectors and tracks

sectors / sectores
Arcos pequeños en los que se dividen las pistas de un disco.

Secure Digital / *Secure Digital*
Tipo de medio de almacenamiento móvil en miniatura, que es una tarjeta de memoria flash capaz de almacenar entre 16 y 256 MB de datos. También se le conoce como SD.

Secure Electronics Transactions Specification / norma de transacciones electrónicas seguras
Protocolo de seguridad que utiliza el cifrado para garantizar la seguridad de las transacciones financieras a través de Internet. También se le conoce como norma SET.

Secure HTTP / HTTP segura
Protocolo de seguridad que permite a los usuarios seleccionar un esquema de cifrado para los datos que se transmiten entre un cliente y un servidor. También se le conoce como S-HTTP.

secure site / sitio seguro
Sitio Web que utiliza técnicas de cifrado para garantizar la seguridad de sus datos.

secure site indicators

Secure Sockets Layer / Capa de Conexión Segura
Protocolo ampliamente utilizado, que actúa como nivel independiente o "canal seguro", por encima del protocolo de Internet TCP/IP. El mismo proporciona un "apretón de manos" para garantizar la seguridad cuando un explorador y un sitio Web desean participar en una conexión segura. También se le conoce como SSL.

Secure/Multipurpose Internet Mail Extensions / extensiones seguras multipropósito de correo internet
Norma que, cuando se combina con la ID digital de una persona, proporciona autenticación y cifrado a los mensajes de correo electrónico. También se le conoce como S/MIME.

security / seguridad
Protección de archivos contra el acceso, uso, alteración o destrucción no autorizados.

security level / nivel de seguridad
Excel soporta tres niveles de seguridad: alto, medio y bajo.

security software / software de seguridad
Software utilizado por un departamento de informática para restringir el acceso a información confidencial.

S

security zone / zona de seguridad
Niveles de clasificación del riesgo de seguridad de las páginas Web en Internet Explorer.

select / seleccionar
Resaltar un texto u otro elemento de un documento o programa antes de modificarlo de alguna manera (por ejemplo, eliminándolo o moviéndolo).

select query / consulta de selección
Consulta en la cual se especifican los campos y registros que se desea, y cuyos resultados se presesntan en forma de hoja de datos.

selective backup / copia de seguridad selectiva
Copia de seguridad que permite a un usuario seleccionar archivos específicos para hacer la copia de seguridad, independientemente de se hayan producido o no modificaciones en dichos archivos con posterioridad a la última vez que se les hicieran copias de seguridad.

semantic link / vínculo semántico
Vínculo que contiene información acerca de su relación con su destino.

sending device / dispositivo transmisor
Dispositivo, como por ejemplo una computadora, que da instrucción de transmitir datos, instrucciones o información.

sense amplifier / amplificador sensor
Circuito especializado que determina y amplifica el nivel de carga de un condensador.

sent items folder / carpeta de elementos enviados
Carpeta de programas de correo electrónico donde se almacenan copias de los mensajes de correo electrónico enviados.

sequence control structure / estructura de control de secuencia
Estructura de control que muestra una o más acciones, una tras otra, en sucesión ordenada

sequential access / acceso secuencial
Tipo de acceso a datos en el cual el dispositivo de almacenamiento lee o escribe datos de manera consecutiva.

serial port / puerto serie
Tipo de interfaz para la conexión de un dispositivo a la unidad del sistema, que puede transmitir sólo 1 bit a la vez.

serif / *serif*
Pequeño rasgo decorativo en los extremos de los trazos de un carácter.

serif font / fuente serif
Fuente que incluye rasgos cortos decorativos (llamados remates) en la parte superior e inferior de las letras. Times New Roman y Palatino son ejemplos de fuentes serif.

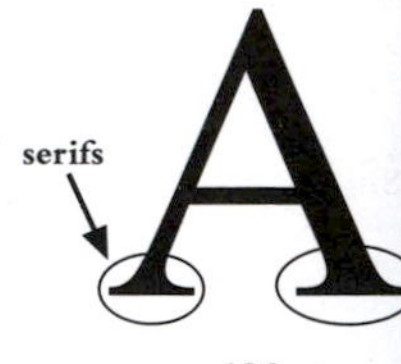

serif font

server / servidor
Computadora, en una red, que controla el acceso al hardware, software y otros recursos de dicha red, y proporciona una zona de almacenamiento centralizado para programas, datos e información.

server certificate / certificado de servidor
Autenticación para usuarios de un sitio Web que demuestra la identidad del sitio. El certificado de servidor también garantiza a los usuarios que la transferencia de datos entre la computadora de un usuario y el servidor que tiene el certificado esté cifrada, de forma que esté protegida contra intrusos y no pueda ser interceptada.

servlet / *servlet*
Applet que se ejecuta en un servidor, y que añade efectos especiales de multimedia y capacidades interactivas a las páginas Web.

session / sesión
Lapso de tiempo que transcurre entre el establecimiento de una conexión, la transmisión de los datos y la terminación de la conexión.

session cookie / *cookie* de sesión
Tipo de *cookie* que utilizan los sitios de compra en línea para seguir la pista de los artículos colocados en el carrito de compra de un usuario.

session key / clave de sesión
Clave temporal que se utiliza en el proceso de cifrado para garantizar una conexión segura.

session layer / nivel de sesión
Tercer nivel del modelo de referencia de interconexión de sistemas abiertos (OSI) que establece y mantiene las sesiones de comunicación.

set a property / configuración de prioridad
Proceso de seleccionar o asignar una propiedad para un campo.

shading / sombreado
Fondo gris o de color en las tablas.

shareware / *shareware*
Programa que el usuario puede utilizar durante un período de evaluación, generalmente de manera gratuita. Cuando vence el período de evaluación, se tiene que desinstalar el programa o pagar una cuota a su programador para continuar utilizándolo.

sheet / hoja
Filas y columnas utilizadas para organizar los datos en una hoja de cálculo. También se le conoce como hoja de trabajo.

sheet tab / solapa Hoja
Zona en la parte inferior de una hoja de trabajo que identifica a la misma; al hacer clic en la solapa de una hoja se activa la hoja de trabajo correspondiente a la misma.

Shift key / Tecla de mayúsculas
Tecla que se utiliza para poner mayúsculas y otros símbolos cuando se pulsa en combinación con otra tecla.

Shockwave Player / reproductor *Shockwave*
Extensión de explorador que proporciona interfaces tridimensionales animadas, anuncios interactivos y demostraciones de productos, juegos multiusuarios, audio continuo de calidad digital y vídeo, creada mediante la utilización del software Macromedia Director.

shopping bot / robot de compra
Software o sitio Web que busca los precios de productos o servicios en numerosas tiendas en línea.

shopping cart / carrito de compra
Elemento de una tienda virtual que permite al cliente hacer sus compras.

Short Message Service / servicio de mensajes cortos
En una red inalámbrica 2G, función que permite enviar mensajes de texto de hasta 160 caracteres a un dispositivo inalámbrico. También se le conoce como SMS.

shortcut / acceso directo
1. Icono que aparece en el escritorio y proporciona al usuario acceso inmediato a un programa o archivo. 2. Tipo especial de archivo que sirve de vínculo directo con otra ubicación a la que una computadora puede tener acceso, como por ejemplo, una carpeta, un documento en un archivo, un programa, una herramienta de Windows, o un sitio Web.

shortcut menu / menú de acceso directo
Lista de comandos directamente relacionados con el objeto sobre el cual se ha hecho clic con el botón derecho del ratón.

Shutdown command / comando Apagar
Comando que apaga o reinicia una computadora.

shutter / obturador
Pieza de metal de un disquete, que la unidad de disquete desplaza lateralmente cuando se inserta el disco en dicha unidad.

shuttle-matrix printer / impresora de matriz de impacto *shuttle*
Tipo de impresora de línea que imprime moviendo horizontalmente una serie de agujas de impresión hacia delante y hacia atrás, a alta velocidad.

sibling folders / carpetas hermanas
Carpetas en el mismo nivel del árbol de carpetas.

signature / firma
1. Una o más líneas en un mensaje de correo electrónico que proporciona información más detallada sobre el remitente (como por ejemplo, nombre, dirección y número de teléfono). 2. Texto que se añade automáticamente a todos los mensajes de correo electrónico que usted envíe.

signature verification system / sistema de verificación de firma
Dispositivo biométrico que reconoce los rasgos de la firma de una persona.

SIMM / *SIMM*
Módulo de memoria que tiene espigas en los lados opuestos de la tarjeta del circuito, que se conectan para formar un solo juego de contactos. SIMM es la forma abreviada, de *single inline memory module* (módulo de memoria de una sola línea).

simple mail transfer protocol / protocolo simple de transferencia de correo
Tecnología de comunicaciones utilizada por algunos servidores de correo saliente. También se le conoce como SMTP.

single file Web page / página Web de archivo único
Archivo que contiene el documento HTML junto con todos los archivos de apoyo.

single-session disc / disco monosesión
Disco en el que se escribe solamente una vez.

single spacing / interlineado sencillo
Tipo de interlineado que hace posible la utilización del carácter de mayor tamaño en una línea específica, proporcionando también una pequeña cantidad de espacio adicional.

single user/multitasking / monousuario - multitarea
Refiriéndose a un sistema operativo, permitir a un mismo usuario trabajar en dos programas más residentes en memoria, al mismo tiempo.

single user/single tasking / monousuario - monotarea
Refiriéndose a un sistema operativo, permitir a un mismo usuario ejecutar un solo programa a la vez.

single-user license agreement / acuerdo de licencia monousuario
Acuerdo que, por lo general, permite al usuario instalar el software en una sola computadora, hacer una copia del software como copia de seguridad y ceder o vender el software a otra persona, siempre que el software sea primeramente desinstalado de la computadora del usuario.

site license / licencia flotante
Acuerdo legal que permite a los usuarios instalar el software en múltiples computadoras.

S

sizing handle / cuadro de tamaño
1. Pequeño cuadro negro que aparece en el borde de un objeto seleccionado y que el usuario arrastra para redimensionar el objeto. 2. Esquina inferior derecha de la ventana que proporciona un control visible para modificar el tamaño de una ventana.

slide master / patrón de diapositivas
En Microsoft PowerPoint, contiene los objetos que aparecen en todas las diapositivas, excepto la diapositiva de título.

slide pane / panel de diapositivas
Zona de la ventana de Microsoft PowerPoint que muestra la diapositiva en curso como se visualizará durante la presentación con diapositivas.

slide show / presentación con diapositivas
Visualización de una presentación en un monitor grande o en una pantalla de proyección.

slide transition / transición de diapositiva
Manera en que una diapositiva nueva aparece en la pantalla durante una presentación con diapositivas. También se le llama transición.

small computer system interface / interfaz de sistemas para pequeñas computadoras
Tipo de interfaz paralela, de alta velocidad, utilizada para conectar dispositivos periféricos a una computadora. También se le conoce como SCSI.

small office/home office / oficina pequeña/oficina en casa
Describe a cualquier compañía con menos de 50 empleados, así como al trabajador por cuenta propia que trabaja en su casa. También se le conoce como SOHO.

Smalltalk / *Smalltalk*
Lenguaje de programación orientado a objetos.

smart card / tarjeta inteligente
Tarjeta similar en tamaño a una tarjeta de crédito o débito, que almacena datos en un delgado procesador incrustado en la misma.

smart display / pantalla inteligente
Monitor delgado de escritorio que se puede desacoplar de una computadora para que funcione como pantalla táctil inalámbrica portátil, capaz de tener acceso a la computadora a distancia.

Smart Media / *Smart Media*
Tipo de medio de almacenamiento móvil en miniatura, que es una tarjeta de memoria flash capaz de almacenar entre 16 y 128 MB de datos.

smart phone / teléfono inteligente
Teléfono habilitado para la Web que ofrece la comodidad de que se opera con una sola mano.

Smart Tag / Etiqueta inteligente
Función que permite realizar acciones (como por ejemplo, enviar mensajes de correo electrónico o programar una reunión) que normalmente requerirían un programa completamente diferente.

smart terminal / terminal inteligente
Terminal que tiene un procesador que brinda la posibilidad de realizar algunas funciones independientes de una computadora anfitriona.

smiley / *smiley*
Emoticono que se parece a una carita sonriente.

SMS / *SMS*
Mensajes de texto que son tecleados y enviados utilizando un teléfono inteligente o un teléfono celular. SMS es la forma abreviada de *short messages service* (servicio de mensajes cortos).

SMTP / *SMTP*
Uno de los protocolos definidos en Internet, que determina qué ruta toma un mensaje de correo electrónico en Internet. SMTP es la forma abreviada *simple mail transfer protocol* (de protocolo simple de transferencia de correo).

snaking columns / columnas zigzagueantes
Informe de múltiples columnas que se imprime siguiendo el diseño "descendente, y después transversal".

socket / cavidad
Abertura de una placa madre.

soft copy / copia electrónica
Información que existe en formato electrónico y que se visualiza de manera temporal en un dispositivo de visualización.

software / *software*
Serie de instrucciones que le dicen a una computadora qué debe hacer y cómo lo debe hacer, que existe en un medio de almacenamiento, como por ejemplo, un disquete o disco compacto. También se le conoce como programa.

software engineering / ingeniería de software
Programas didácticos que ponen énfasis en la parte teórica de la programación.

software piracy / piratería de software
Reproducción no autorizada e ilegal de un software protegido por derecho de autor.

software suite / suite de software
Conjunto de programas individuales vendidos en un mismo paquete. Las suites de software empresarial por lo general incluyen programas de procesador de textos, hoja de cálculos, correo electrónico y gráficos de presentación.

software theft / robo de software
Robo de medios de software, borrado intencional de programas de software o copia ilegal de un programa de software.

SOHO / *SOHO*
Describe a cualquier compañía con menos de 50 empleados, así como al trabajador por cuenta propia que trabaja en su casa. SOHO es la forma abreviada de *small office/home office* (oficina pequeña / oficina en casa).

Solaris / *Solaris*
Versión de UNIX, desarrollada por Sun Microsystems, que es un sistema operativo para redes diseñado específicamente para aplicaciones de comercio electrónico.

solid-state devices / dispositivos de estado sólido
Dispositivos, como por ejemplo tarjetas de memoria flash, compuestos en su totalidad por componentes electrónicos (chips, cables, etc.) y que no tienen piezas móviles.

solution algorithm / algoritmo de solución
Descripción gráfica o escrita de procedimientos, paso por paso, para resolver un problema.

sort / ordenar
Redistribución de información, por ejemplo, registros de una base de datos o filas de una tabla, en orden alfabético, numérico o cronológico.

sort field / campo de ordenación
Campo utilizado para distribuir u ordenar los datos. También se le conoce como clave de ordenación.

sound card / tarjeta de sonido
Tarjeta adaptadora que amplifica la capacidad de generación de sonido de una computadora personal.

source / fuente
Cuadro en una diagrama de flujo de datos, que identifica una entidad fuera del alcance del sistema.

source cell / celda fuente
Celda que contiene la fórmula que se copia.

source code / código fuente
Instrucciones de un programa informático escritas en un lenguaje de alto nivel.

source document / documento fuente
Documento que contiene el formulario original de los datos a ser procesados.

source file / archivo fuente
Archivo que contiene un objeto que se desea copiar.

source page / página fuente
Página Web que contiene un hipervínculo con otra página Web o archivo.

source program / programa fuente
1. Programa que contiene el lenguaje, las instrucciones o el código a convertir en lenguaje de máquina. 2. Programa que se utiliza para crear un objeto que se desea copiar.

source range / rango fuente
Rango de celdas que contiene la fórmula que se copia.

spam / correo no solicitado
Correo basura no solicitado enviado a gran número de personas para dar publicidad a productos, servicios y, en algunos casos, sitios Web pornográficos. También se le conoce como correo basura.

speaker-dependent software / software dependiente de la voz del usuario
Programa de reconocimiento de voz que depende de que el usuario entrene a la computadora para que reconozca su voz.

peaker-independent software / software independiente de la oz del usuario
Programa de reconocimiento de voz que tiene incorporado un conjunto de patrones de palabras y, por lo tanto, no depende de que el usuario entrene a la computadora para que reconozca su voz.

peakers / altavoces
Dispositivo de salida de audio que genera sonido.

pecial effects / efectos especiales
Cualquier transformación de texto, imagen, sonido o vídeo que se aplica por valor artístico o impacto dramático.

pecial Interest Groups / grupos de interés especial
Conjunto de personas que comparten intereses, necesidades, conocimientos y experiencias. También se le conoce como SIGs.

pecialist ASP / ASP especializado
Proveedor de servicios de aplicación que ofrece aplicaciones para satisfacer una necesidad empresarial específica.

peech recognition / reconocimiento del habla
Capacidad de la computadora de distinguir las palabras habladas.

pell checker / revisor de ortografía
Función, de algunos softwares de aplicación, que revisa la ortografía de palabras individuales, secciones de un documento o de un documento completo.

pider / araña
Programa utilizado por muchos motores de búsqueda para crear y mantener listas de palabras encontradas en sitios Web.

pike / corriente de fuga
Sobrevoltaje momentáneo que se produce cuando un aumento de corriente eléctrica dura menos de un milisegundo.

pk 'n Txt / Txto d chto
Argot que se utiliza con frecuencia durante las sesiones de chateo para transmitir mensajes utilizando el menor número de golpes de tecla posible.

plitting / división
Proceso de dividir un vídeo en tramos más pequeños.

poiler / avance
Mensaje que revela la solución de un juego o el final de una película o programa.

ponsored link / vínculo patrocinado
Vínculo que aparece en la página de resultados de un motor de búsqueda porque un anunciante ha pagado para colocarlo allí. La mayoría de los motores de búsqueda, aunque no todos, le pone la etiqueta de "patrocinado" a estos vínculos pagados.

sponsoring organizations / organizaciones patrocinadoras
Vendedores, como por ejemplo, Microsoft y Novell, que ofrecen programas de certificación técnica para sus productos. Estos vendedores preparan y hacen los exámenes para determinar si una persona tiene la calificación necesaria para recibir dicha certificación.

spooling / control de orden de impresión
Proceso del sistema operativo que envía trabajos de impresión a un búfer, en lugar de enviarlos directamente a la impresora. Entonces el búfer mantiene la información en espera para ser impresa, mientras la impresora imprime desde el búfer, a su propia velocidad de impresión.

SPOT / *SPOT*
Utiliza un software para hacer que los objetos de uso cotidiano, como por ejemplo relojes, resulten más personales y útiles. Para recibir el software para un dispositivo SPOT, los usuarios se suscriben a un servicio de Microsoft. Estos servicios son transmitidos a un dispositivo SPOT a través de una red de radio. SPOT es la forma abreviada de *Smart Personal Objects Technolgy* (tecnología inteligente de objetos personales)

spreadsheet / hoja de cálculos
Herramienta utilizada en las operaciones empresariales para la realización de presupuestos, administración de inventarios, y toma de decisiones para analizar información y hacer informes sobre la misma.

spreadsheet component / componente de hoja de cálculos
Objeto en el cual los contenidos del libro de trabajo se colocan en una página Web interactiva.

spreadsheet software / software de hoja de cálculo
Software de aplicación que permite a un usuario organizar los datos en filas y columnas, y realizar cálculos con dichos datos. Al conjunto de filas y columnas se le llama, de manera colectiva, hoja de trabajo. Muchas personas utilizan un software de hoja de cálculo para organizar y presentar datos financieros, así como datos no financieros.

spyware / software espía
Programa que se instala en una computadora sin el conocimiento del usuario y recopila, secretamente, información sobre éste. El software espía transmite la información recopilada a alguna fuente externa mientras el usuario está en línea. Puede introducirse en una computadora como un virus o como resultado de la instalación de un nuevo programa por parte del usuario.

stand-alone operating system / sistema operativo autónomo
Sistema operativo completo que funciona en una computadora de escritorio, computadora portátil o dispositivo de computación móvil. A algunos sistemas operativos autónomos también se les conoce como sistemas operativos de cliente porque trabajan también en conjunción con sistemas operativos de red.

tand by / espera activa

Procedimiento de desconexión que pone a toda la computadora en un estado de menor consumo de corriente pero no la apaga. En cuanto el usuario reanuda el trabajo con la computadora, el escritorio se restablece exactamente como estaba cuando el usuario lo dejara.

tandard Generalized Markup Language / Lenguaje de narcación generalizado estándar

Lenguaje de descripción de documentos en el que se basa el HTML. También se le conoce como SGML. Las organizaciones han utilizado el SGML durante muchos años para administrar sistemas de archivos grandes.

tandards / normas

Conjuntos de reglas y procedimientos que una compañía espera que sus empleados acepten y observen. En el proceso de desarrollo, las normas ayudan a las personas que trabajan en un mismo proyecto a lograr resultados coherentes.

tandby UPS / fuente de alimentación ininterrumpida de eserva

Tipo de suministro ininterrumpible de corriente que conecta la corriente de una batería cuando se produce una falla en la línea de alimentación de corriente.

tar network / red en estrella

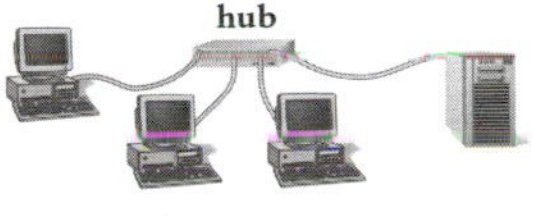

star network

Tipo de red en la cual todas las computadoras y dispositivos, o nodos, de la red se conectan a un dispositivo central, formando así una estrella. Al dispositivo central que proporciona un punto de conexión común para los nodos de la red se le llama concentrador. Todos los datos que se transfieren de un nodo a otro pasan a través del concentrador.

tar symbol / símbolo de estrella

Símbolo en Microsoft Excel que aparece en un selector de filas para indicar que la próxima fila es la que está disponible para un nuevo registro.

tart / iniciar

Abrir un programa para utilizarlo. También se le dice lanzar.

tart menu / menú de inicio

Menú de Windows que proporciona acceso a programas, documentos y mucho más.

tart page / página de inicio

Página que se abre cuando se inicia un programa de explorador de Web específico o la página que un programa explorador de Web carga la primera vez que es ejecutado.

starting document / documento de inicio
En una combinación de correspondencia, documento que contiene el texto estándar que no sufrirá cambios y los campos de combinación que contendrán la información variable. También se le conoce como documento principal.

Startup folder / Carpeta de inicio
Carpeta que contiene una lista de programas que el sistema operativo abre automáticamente durante el proceso de arranque.

static HTML page / página HTML estática
Página Web que presenta sólo la información que no varía.

static IP addresses / direcciones IP estáticas
Direcciones IP para servidores, a las que se le han dado ese nombre debido a que los servidores están conectados, generalmente, a Internet y sus direcciones IP no cambian con frecuencia.

static RAM / RAM estática
Tipo de RAM más rápida y confiable que cualquier variante de la DRAM. También se le conoce como SRAM.

status bar / barra de estado
Zona en la parte inferior de la ventana de un programa, que contiene información acerca del archivo abierto o acerca de la tarea en curso en la que se está trabajando.

stealth virus / virus oculto
Virus que se enmascara ocultándose en secciones de códigos falsos que inserta en el código de trabajo de un archivo.

steering committee / comité de dirección
Organismo encargado de la toma de decisiones en una compañía.

steganography / criptografía
Proceso que oculta un mensaje cifrado dentro de diferentes tipos de archivos.

stereo / estéreo
Sonido grabado utilizando dos canales independientes, de forma que durante su reproducción se emiten sonidos diferentes a través de los altavoces izquierdo y derecho.

S

Stop button / botón Detener
Botón sobre el que se puede hacer clic para detener la transferencia de una página Web desde su servidor.

stop word / palabra de parada
Palabra corriente, como por ejemplo: y, el, esto o por, que la mayoría de los motores de búsqueda (incluso aquellos supuestamente son motores de búsqueda con índices de texto completo) omiten en sus bases de datos cuando almacenan información sobre páginas Web.

storage / almacenamiento
Sitio en el que se guardan datos, instrucciones e información para utilizar en el futuro.

orage appliance / equipo de almacenamiento
Nombre que se da con frecuencia a un servidor de almacenamiento en red (NAS), porque es un equipo que tiene sólo una función: proporcionar almacenamiento adicional.

orage area network / red de área de almacenamiento
Red de alta velocidad que tiene el propósito exclusivo de proporcionar almacenamiento a otros servidores a los cuales está conectado. También se le conoce como SAN.

orage device / dispositivo de almacenamiento
Hardware utilizado para grabar (escribir) elementos en los medios de almacenamiento y/o recuperarlos (leerlos) de estos medios.

orage media / medios de almacenamiento
Material físico en el que una computadora guarda datos, instrucciones e información.

ore / almacenar
Operación del procesador mediante la cual se graba un resultado en la memoria; parte del ciclo de la máquina.

ore-and-forward technology / tecnología de almacenamiento reenvío
Método utilizado por los servidores de correo electrónico para almacenar mensajes de correo electrónico hasta que el usuario los solicite.

ored program concept / concepto de programa almacenado
Concepto de utilizar memoria para almacenar datos y programas.

oryboard / guión gráfico
Diagrama de la estructura de un sitio Web, que muestra todas las páginas del sitio e indica cómo están vinculadas entre sí.

rategic alliance / alianza estratégica
Acuerdo mediante el cual una compañía lleva a cabo algunos procesos empresariales a nombre de otra compañía, a cambio de dinero, intercambio de experiencia o acceso a clientes. También se le conoce como asociación estratégica.

rategic decisions / decisiones estratégicas
Decisiones tomadas, principalmente, por la dirección ejecutiva que se centran en las metas y los objetivos generales de una compañía.

reaming / transferencia continua
Técnica para la transferencia de archivos de sonido y vídeo voluminosos a través de la Web, mediante la cual el servidor Web envía la primera parte del archivo al explorador de Web el cual comienza a reproducir el archivo de inmediato. Mientras el explorador está reproduciendo el archivo, el servidor envía el siguiente segmento de dicho archivo.

reaming audio / audio continuo
Transferencia de datos de audio mediante un flujo continuo y constante.

reaming cam / cámara de transferencia continua
Webcam que crea la ilusión de imágenes en movimiento enviando un flujo continuo de imágenes fijas.

streaming video / vídeo continuo
Transferencia de datos de vídeo mediante un flujo continuo y constan

strong key / clave fuerte
Clave de cifrado que tiene 128 bits de largo.

structure chart / gráfico de estructura
Gráfico utilizado por los programadores durante el diseño estructurad para mostrar, de manera gráfica, los módulos del programa.

structured analysis and design / análisis y diseño estructurados
Técnica de análisis y diseño que describe los procesos que transforma las entradas en salidas.

structured design / diseño estructurado
Enfoque de diseño de programas mediante el cual un programador, ca siempre, comienza por un diseño general y pasa posteriormente a un diseño más detallado.

Structured English / Inglés Estructurado
Forma modificada del idioma inglés que se utiliza para especificar la lógica de los procesos del sistema de información. También se le conoce como pseudocódigo.

Structured Query Language / Lenguaje de consulta estructurad
Lenguaje de consulta utilizado por las bases de datos relacionales para administrar, actualizar y recuperar datos. También se le conoce como SQL.

structured walkthrough / revisión estructurada
1. Técnica para la comprobación de un algoritmo de solución median la cual un programador explica la lógica del algoritmo, mientras que l miembros del equipo de programación revisan la lógica del programa
2. Revisión, paso por paso, de los elementos entregables del ciclo de desarrollo de cualquier sistema, como por ejemplo, informes, diagramas, maquetas, gráficos de distribución y entradas de diccionario.

style / estilo
Conjunto de opciones de formateo guardado en memoria –formatos de números, alineación de texto, tamaños de fuente y colores, bordes rellenos de fondo– que puede aplicarse a archivos en muchas aplicaciones.

style sheet / hoja de estilo
Contiene las descripciones de las características de un documento utilizadas para definir los formatos de caracteres y párrafos.

stylus / pluma estilo
Dispositivo indicador que se parece a un bolígrafo, pero utiliza presión en lugar de tinta, para escribir texto y hacer trazos de dibujo. La plum estilo es el principal dispositivo de entrada de un PDA.

sub-bullet / subviñeta
Viñeta con sangría, colocada debajo de una viñeta de primer nivel en un documento. También se le conoce como viñeta de segundo nivel.

ub procedure / subprocedimiento
Macro, en muchos lenguajes de programación, que comienza con la palabra clave "Sub" seguida del nombre del subprocedimiento y un juego de paréntesis, y termina con la palabra clave "End Sub".

ubclasses / subclases
Niveles inferiores de una clase, representados en un diagrama de clases.

ubdatasheet / subhoja de datos
Hoja de datos anidada dentro de otra hoja de datos, que muestra registros de una tabla asociada, para el registro de la tabla primaria seleccionado.

ubfolder / subcarpeta
Carpeta contenida dentro de otra carpeta.

ubform / subformulario
En un formulario basado en dos tablas, el formulario que contiene datos de una tabla asociada.

ubject directory / directorio de asuntos
Directorio de motor de búsqueda que clasifica las páginas Web en un conjunto organizado de categorías.

ubject line / línea de asunto
Parte de un mensaje de correo electrónico que ofrece un breve resumen del contenido y propósito del mismo.

ubmenu / submenú
Menú que se visualiza cuando un usuario señala un comando de un menú anterior.

ubmission service / servicio de presentación
Empresa con sede en la Web que registra un sitio Web en cientos de motores de búsqueda, por una tarifa.

ubnet / implementación de subredes
Direcciones IP privadas reservadas dentro de LANs y WANs para proporcionar un espacio adicional de direcciones.

ubreport / subinforme
Informe contenido dentro de otro informe.

ubroutines / subrutinas
Secciones de menor tamaño en las que un programador divide o descompone, una rutina principal durante el diseño estructurado.

ubscribe / suscribirse
Proceso mediante el cual un usuario incluye su nombre y dirección de correo electrónico en una lista de correos.

ubwoofer / *subwoofer*
Componente de un altavoz que refuerza los sonidos graves.

UM function / función SUMA
Función matemática que calcula la suma de un conjunto de números.

summary report / informe resumen
Informe creado por un sistema de información administrativa, que consolida los datos, generalmente, con totales, tablas o gráficos para qu los directivos puedan revisarla rápida y fácilmente.

summary slide / diapositiva resumen
Diapositiva que contiene los títulos de las diapositivas seleccionadas en la presentación.

supercomputer / supercomputadora
La computadora más rápida, potente y costosa, capaz de procesar más de 12.3 billones de instrucciones por segundo.

superscalar / *superscalar*
Capaz de ejecutar más de una instrucción por ciclo de reloj.

support phase / fase de apoyo
Quinta y última fase del ciclo de desarrollo del sistema, en la que se proporciona asistencia continua a un sistema de información y sus usuarios, después de que se implementa el sistema.

surf the Web / *surf* en la Web
Proceso de exploración de la Web mediante la utilización de vínculos.

surge protector / protector contra sobrevoltaje
Dispositivo que utiliza componentes electrónicos especiales para eliminar ruidos menores, proporcionar un flujo estable de corriente e impedir que llegue un sobrevoltaje a la computadora y a otros equipo electrónicos. También se le conoce como *surge suppressor* (supresor de sobrevoltaje).

SVGA / *SVGA*
Norma de vídeo que soporta resoluciones de 800 x 600 píxeles a 160 x 1200 píxeles y hasta 16.7 millones de colores posibles, así como las resoluciones y colores de la norma VGA. SVGA es la forma abreviada de *super video graphics array* (adaptador gráfico de super vídeo).

S-video / S-vídeo
Cable utilizado para convertir señales analógicas en señales digitales en un vídeo. El mismo proporciona una mayor calidad.

S-video port / puerto S-vídeo
Puerto, generalmente contenido en una tarjeta de vídeo, que permite los usuarios conectar dispositivos externos.

swap file / archivo de intercambio
Zona de un disco duro que se utiliza para memoria virtual e intercambios, o permutaciones, de datos, información e instrucciones entre la memoria y el almacenamiento.

Symbian OS / Sistema Operativo Symbian
Sistema operativo multitarea, de fuente abierta, diseñado para teléfono inteligentes y que permite a los usuarios realizar una diversidad de funciones además de llamadas telefónicas.

mbolic address / dirección simbólica
Nombre coherente que identifica un sitio de almacenamiento, utilizado por un lenguaje ensamblador.

mbolic instruction codes / códigos de instrucciones simbólicas
Abreviaturas y códigos coherentes utilizados en un lenguaje ensamblador.

mmetric key encryption / cifrado de claves simétricas
Técnica de cifrado en la cual tanto el remitente como el destinatario utilizan la misma clave secreta para cifrar y descifrar datos.

naptic weights / pesos sinápticos
Conexiones ponderadas entre entradas y salidas, utilizadas para almacenar conocimiento de redes neurales.

nchronous DRAM / DRAM síncrona
Tipo de RAM que es mucho más rápida que la RAM dinámica (DRAM) porque está sincronizada con el reloj del sistema y transfiere datos una vez por cada ciclo de reloj. También se le conoce como SDRAM.

ntax / sintaxis
1. Conjunto de reglas gramaticales por las que se rige un lenguaje de programación. 2. Regla que especifica cómo debe escribirse una función; la sintaxis general de todas las funciones de Excel es FUNCIÓN (argumento1, argumento2,...).

ntax error / error de sintaxis
Error que se produce cuando un código viola la sintaxis, o gramática, de un lenguaje de programación.

nthesizer / sintetizador
Periférico o chip que genera sonido a partir de instrucciones digitales.

stem / sistema
Conjunto de componentes que interaccionan para lograr un objetivo común.

stem board / placa del sistema
Nombre que en ocasiones se utiliza para la placa madre.

stem bus / bus del sistema
Bus que forma parte de la placa madre y conecta el procesador a la memoria principal.

stem clipboard / portapapeles del sistema
Zona de almacenamiento temporal accesible para el sistema operativo Windows, en la cual un elemento se almacena temporalmente después de cortarse y copiarse; puede contener sólo el último elemento cortado o copiado, y cada elemento subsiguientemente cortado o copiado sustituye al elemento que estaba previamente en el portapapeles del sistema.

stem clock / reloj del sistema
Pequeño circuito de cristal de cuarzo que utiliza el procesador para controlar la sincronización de todas las operaciones de la computadora.

system development and programming / desarrollo y programación de sistemas
Actividad que desempeñan los empleados del departamento de informática que analizan, diseñan, desarrollan e implementan una nueva te nología informática, y mantienen y mejoran los sistemas existentes.

system development cycle / ciclo de desarrollo de un sistema
Conjunto de actividades que los programadores realizan para crear ur sistema informático.

system enhancement / ampliación de sistemas
Actividades realizadas durante la fase de apoyo del ciclo de desarrollo de sistemas con las que se modifica y amplía un sistema de aplicación ya existente.

system failure / falla del sistema
Falla prolongada de una computadora, que puede provocar pérdida d hardware, software, datos o información.

system files / archivos de sistema
Archivos específicos del sistema operativo que se cargan durante el pr ceso de arranque.

system on a chip / sistema en un chip
Nuevo tipo de procesador que integra las funciones de procesador, memoria y tarjeta de vídeo en un mismo chip.

system proposal / propuesta de sistema
Documento utilizado para evaluar la factibilidad de cada solución alte nativa y, posteriormente, recomendar la solución más factible para un proyecto.

system software / software de sistema
Programas que controlan o mantienen las operaciones de una computadora y sus dispositivos.

system under test / sistema a prueba
Sistema sometido a comprobaciones en un banco de pruebas. Tambié se le conoce como SUT.

system unit / unidad del sistema
Carcasa en forma de caja que contiene los componentes electrónicos de una computadora.

systeminfo / *systeminfo*
Comando mediante el cual se pide a una computadora información básica de su sistema.

systems analysis and design / análisis y diseño de sistemas
Proceso de planificación y creación de un sistema informático.

systems analyst / analista de sistemas
Persona responsable del diseño y desarrollo de un sistema informátic

systems test / comprobación del sistema
Prueba a la que se somete a un sistema informático nuevo durante la fase de implementación del ciclo de desarrollo del sistema.

T1 line / línea T1
La más popular línea de transmisión T. Conexión de gran ancho de banda para transmisión de datos (1.544 Mbps) utilizada como parte de la estructura principal de Internet y por las grandes firmas y proveedores de servicios de Internet para conectarse a Internet. También se le conoce como conexión T1.

T3 line / línea T3
Tipo de línea de transmisión T que equivale en velocidad a 28 líneas T1. También se le conoce como conexión T3.

ab / tabulación
Espacio entre el margen izquierdo y el principio del texto en una línea específica, o entre el texto de una columna y el texto de otra columna.

ab stop / marca de tabulación
Ubicación a la que se desplaza el punto de inserción (incluyendo cualquier texto a la derecha de éste) cuando se pulsa la tecla Tab.

able / tabla
1. Información organizada en filas horizontales y columnas verticales. 2. Conjunto de campos que describen a una persona, lugar, objeto, evento o idea. 3. Nombre utilizado por un usuario de una base de datos relacional para referirse a un archivo.

able validation rule / norma de validación de tablas
Norma que compara el valor de campo de un registro de tabla con otro valor de campo en el mismo registro, para verificar su exactitud relativa.

ables and Borders toolbar / barra de herramientas Tablas bordes
Barra de herramientas en Microsoft Office que contiene un número de botones de utilidad que simplifican el trabajo con tablas.

ablet PC / *Tablet PC*
Tipo especial de computadora portátil que se asemeja a una tablilla del tamaño de una hoja de papel A4, y permite al usuario escribir sobre la pantalla utilizando una pluma digital.

actical decisions / decisiones tácticas
Decisiones de corto alcance tomadas por los directivos de nivel medio que aplican los programas y planes específicos necesarios para alcanzar los objetivos planteados.

ag / etiqueta
Códigos utilizados por un lenguaje de marcado, que especifican los vínculos con otros documentos e indican cómo se presenta una página Web cuando se visualiza en Internet.

alk / *Talk*
Uno de los primeros prototipos de IRC que permite a los usuarios enviarse mensajes de texto cortos entre sí.

tape / cinta
Cinta plástica con recubrimiento magnético, capaz de almacenar grandes cantidades de datos e información a bajo costo.

tape cartridge / cartucho de cinta
Caja plástica rectangular y pequeña que sirve de alojamiento para una cinta magnética.

tape drive / unidad de cinta
Dispositivo utilizado para leer y escribir datos en una cinta magnética.

tape library / biblioteca de cintas
Sistema de almacenamiento de cintas, de alta capacidad, que trabaja co muchos cartuchos de cinta para almacenar copias de seguridad.

target / enlace interno
Página o archivo que se abre cuando se hace clic en un hipervínculo. Un enlace interno también puede llevar a una ubicación especificada en algún otro sitio del mismo documento.

target marketing / marketing dirigido
Estrategia que incluye la entrega de publicidad a los visitantes de un sitio que tengan características demográficas específicas.

task / tarea
Cualquier acción que se necesite realizar y se desee monitorear, simila a los elementos de una lista de tareas a realizar.

task pane / panel de tareas
Ventana que proporciona acceso a comandos para tareas comunes que se realizarán en los programas de Microsoft Office.

taskkill / *taskkill*
Comando que interrumpe un proceso específico en curso, en una computadora.

tasklist / *tasklist*
Comando mediante el que se visualiza una lista de los procesos en curso en una computadora.

tax preparation software / software de preparación de declaración de impuestos
Software de aplicación que guía a individuos, familias o pequeñas empresas a través del proceso de presentación de la declaración de impuestos federales.

T

T-carrier line / línea de transmisión T
Cualquiera de los diversos tipos de líneas telefónicas digitales de larga distancia que transmiten señales múltiples a través de una sola línea de comunicación.

TCP/IP / *TCP/IP*
Tecnología de red que administra la transmisión de datos.

technical feasibility / factibilidad técnica
Parámetro que establece si una empresa tiene o puede obtener el hard ware, el software y el personal que necesita para lograr y, posteriormente mantener, un sistema de información propuesto.

echnical services / servicios técnicos
Empleados de un departamento informático que evalúan e incorporan nuevas tecnologías, administran los recursos de datos de una organización y brindan apoyo al sistema operativo centralizado de las computadoras o de los servidores.

elecommute / teletrabajo
Modalidad de trabajo mediante la cual los empleados trabajan fuera del local de trabajo normal de la empresa y, con frecuencia, se comunican con su oficina mediante una computadora.

elemedicine / telemedicina
Modalidad de atención médica a distancia utilizada por los profesionales de la salud en ubicaciones lejanas.

emplate / plantilla
Archivo especial que contiene el modelo de diseño y las herramientas para el formateo de los elementos de página para un tipo de documento específico.

emporary Internet Files folder / carpeta Archivos temporales e Internet
Carpeta, dentro del directorio de Windows, en la que Internet Explorer almacena copias de las páginas Web que se han abierto recientemente.

endonitis / tendinitis
Inflamación de un tendón debida a algún movimiento repetitivo o tensión sobre ese tendón.

erabyte (TB) / ***terabyte (TB)***
Equivale aproximadamente a 1 billón de bytes.

erminal / terminal
Dispositivo que consta de un teclado, un monitor, una tarjeta de vídeo y una memoria que, con frecuencia, están alojados conjuntamente en una misma unidad.

erms of service statement / declaración de las condiciones de ervicio
Política de un sitio Web que, por lo general, incluye reglas que los visitantes del sitio deben observar, una declaración de los derechos de autor relacionados con el diseño y contenido del sitio, así como restricciones sobre los tipos de negocios que un visitante puede llevar a cabo con el sitio. También se le conoce como declaración de TOS.

est data / datos de prueba
Datos de muestra que imitan los datos reales que serán procesados por un programa.

est plan / plan de prueba
Cuarta y última fase de un plan de recuperación de desastres.

ethered system / sistema conectado
Sistema magnético de captura de movimiento que transmite datos acerca de los movimientos de un cantante por medio de cables que conectan al cantante con un dispositivo de grabación.

text / texto
Datos que consisten en caracteres alfanuméricos, por lo general, en forma de palabras, oraciones y párrafos. Los objetos que no son texto incluyen gráficos y programas ejecutables.

text-based browser / navegador basado en texto
Navegador incapaz de mostrar opciones gráficas, como por ejemplo imágenes.

text box / cuadro de texto
Cuadro dentro de un cuadro de diálogo o de una ventana, en el cual e usuario introduce datos que brindan alguna información específica relacionada con una tarea que desea que el software realice.

text chat / chat de texto
Comunicación en tiempo real a través de Internet, en la cual los usuarios intercambian mensajes escritos.

text message / mensaje de texto
Mensaje electrónico corto enviado desde un teléfono inteligente, PDA o computadora personal a otro dispositivo similar que tenga un servic compatible con mensajería de texto.

text string / cadena de texto
Valor especificado en una función que es un texto en vez de un número o celda de referencia.

TFT display / pantalla TFT
Tipo de pantalla que se encuentra con frecuencia en los monitores de pantalla plana y en los monitores LCD. TFT es la forma abreviada de *thin-film transistor* (transistor de película delgada).

theme / tema
Conjunto de diseño de opciones de formateo que incluye colores, grá ficos e imágenes de fondo.

thermal printer / impresora térmica
Tipo de impresora de no impacto que genera imágenes presionando agujas calentadas eléctricamente contra un papel térmico.

thermal wax-transfer printer / impresora térmica de transferencia de cera
Tipo de impresora térmica que genera imágenes nítidas, que no se corren, mediante la utilización de calor para derretir tinta a base de cera coloreada sobre un papel térmico.

thesaurus / tesauro
Una lista de palabras y sus sinónimos, antónimos, y otras palabras relacionadas.

third-generation computers / computadoras de tercera generación
Computadoras que se caracterizan por la utilización de circuitos integrados en lugar de transistores o tubos al vacío para el procesamiento de datos.

hird-generation language / lenguaje de tercera generación
Lenguajes de programación, como por ejemplo, FOTRAN, BASIC o COBOL, que le asignaban un nombre o nombres a una secuencia de instrucciones de un programa, llamada procedimiento, que le dice a la computadora lo que debe hacer y cómo hacerlo. También se le conoce como 3GL.

hird-generation wireless system / sistema inalámbrico de ercera generación
Red inalámbrica que transfiere datos a una velocidad de hasta 2 Mbps. También se le conoce como red inalámbrica 3G.

hrashing / hiperpaginación
Estado de un sistema operativo que utiliza gran parte de su tiempo paginando, en lugar de ejecutando un software de aplicación.

hread / hilo
Serie de mensajes en una lista de correos o grupo de noticias que son la respuesta a un mismo mensaje original publicado en la lista o grupo de noticias. También se le conoce como discusión hilvanada.

hree-generation backup policy / política de copia de seguridad le tres generaciones
Política de copias de seguridad que conserva tres copias diferentes de los archivos importantes.

humbnail / miniatura
Versión reducida de un gráfico de mayor tamaño

ick mark / marca *tick*
Marca que aparece al lado de los valores de las escalas, similar a la línea de graduación de una regla.

TIFF / *TIFF*
Formato de archivo que guarda las imágenes sin comprimirlas.

ime bomb / bomba de tiempo
Virus lógico que se activa en una fecha o a una hora determinada.

imely information / información oportuna
Información que tiene una edad adecuada para su utilización.

itle bar / barra de títulos
Barra en la parte superior de la ventana que contiene el nombre de archivo del archivo abierto, el nombre del programa y los botones de cambio de tamaño de la ventana del programa.

itle master / patrón de títulos
Contiene los objetos que aparecen en la diapositiva de título, en Microsoft PowerPoint.

To line / línea Para
Parte del encabezado de un mensaje de correo electrónico que contiene la dirección de correo electrónico completa del destinatario.

TODAY() function / función *TODAY()*
Función de fecha que cambia la fecha automáticamente en un libro de trabajo cada vez que se vuelve a abrirlo.

toggle / biestable
Tipo de control utilizado para conmutar entre dos opciones o estados, como por ejemplo un botón pulsador del televisor que se pulsa para encender y apagar el televisor.

toggle button / botón biestable
1. Botón de una barra de herramientas (por ejemplo el botón de Negrita) sobre el cual se puede hacer clic una vez para activarlo y, luego, hacer clic de nuevo para desactivarlo. 2. Control utilizado para un campo SÍ / NO que aparece como un botón pequeño; un botón biestable pulsado o marcado representa un valor SI y un botón biestable libre o elevado representa un valor NO.

toggle key / tecla biestable
Tecla de un teclado que conmuta entre dos estados cada vez que el usuario la pulsa.

token / testigo
Serie especial de bits que funciona como boleto de entrada en una red de anillo con paso de testigo.

token ring / anillo con paso de testigo
Tipo de tecnología de red que controla el acceso a la red exigiendo que los dispositivos de la misma compartan o pasen un agente especial llamado testigo. Sólo existe un testigo por red.

toner / tóner
Tipo de tinta en polvo utilizada por las impresoras láser y máquinas copiadoras para producir una copia impresa.

toolbar / barra de herramientas
Conjunto de botones que corresponden a los comandos comúnmente utilizados de un menú.

toolbox / caja de herramientas
Barra de herramientas in Microsoft Access que contiene botones que representan las herramientas que se utilizan para colocar controles en un formulario o informe.

top-down design / diseño descendente
Enfoque de diseño de programas mediante el cual un programador, por lo general, comienza por un diseño general y pasa posteriormente a un diseño más detallado.

top-level domain / dominio de alto nivel
La última parte de un nombre de dominio que identifica el tipo de organización asociada a dicho dominio. También se le conoce como TLD.

touch screen / pantalla táctil
Dispositivo de visualización sensible al tacto mediante el cual los usuarios interaccionan tocando con sus dedos las palabras, imágenes, números o ubicaciones representados en la pantalla.

touchpad / ratón táctil
Pequeño dispositivo puntero rectangular y plano que es sensible a la presión y al movimiento.

ower / torre
Unidad de sistema, estrecha y alta, que puede pararse verticalmente sobre el piso.

TPC-W / *TPC-W*
Parámetro que indica el funcionamiento de los servidores mientras brindan apoyo a un sitio Web de comercio electrónico. También se le conoce como *TPC Benchmark W*.

racer arrow / flecha de rastreo
Flecha que muestra la relación entre la celda activa y sus celdas asociadas; se torna azul si señala hacia una celda que proporciona datos a otra celda, y roja si la celda contiene un valor de error.

racert / *tracert*
Utilitario de la línea de comandos que rastrea la ruta de un paquete de datos hasta su destino. *Tracert* es la forma abreviada de *trace route* (ruta de rastreo).

rack / pista
Banda de grabación estrecha que forma un círculo cerrado sobre la superficie de un disco.

rackball / puntero de bola
Dispositivo puntero estacionario que tiene una bola en su parte superior.

trackball

racking log / registro de eguimiento
Hoja de trabajo en la que se muestran las modificaciones introducidas en un libro de trabajo compartido, y en la que se pueden recuperar las modificaciones erróneamente rechazadas.

rading partners / socios comerciales
Empresas que participan en el intercambio electrónico de datos (EDI) entre sí. Los socios deben tener sistemas compatibles, vínculos de comunicaciones y deben estar de acuerdo en la utilización de las mismas normas EDI.

raffic / tráfico
Actividad de transmisión de datos a través de Internet.

raining / formación
Enseñar a los usuarios con exactitud cómo deberán utilizar el hardware y el software nuevo en un sistema.

ransaction / transacción
Actividad comercial individual, como por ejemplo, depósitos, pagos, pedidos y reservas.

transaction costs / costos de transacción
Todos los gastos en que incurren un comprador y un vendedor a medida que recopilan información y negocian una transacción de compra-venta.

transaction processing system / sistema de procesamiento de transacciones
Sistema de información que captura y procesa los datos de las actividades comerciales cotidianas. También se le conoce como TPS.

transfer progress report / informe de progreso de la transferencia
Sección de la barra de estado de Internet Explorer que presenta mensajes de estado, como por ejemplo, el URL de una página mientras la misma se esté cargando, la palabra "Listo" después de que se haya cargado la página o el URL de cualquier hipervínculo contenido en la página cuando se mueve el cursor sobre el mismo.

transfer protocol / protocolo de transferencia
Conjunto de normas que las computadoras utilizan para transferir archivos de una computadora a otra, a través de Internet. El protocolo de transferencia más comúnmente utilizado en Internet es el HTTP.

transfer rate / velocidad de transferencia
1. Velocidad a la cual los datos, las instrucciones y la información se transfieren a un dispositivo y desde un dispositivo. 2. En una red inalámbrica, velocidad a la cual los datos se transmiten desde un punto de acceso a un dispositivo inalámbrico.

transistor / transistor
Elemento de un circuito integrado que puede actuar como interruptor electrónico para abrir o cerrar un circuito a las cargas eléctricas.

transitions / transiciones
Se utilizan para separar escenas de un vídeo; incluyen los efectos de fundido, cortinilla, difuminado, explosiones y rupturas.

transitive dependency / dependencia transitiva
Condición que se produce cuando un campo de clave no primario depende de otro campo no primario.

Translator / Traductor
Programa que traduce de un lenguaje de programación a otro.

Transmission Control Protocol / protocolo de control de transmisión
Parte del conjunto TCP/IP de normas para el envío de datos a través de una red. También se le conoce como TCP.

Transmission Control Protocol/Internet Protocol / protocolo de control de transmisión/protocolo de Internet
Conjunto combinado de normas para la transmisión de datos. El TCP incluye normas que las computadoras de una red utilizan para establecer e interrumpir las conexiones; el IP incluye normas para el enrutamiento de paquetes individuales. También se le conoce como TCP/IP.

transmission media / medios de transmisión
Materiales o sustancias capaces de transportar una o más señales en un canal de comunicaciones.

transport layer / nivel de transporte
Cuarto nivel del modelo de referencia de Interconexión de sistemas abiertos (OSI).

trial versions / versiones de prueba
Versiones de software que permiten la utilización gratuita del mismo durante un período de tiempo limitado.

Trojan horse / caballo de Troya
Pequeño programa, oculto dentro de otro programa, creado con la intención de hacer daño.

trusted source / fuente confiable
Compañía o persona de la cual un usuario cree que no enviará, a sabiendas, un archivo infectado con virus

tuple / tupla
Nombre utilizado por el programador de una base de datos relacional para referirse a un registro.

turnaround document / documento de devolución
Documento que un usuario devuelve a la compañía que lo ha creado y enviado.

turnkey solution / solución llave en mano
Sistemas completos ofrecidos por distribuidores de valor agregado.

twisted-pair cable / cable de par trenzado
Tipo de cable que las compañías telefónicas han utilizado durante años para conectar las residencias y las empresas; el cable de par trenzado tiene dos o más alambres de cobre aislados trenzados uno alrededor del otro y encapsulados en otra capa de aislamiento plástico.

twisted-pair cable

two-sided tag / etiqueta doble
Etiqueta que tiene una etiqueta de apertura y una etiqueta de cierre; la forma general es <elemento>contenido</elemento>, en la cual "elemento" es el nombre del elemento y "contenido" es el contenido del elemento.

typeface / tipo de letra
Diseño específico de un conjunto de caracteres impresos, que incluye letras, números, signos de puntuación y símbolos.

typographic symbols / símbolos tipográficos
Caracteres especiales frecuentemente utilizados en publicaciones impresas.

ultradense servers / servidores ultradensos
Servidores en los que se compacta el servidor completo de una computadora, como por ejemplo, un servidor Web o servidor de red, en una sola tarjeta, o *blade*, en vez de en una unidad de sistema.

UML / *UML*
Herramienta gráfica en la modelación y desarrollo de objetos, utilizada por los analistas para documentar un sistema. UML es la forma abreviada de *Unified Modeling Language* (Lenguaje de modelación unificado).

UMTS / *UMTS*
Tipo de tecnología de teléfono digital 3G que se basa en GSM. UMTS es la forma abreviada de *Universal Mobile Telecommunications System* (Sistema de Telecomunicaciones Móvil Universal).

unattached text / texto no vinculado
Texto no vinculado es un texto adicional que no está asociado con ningún elemento específico del gráfico.

unauthorized access / acceso no autorizado
Uso de una computadora o red sin permiso.

unauthorized use / uso ilícito
Uso de una computadora o de sus datos para actividades no aprobadas o posiblemente ilegales.

unbound control / control no enlazado
Control que no está conectado con un campo en una tabla o consulta subyacente y que se utiliza para visualizar los controles, como por ejemplo, texto, líneas, rectángulos y gráficos.

unbound form / formulario no enlazado
Formulario que no tiene un origen de registros y que, por lo general, se utiliza para formularios que ayudan a los usuarios a navegar entre los objetos en una base de datos.

uncompress / descomprimir
Restaurar un archivo comprimido, o "zipeado", a su forma original.

undervoltage / baja tensión
Perturbación eléctrica que ocurre cuando desciende el suministro eléctrico.

Underwriters Laboratories 9 standard / norma 9 de Underwriters Laboratories
Especificación de seguridad para los productos de supresión de sobrevoltaje que no permiten que pasen más de 500 voltios, como máximo, por la línea.

Undo button / botón Deshacer
Botón que está en la barra de herramientas Estándar que se puede pulsar para deshacer (o revertir) lo último que se hizo.

Unicode / *Unicode*
Esquema de codificación de 16 bits que tiene la capacidad de representar a más de 65,000 caracteres.

Unified Modeling Language / lenguaje de modelación unificado
Herramienta gráfica en la modelación y el desarrollo de objetos, utilizada por analistas para documentar un sistema. También se le conoce como UML.

Uniform Resource Locator / localizador uniforme de recursos
Esquema de direccionamiento de cuatro partes, de un documento HTML, que le dice al software del navegador Web qué protocolo de transferencia utilizar al transportar el documento, el nombre de dominio de la computadora en el cual reside el documento, el nombre de ruta de la carpeta o directorio en la computadora en la cual reside el documento y el nombre de archivo del documento. También se le conoce como URL.

uninstaller / programa de desinstalación
Utilitario que elimina un programa, así como cualquier entrada asociada en los archivos del sistema.

uninterruptible power supply / suministro ininterrumpible de corriente
Dispositivo que contiene circuitos de protección contra sobrevoltaje y una o más baterías que pueden proporcionar energía durante una pérdida de energía temporal o permanente. También se le conoce como UPS.

unique sort field / campo de ordenación único
Campo de clasificación cuyo valor es diferente para cada registro.

unit test / prueba unitaria
Prueba de un nuevo sistema de información durante la fase de implementación del ciclo de desarrollo del sistema.

universal serial bus port / puerto de bus serial universal
Puerto que puede conectar hasta 127 periféricos diferentes con un solo tipo de conector. También se le conoce como USB.

UNIX / *UNIX*
Sistema operativo multitarea que científicos en los Laboratorios Bell desarrollaron a principios de la década de 1970 y que puede utilizarse ahora en la mayoría de las computadoras de todos los tamaños.

unmoderated list / lista no moderada
Lista de correo en la cual no hay moderador; los mensajes son enviados a los miembros de la lista de forma automática.

unordered list / lista no ordenada
Formato de lista de HTML en el cual cada elemento aparece al lado de una de viñeta.

unsubscribe / desuscribir
Proceso mediante el cual un usuario elimina su nombre y dirección de correo electrónico de una lista de correo.

untethered system / sistema no conectado
Sistema magnético de captura de movimiento que transmite datos sobre las acciones de un artista mediante conexiones inalámbricas.

unzip / "deszipear"
Restaurar un archivo "zipeado" o comprimido a su forma original.

UPC / *UPC*
Código de barras utilizado por las tiendas minoristas y de víveres para identificar un artículo. UPC es la forma abreviada de *universal product code* (código de productos universales).

UPC symbol

update a link / actualizar un vínculo
Revisar un objeto vinculado en el archivo de destino para cerciorarse de que el objeto vinculado refleje la versión más reciente del archivo de origen.

update databases / actualizar bases de datos
El proceso de añadir, cambiar y eliminar registros en tablas de bases de datos para mantenerlas actualizadas y con datos exactos.

uplink / enlace ascendente
Transmisión desde una estación terrestre a un satélite

uploading / cargar
Proceso de transferir documentos, gráficos y otros objetos desde una computadora a un servidor en Internet.

upstream rate / velocidad ascendente
Velocidad de transferencia que se logra cuando se están enviando datos en un canal de comunicaciones.

uptime / tiempo activo
Parámetro de disponibilidad de un sistema.

upward compatible / compatible con versiones posteriores
Capaz de reconocer y utilizar versiones posteriores, como por ejemplo, tipos más nuevos de medios de almacenamiento.

URL / *URL*
Dirección única de una página Web. URL es la forma abreviada, de *Uniform Resource Locator* (Localizador uniforme de recursos). También se le conoce como dirección Web.

U

USB 2.0 / *USB 2.0*
La versión más reciente de USB, que es un tipo de USB más avanzado y más rápido.

USB flash drive / unidad flash USB
Dispositivo de almacenamiento de memoria flash que se conecta en un puerto USB en una computadora o dispositivo portátil.

USB hub / núcleo USB
Dispositivo que se conecta en un puerto USB en la unidad del sistema y contiene muchos puertos USB en los cuales se pueden conectar cables de dispositivos USB.

USB port / puerto USB
Puerto que puede conectar hasta 127 diferentes periféricos con un solo tipo de conector.

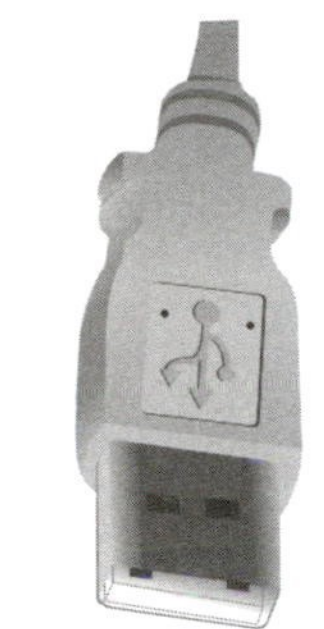
USB cable connector

Use case / caso de uso
Función que puede realizar un actor que interacciona con un sistema de información.

Use case diagram / diagrama de casos de uso
Herramienta UML que muestra, de forma gráfica, cómo los actores interaccionan con un sistema de información.

useful information / información útil
Información que tiene significado para la persona que la recibe.

Usenet / *Usenet*
Conjunto completo de grupos de debates en Internet.

user / usuario
Cualquier persona que se comunica con una computadora o utiliza la información que la misma genera, o persona para quien se está construyendo el sistema.

user authentication / autenticación del usuario
El proceso de asociar una persona y su identificación con un nivel muy alto de garantía.

user buy-in / aceptación del usuario
Aceptación y uso de un nuevo sistema por parte de los usuarios.

user group / grupo de usuarios
Conjunto de personas con equipos de computadora o intereses de software comunes que se reunen con regularidad para compartir información.

user ID / ID de usuario
Combinación única de caracteres, como por ejemplo, letras del alfabeto o números, que identifican a un usuario específico.

user identification / identificación de usuario
Proceso de identificarse el usuario a una computadora, por lo general, introduciendo un nombre de usuario y contraseña que solamente él conozca.

user interface / interfaz para usuario
Parte de software que define cómo un usuario interacciona con una computadora.

user name / nombre de usuario
Combinación única de caracteres, como por ejemplo, letras del alfabeto y/o números, que identifica a un usuario específico de una computadora o cuenta de correo electrónico.

user response / respuesta del usuario
Instrucción que un usuario emite a un programa respondiendo una pregunta que el programa ha visualizado.

User's News Network newsgroups / grupos de debate de usuarios de redes de noticias
Red que permite a los usuarios publicar información y respuestas a dicha información. La red es anterior a Internet, pero ahora está disponible a través de Internet. Consultar también grupos de debates. También se le conoce como Usenet.

utility / utilitario
Tipo de software de sistema que permite a un usuario realizar tipos de tareas de mantenimiento, por lo general, relacionadas con la administración de una computadora, sus dispositivos o sus programas.

validation / validación
El proceso de comparar datos con una serie de reglas o valores para averiguar si los datos son correctos.

validity check / comprobación de validez
Análisis de datos, realizado por un programa, que se introducen para asegurarse de que los datos sean correctos, a fin de reducir los errores de entrada de datos.

value / valor
Número introducido en una celda que representa una cantidad de algún tipo, como por ejemplo, el número de unidades vendidas, los precios de las acciones, una puntuación de un examen, etc. Los valores se pueden utilizar en cálculos.

value-added network / red de valor agregado
Comercio de tercero que presta servicio de redes, como por ejemplo, datos seguros y transferencia de información, correo electrónico e informes de administración. También se le conoce como VAN.

value-added reseller / revendedor con valor agregado
Compañía que compra productos a fabricantes y después revende esos productos al público. También se le conoce como VAR.

variant / variante
Variación de un estilo de sombreado específico; hay cuatro variantes de cada estilo de sombreado.

VB .NET / *VB .NET*
Lenguaje de programación visual que permite a los programadores crear programas complejos basados en objetos.VB.NET es la forma abreviadade *Visual Basic .NET*.

VBScript / *VBScript*
Subconjunto del lenguaje *Visual Basic* que permite a los programadores agregar inteligencia e interactividad a las páginas Web.

vCard / Tarjeta de presentación virtual
Archivo que contiene información personal de un contacto, como por ejemplo, el nombre del contacto, la dirección postal, los números de teléfono y la dirección de correo electrónico; es compatible con los programas populares de comunicación y administración de información y los PDAs.

vector graphic / gráfico de vectores
Gráfico creado a partir de un conjunto de instrucciones matemáticas que describen el color, el boceto y la posición de todas las formas en la imagen.

VeriChip / *VeriChip*
Chip cilíndrico de computadora, un poco más grande que un grano de arroz, que puede implantarse en el cuerpo de una persona, puede leerse mediante escáner para obtener información médica e identificación y algún día podrá permitir que las personas sean localizadas mediante sistemas de posicionamiento global.

verifiable information / información verificable
Información que puede comprobarse que es correcta o incorrecta.

vertical alignment / alineación vertical
Tipo de alineación que controla la manera en que una página de texto se coloca en la página entre el margen superior y el inferior.

vertical axis / eje vertical
El eje *y* en donde se grafican, por ejemplo, los valores de los datos, tales como los valores de las ventas.

vertical market ASP / ASP de mercado vertical
Proveedor de servicios de aplicaciones que proporciona aplicaciones para un sector específico, como por ejemplo, la construcción, el cuidado de la salud o el comercio minorista.

vertical market software / software de mercado vertical
Software empacado diseñado específicamente para una empresa o sector en particular.

VESA / *VESA*
Asociación de fabricantes de tarjetas de vídeo y monitores que desarrolla normas de vídeo.VESA es la forma abreviada de *Video Electronics Standards Association* (Asociación de Estándares Electrónicos de Vídeo).

VESA local bus / bus local VESA
Primer bus local estándar, utilizado principalmente para tarjetas de vídeo.VESA es la forma abreviadade *Video Electronics Standards Association* (Asociación de Estándares Electrónicos de Vídeo).

video / vídeo
Imágenes en pleno movimiento que se reproducen a diferentes velocidades.

video capture card / tarjeta de captura de vídeo
Adaptador que tiene un puerto de captura de vídeo y convierte una señal analógica de vídeo en una señal digital que una computadora puede utilizar.

video card / tarjeta de vídeo
Dispositivo que convierte una salida digital de una computadora en una señal analógica de vídeo y envía la señal a través de un cable a un monitor, que después visualiza la salida en la pantalla.

video CD / CD de vídeo
Formato en CD que almacena vídeo en un CD-R. También se le conoce como VCD.

video chat / chat de vídeo
Comunicación en tiempo real a través de Internet en la cual los usuarios pueden intercambiar mensajes de vídeo.

video clip / clip de vídeo
Archivo de imágenes animadas; también se le conoce como película digital.

video conference / vídeoconferencia
Reunión entre dos o más personas separadas geográficamente que utilizan una red o el Internet para transmitir datos de audio y vídeo.

video editing software / software de edición de vídeo
Software de aplicación que permite a un usuario modificar un segmento de un vídeo, llamado clip.

video input / entrada de vídeo
Capturar imágenes en pleno movimiento en una computadora y almacenarlas en un medio de almacenamiento.

video telephone call / llamada de videoteléfono
Llamada telefónica realizada utilizando una cámara de vídeo de PC y una computadora conectada a Internet que permite a ambas partes verse mutuamente mientras hablan.

view / vista
1. Visualización de datos o de una imagen desde una perspectiva o ubicación dada. 2. Especifica la manera en que se organiza la información en una carpeta y qué detalles se ven.

viewable size / tamaño visible
Medida diagonal del área de visión real proporcionada por la pantalla en un monitor.

virtual library / biblioteca virtual
Sitio Web que cuenta con los recursos similares a una biblioteca física.

virtual memory / memoria virtual
Parte de un medio de almacenamiento, por lo general, el disco duro, al que el sistema operativo le asigna la tarea de funcionar como RAM adicional.

virtual private network / red privada virtual
Red que proporciona a un usuario móvil o a un usuario externo, una conexión segura con un servidor de red de una compañía. También se le conoce como VPN.

virtual reality / realidad virtual
Computadoras que se utilizan para simular un ambiente real o imaginario que aparece como espacio tridimensional (3-D). También se le conoce como VR.

Virtual Reality Modeling Language / Lenguaje de modelación de realidad virtual
Lenguaje de programación en Internet que crea ambientes tridimensionales que pueden imitar mundos conocidos o mundos ficticios definidos. También se le conoce como VRML

virus / *virus*
Programa potencialmente dañino que afecta, o infecta a una computadora de forma negativa alterando la forma en que la computadora funciona sin el conocimiento o el permiso del usuario.

virus author / autor de virus
Programador que intencionalmente escribe un programa de virus.

virus definition / definición de virus
Patrón de código de virus específico conocido, que es utilizado por programas antivirus para identificar un virus.

virus detection software / software de detección de virus
Programa que explora con regularidad los archivos que existen en una computadora y los archivos que se descargan a la computadora y los compara con una firma que llevan los virus conocidos. También se le conoce como software antivirus.

virus hoax / alerta de virus
Mensaje de correo electrónico que advierte a los usuarios sobre un virus, gusano o caballo de Troya que, en realidad, no existe.

virus signature / firma de virus
Secuencia (cadena) de caracteres que está siempre presente en un virus específico, y que los programas de software antivirus utilizan para identificar los virus. También se le conoce como patrón de virus o definición de virus.

Visual Basic .NET / *Visual Basic .NET*
Lenguaje de programación visual que permite a los programadores crear programas complejos basados en objetos. También se le conoce como VB .NET.

Visual Basic for Applications (VBA) / Visual Basic para aplicaciones (VBA)
Lenguaje de programación utilizado para personalizar software de aplicaciones.

visual programming environment / ambiente de programación visual
Interfaz gráfica utilizada en un lenguaje de programación visual que permite a los programadores arrastrar y colocar objetos para crear programas. También se le conoce como VPE.

visual programming language / lenguaje de programación visual
Lenguaje de programación que proporciona una interfaz visual o gráfica para crear un código de origen y permite que los programadores arrastren y coloquen objetos para crear programas.

Visual Studio .NET / *Visual Studio .NET*
Grupo más reciente de lenguajes de programación visual y herramientas RAD de Microsoft que ayuda a los programadores a desarrollar programas para Windows o cualquier sistema operativo que admita la arquitectura .NET de Microsoft.

voice chat / chat de voz
Comunicación en tiempo real a través de Internet en la cual los usuarios intercambian mensajes de sonido.

voice input / entrada por voz
Introducir datos hablando en un micrófono.

voice mail / correo de voz
Servicio que funciona muy parecido a una máquina contestadora, permitiendo que una persona deje un mensaje vocal para una o más personas.

voice mailbox / buzón de voz
Lugar de almacenamiento en un disco duro en el sistema de correo de voz que se utiliza para almacenar mensajes de correo de voz una vez que se hayan digitalizados.

voice output / salida de voz
Salida de audio que ocurre cuando un usuario oye la voz de una persona o cuando una computadora habla con el usuario a través de las bocinas en la computadora.

Voice over IP / Voz sobre IP
Uso de Internet, en vez de una red telefónica conmutada pública, para conectar a la persona que llama con una o más personas a las que llama. También se le conoce como VoIP.

voice recognition / reconocimiento de voz
Capacidad de una computadora de distinguir palabras habladas.

voice recognition programs / programas de reconocimiento de voz
Programas que permiten que un usuario hable a su software de aplicación existente.

voice verification system / sistema de verificación de voz
Dispositivo biométrico que compara la voz de una persona con su patrón de voz almacenado para determinar si la persona es un usuario legítimo.

VoiceXML / *VoiceXML*
Tecnología que permite a los usuarios interacccionar con una base de datos utilizando comandos de voz.

volatile memory / memoria volátil
Tipo de memoria que pierde su contenido cuando se desconecta el suministro eléctrico a una computadora.

volume / volumen
Partición de un disco que ha sido formateado.

volume business ASP / ASP de empresas con gran volumen de datos
Proveedor de servicios de aplicaciones que suministra aplicaciones en paquetes a las empresas, como por ejemplo, softwares de contabilidad.

VPN tunnel / túnel VPN
Conexión segura a través de Internet entre la computadora de un usuario y la red de la compañía.

VR world / mundo VR
Sitio Web 3-D completo que tiene espacio y profundidad infinitos.

wallet program / programa de billetera electrónica
Programa necesario para hacer compras a través de un sitio Web, que utiliza la especificación de transacciones electrónicas seguras.

WAN / *WAN*
Cualquiera de las diversas formas de conectar varias computadoras entre sí cuando éstas están situadas a más de unos cuantos miles de pies de distancia una de otra. WAN es la forma abreviada de *wide area network* (red de área extendida).

warm boot / arranque en caliente
Proceso de arrancar de nuevo una computadora que ya está encendida.

wash out / lavado
Efecto fotográfico que reduce la brillantez y el contraste de la imagen para crear una apariencia difuminada.

Wave format / formato Wave
Formato de archivo desarrollado de manera conjunta por Microsoft e IBM, que almacena información de audio en forma de onda digitalizada, a una velocidad de muestreo especificada por el usuario, y puede ser reproducido en cualquier computadora en el entorno Windows que permite la reproducción de sonido. También se le conoce como WAV.

WBT / *WBT*
Capacitación basada en computadoras, que utiliza la tecnología de Internet y consiste en un software de aplicación en la Web. WBT es la forma abreviada de *Web-based training* (capacitación basada en la Web).

Web / *Web*
Conjunto mundial de documentos electrónicos llamados páginas Web. La Web es uno de los servicios más populares de Internet. También se le conoce como *World Wide Web* (red de extensión mundial) o WWW.

Web address / dirección Web
Dirección exclusiva de una página Web. También se le conoce como URL (Localizador uniforme de recursos).

Web administrator / administrador de Web
Persona que supervisa el funcionamiento de un sitio Web y mantiene los vínculos entre el servidor Web de una compañía y el proveedor de servicios de Internet.

Web application / aplicación de Web
Software de aplicación instalado en un sitio Web. El usuario tiene acceso a una aplicación Web visitando el sitio Web que ofrece dicho programa.

Web-based help / ayuda basada en Web
Ayuda ubicada en sitios Web, que proporciona actualizaciones y recursos integrales para dar respuesta a problemas técnicos relacionados con el software.

Web-based training / capacitación basada en la Web
Capacitación basada en computadoras, que utiliza tecnología de Internet y consiste en software de aplicación almacenado en la Web. También se le conoce como WBT.

Web browser / navegador de Web
Software que permite a los usuarios leer (u hojear) documentos HTML e ir desde un documento HTML a otro a través del texto formateado con etiquetas de vínculo de hipertexto de cada archivo. Los documentos HTML pueden almacenarse en la computadora del usuario o en otra computadora que forme parte de la Web.

Web bug / *Web bug*
Pequeño gráfico oculto en una página Web o en un mensaje de correo electrónico, que está diseñado para trabajar en conjunto con una cookie con el fin de obtener información sobre la persona que está viendo la página o el mensaje de correo electrónico y enviar dicha información a un tercero. También se le conoce como *spyware*, software espía, GIF claro o GIF transparente.

Web cam / cámara Web
Cámara de vídeo cuya salida se visualiza en una página Web.

Web client / cliente Web
Computadora conectada a la Web, que utiliza software de navegador Web, y que permite a su usuario leer documentos HTML almacenados

en otras computadoras, llamadas servidores Web, que también están conectadas a la Web.

Web community / comunidad Web
Sitio Web que reúne a un grupo específico de personas con intereses o relaciones similares.

Web database / bases de datos Web
Base de datos que proporciona un enlace con un formulario electrónico almacenado en una página Web, de manera que un navegador Web pueda enviar y recibir datos entre el formulario electrónico y la base de datos.

Web directory / directorio Web
Sitio Web que incluye una lista de hipervínculos con páginas Web organizadas en categorías de jerarquía predeterminadas. La mayoría de los directorios Web tienen editores humanos que deciden qué páginas se incluirán en el directorio y cómo estarán organizadas; no obstante, algunos directorios Web utilizan computadoras para realizar estas tareas.

Web Distributed Authoring and Versioning / autoría y generación de versiones distribuidas basadas en la Web
Protocolo que consiste en una extensión estándar del protocolo HTTP 1.1 original que se utiliza para transferir páginas Web a través de Internet. Debido a que el HTTP tiene funciones incorporadas que proporcionan seguridad y otras funciones deseables durante las transferencias de archivos, éste proporciona opciones de colaboración en Internet. También se le conoce como WebDAV.

Web-enabled / habilitado en la Web
Dispositivos móviles que pueden conectarse a Internet de forma inalámbrica.

Web farming / ubicación de equipos en la Web
Proceso de recopilación de datos de Internet como fuente para un almacén de datos.

Web filtering software / software de filtrado de Web
Programa que restringe el acceso a sitios Web especificados.

Web folder / carpeta Web
Carpeta desde la cual se pueden transferir y manejar archivos almacenados en un servidor de red o en un servidor de Web.

Web hosting services / servicios de alojamiento en la Web
Compañías que proporcionan almacenamiento para páginas Web por una cuota mensual razonable.

Web Interaction Response Time / tiempo de respuesta de interacción con la Web
Cantidad de tiempo que lleva completar una interacción con la Web. También se le conoce como WIRT.

Web Layout view / vista de Diseño Web
Vista de documento adecuada para preparar el documento para su lectura en línea.

Web log / registro Web
Sitio Web que contiene comentarios sobre acontecimientos actuales escritos por una persona. También se le conoce como *Weblog*.

Web news directory / directorio de noticias Web
Directorio Web que incluye una lista jerárquica de vínculos con fuente de noticias en línea.

Web page / página Web
Documento que puede contener texto, gráfico, vídeo y audio especialmente formateados; se almacena en una computadora como un conjunto de archivos electrónicos, y se diseña para visualizarse en un navegador Web.

Web page area / área de página Web
Parte de una ventana de un navegador Web en la que se visualiza el contenido de un documento HTML u otro archivo, en forma de página Web.

Web page authoring / autoría de páginas Web
Proceso de trabajar en una computadora para componer un sitio Web.

Web page authoring software / software de autoría de páginas Web
Software que se utiliza para crear páginas Web sofisticadas que incluyen imágenes gráficas, vídeo, audio, animación y otros efectos especiales.

Web page editor / editor de páginas Web
Programa de software diseñado específicamente con el fin de editar páginas Web, como Macromedia Dreamweaver o Microsoft FrontPage.

Web portal / portal Web
Puerta de la Web que proporciona contenido actual y personalizado a los usuarios, y que puede ser personalizada aún más por los usuarios. También se le conoce como portal.

Web publishing / publicación Web
Desarrollo y mantenimiento de páginas Web.

Web-safe color / color seguro para la Web
Uno de los 216 colores mostrados constantemente por todos los navegadores Web y sistemas operativos.

Web search engine / motor de búsqueda Web
Páginas Web que se utilizan para llevar a cabo búsquedas en la Web con el fin de hallar las palabras o expresiones que el usuario introduce como criterio de búsqueda. El resultado de dicha búsqueda es una página Web que contiene hipervínculos con páginas Web que contienen texto o expresiones coincidentes.

Web server / servidor Web
Computadora conectada a la Web, que almacena documentos HTML que pone a la disposición de otras computadoras conectadas a la Web.

Web services / servicios Web

Herramientas estandarizadas que se utilizan para crear aplicaciones, productos e interacciones B2B, las cuales pueden ejecutarse en Internet o en una red empresarial interna.

Web site / sitio Web

Conjunto de documentos HTML y otros elementos asociados, como por ejemplo imágenes, almacenados en un servidor Web que está conectado a Internet. Todos los sitios Web en su conjunto conforman la Web.

Web site management programs / programas de administración de sitios Web

Software utilizado por un departamento de informática para monitorear el uso de un sitio Web y las estadísticas del mismo.

Web toolbar / barra de herramientas Web

Barra de herramientas que contiene botones que simplifican el proceso de trabajo con hipervínculos y páginas Web.

webmaster / administrador de web

Persona o grupo al que se asigna la responsabilidad de administrar un servidor o red. El administrador de web usualmente asigna contraseñas de usuario y nombres de usuario, y establece el nivel de acceso de los usuarios a la red.

what-if analysis / análisis "qué pasaría si"

Enfoque en el que se utiliza una hoja de cálculo electrónica en la cual el usuario cambia uno o más de los valores en la hoja de trabajo y, a continuación, examina los valores recalculados para conocer el efecto del cambio.

wheel / volante

Dispositivo de entrada parecido al timón de un automóvil, que se utiliza para simular la conducción de un vehículo.

white pages directory / directorio de Páginas blancas

Sitio Web que permite buscar nombres, direcciones y números de teléfono de personas.

white space / espacio en blanco

Espacios en blanco, tabuladores y saltos de línea dentro de un archivo.

whiteboard / pizarra

Ventana en la pantalla de una computadora, utilizada durante una videoconferencia, en la que se visualizan las notas y los dibujos simultáneamente en las pantallas de todos los participantes.

wide area network / red de área extendida

Cualquiera de las diversas formas de conectar varias computadoras entre sí cuando éstas están situadas a una distancia mayor de unos cuantos miles de pies entre sí. También se le conoce como WAN.

Wi-Fi / *Wi-Fi*

Nombre registrado de Wireless Ethernet Compatibility Alliance (WECA) (Alianza para la Compatibilidad de la Ethernet Inalámbrica) que especifica la interfaz entre dispositivos inalámbricos y una estación base. También se le llama fidelidad inalámbrica y norma IEEE 802.11b.

wildcard character / carácter comodín
Carácter, por lo general, el asterisco (*), que se utiliza como marcador de posición cuando se conoce solamente parte de un valor de búsqueda, o cuando se desea que el valor de búsqueda comience o termine con un carácter específico o coincida con un patrón determinado

window / ventana
Zona rectangular de la pantalla en la que se visualiza un programa, texto, gráficos o datos.

Windows Explorer / *Windows Explorer*
Herramienta de administración de archivos, incluida en Windows XP, que muestra los archivos, carpetas y unidades en la computadora y facilita la navegación o el desplazamiento de una ubicación a otra dentro de la jerarquía de archivos.

Windows Mobile / *Windows Mobile*
Sistema operativo resumido desarrollado por Microsoft, que funciona en un tipo específico de PDA, llamado Pocket PC y también en teléfonos inteligentes.

Windows Server / *Windows Server*
Sistema operativo de redes diseñado por Microsoft, que ofrece una amplia variedad de funciones, incluyendo administración y alojamiento de sitios Web; una herramienta de desarrollo de fácil aplicación; entrega y administración de multimedia en todas las intranets e Internet; administración de información sobre los usuarios y recursos de la red; apoyo a clientes mediante la utilización de diferentes versiones de Windows, Mac OS X y UNIX.

Windows XP / *Windows XP*
Versión más reciente del sistema operativo Windows desarrollado por Microsoft.

WIPS / *WIPS*
Medida del número de interacciones Web por segundo que puede mantener el sistema a prueba. WIPS es la forma abreviada de *Web Interactions Per Second* (Interacciones Web por segundo).

wire service / servicio cablegráfico
Organización que recopila y distribuye noticias a periódicos, revistas, emisoras y otras organizaciones que pagan una cuota al servicio cablegráfico. Existen cientos de servicios cablegráficos (también llamados agencias de prensa o servicios de noticias) en el mundo, pero la mayor de las noticias provienen de los cuatro servicios cablegráficos más grandes del mundo, es decir, United Press International (UPI) y Associated Press (AP) en Estados Unidos, Reuters en Gran Bretaña y Agence France-Presse en Francia.

wired connection / conexión por cable
Tipo de conexión a una red en la cual los dispositivos utilizan cables.

wireless access point / punto de acceso inalámbrico
Dispositivo central de comunicaciones que permite a las computadoras y dispositivos transferir datos, de manera inalámbrica, entre sí o transferir datos, de manera inalámbrica, a una red por cable.

wireless application protocol / protocolo de aplicación inalámbrica
Protocolo de comunicación que permite a los dispositivos móviles inalámbricos, como por ejemplo, teléfonos inteligentes y PDAs, tener acceso a Internet y a sus servicios. También se le conoce como WAP.

wireless connection / conexión inalámbrica
Tipo de conexión a una red, en la cual los dispositivos utilizan ondas de radio o tecnología infrarroja en vez de cables.

wireless Internet / Internet inalámbrica
Término acuñado para referirse a los diferentes tipos de conexiones inalámbricas establecidas mediante dispositivos para tener acceso a Internet.

wireless Internet service provider / proveedor de servicios de Internet inalámbrica
Tipo de proveedor de servicios de Internet que proporciona a sus abonados acceso a Internet inalámbrica. También se le conoce como WISP.

wireless LAN access point / punto de acceso a una LAN inalámbrica
Dispositivo que conecta en red a varias computadoras, de manera que puedan compartir archivos y obtener acceso a Internet a través de una sola conexión de módem por cable o conexión DSL.

wireless local area network / red de área local inalámbrica
Red en la cual los dispositivos utilizan ondas de alta radiofrecuencia en vez de cables para comunicarse. También se le conoce como LAN inalámbrica o WLAN.

Wireless Markup Language / Lenguaje de marcación inalámbrico
Subconjunto de XML utilizado por dispositivos inalámbricos. También se le conoce como WML.

wireless modem / módem inalámbrico
Tipo de módem que permite acceso a la Web, de manera inalámbrica, desde un dispositivo móvil, como por ejemplo, una computadora portátil, un PDA o un teléfono celular.

wireless network / red inalámbrica
Forma de conectar las computadoras entre sí en la que no se utilizan cables. En lugar de cables, una red inalámbrica utiliza transmisores y receptores inalámbricos que se enchufan en las tarjetas de interfaz de red (NICs).

wireless portal / portal inalámbrico
Portal específicamente diseñado para dispositivos móviles habilitados para Web.

wireless transmission media / medios de transmisión inalámbric
Medios de transmisión que envían señales de comunicaciones a través d aire o del espacio mediante señales de radio, de microonda e infrarrojas.

wireless wide area networking / red de área extendida inalámbrica
En los sistemas 2.5G y 3G inalámbricos, tipo de red que posibilita el acceso a Internet desde cualquier lugar dentro de los límites de la red inalámbrica a la cual están conectados los dispositivos. También se le conoce como WWAN.

wizard / asistente
Asistente automatizado incluido en muchas aplicaciones de software que ayuda al usuario a realizar una tarea.

WML / *WML*
Subconjunto de XML utilizado por los dispositivos inalámbricos. WML es la forma abreviada de *Wireless Markup Language* (Lenguaje d marcación inalámbrico).

woofer / *woofer*
Componente de altavoz que refuerza los sonidos graves.

Word / *Word*
Programa de procesador de textos creado por Microsoft, que se utiliza para crear documentos de texto.

word processing software / software de procesamiento de texto
Uno de los tipos de software de aplicación más ampliamente utilizado que permite a un usuario crear y manejar documentos que contienen mayormente texto y algunas veces gráficos.

word size / tamaño de palabra
Número de bits que un procesador puede interpretar y ejecutar en un momento dado.

WordArt / *WordArt*
Función de Microsoft Word que permite insertar un texto especialmente formateado en un documento.

Wordwrap / ajuste automático de texto
Función de un software de procesamiento de textos que pasa el texto de forma automática al inicio de la siguiente línea cuando el usuario introduce un texto que rebasa el margen derecho de la página.

workbook / libro de trabajo
Archivo en el cual Microsoft Excel almacena una hoja de cálculo electrónica.

workflow / flujo de trabajo
Proceso definido que identifica el conjunto específico de pasos que supone la realización de un proyecto en particular.

workflow application / aplicación de flujo de trabajo
Programa que ayuda en la administración y monitoreo de todas las actividades en un proceso empresarial de principio a fin.

orkgroup computing / computación para grupos de trabajo
Amplio concepto que abarca el hardware y software de redes que permite que los miembros de los grupos se comuniquen, administren proyectos, programen reuniones y tomen decisiones de grupo.

orksheet / hoja de trabajo
Filas y columnas que se utilizan para organizar los datos en una hoja de cálculo.

orkstation / estación de trabajo
Término que tiene dos significados, computadora de gran potencia o computadora cliente.

'orld Wide Web / red de extensión mundial
Subconjunto de las computadoras de Internet que están conectadas entre sí de forma tal que les permite compartir documentos HTML hipervinculados entre sí. También se le conoce como WWW o la Web.

'orld Wide Web Consortium / Consorcio de la World Wide Web
Consorcio de más de 500 organizaciones de todo el mundo que supervisa las investigaciones y establece las normas y las especificaciones para que todos los programadores de Web las cumplan. También se le conoce como W3C.

orm / gusano
Programa lógico malicioso que reside en la memoria activa y se copia a sí mismo repetidamente.

rapping / ajuste del texto
Término utilizado para referirse a la forma en que el texto fluye alrededor de un objeto.

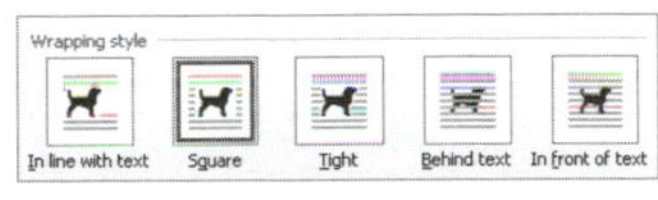

wrapping

rite-protect / proteger ›ntra escritura
Opción de un disco flexible que no permite que nadie modifique ni elimine los archivos contenidos en el mismo. En los discos de 3.5 pulgadas, la protección contra escritura se activa deslizando hacia abajo la lengüeta negra que se encuentra en la parte superior derecha del disquete, de manera que no bloquee la apertura cuadrada.

rite-protect notch / apertura de protección contra escritura
Pequeña apertura cuadrada que tiene el disco flexible, en la que hay una lengüeta que el usuario puede deslizar hacia abajo para descubrir la apertura (proteger el disco contra escritura) o hacia arriba para tapar la apertura (desproteger el disco contra escritura).

riting / escritura
Proceso de transferir datos, instrucciones e información de la memoria a un medio de almacenamiento.

'WW / *WWW*
Conjunto mundial de documentos electrónicos. WWW es la forma abreviada de *World Wide Web* (Red de Extensión Mundial).

WYSIWYG / *WYSIWYG*

Término que se utiliza para describir un documento que se ve igual en una copia impresa que en la pantalla de la computadora. WYSIWYG es la forma abreviada de *"what you see is what you get"* ("lo que ve es lo que obtiene").

x-axis / eje *x*

El eje horizontal, en donde, por ejemplo, se grafican los valores de la categoría de la serie de datos o valores *x*, tal como los nombres de los diferentes modelos de telescopi

x value / valor *x*

Los valores de la serie de datos, como por ejemplo, los va lores de las ventas, se grafican en el eje horizontal, o eje :

xD Picture Card / tarjeta xD Picture

Tipo de medio de almacenamiento que se puede extraer, en miniatur que es una tarjeta de memoria flash capaz de almacenar entre 64 MB 512 MB de datos.

Xeon / *Xeon*

Procesador Intel utilizado por estaciones de trabajo y servidores de gama baja, con frecuencias de reloj que oscilan entre 1.4 y 2.4 GHz.

XHTML / *XHTML*

Lenguaje de marcación que permite que los sitios Web se puedan visualizar con mayor facilidad en los micronavegadores, en los PDAs y e teléfonos celulares. También se le conoce como HTML extensible.

XML / *XML*

Formato popular que comparte datos que permite a los programador de páginas Web crear etiquetas personalizadas, así como etiquetas predefinidas y definir un vínculo que apunta hacia más de un sitio Web e vez de a un solo sitio. XLM es la forma abreviada de *eXtensible Marku Language* (Lenguaje de marcación eXtensible).

XML Structure Definition / definición de estructura XML

Archivo que contiene la información de la estructura de datos (defini ciones de los campos, identificación de la clave principal, índices, etc.) para un documento XML. También se le conoce como XSD.

XSD / *XSD*

Archivo que contiene la información de la estructura de datos (defini ciones de campo, identificación de clave primaria, índices, etc.) para u documento XML. XSD es la forma abreviada de *XML Structure Definition* (definición de estructura XML).

XSL / *XSL*

Lenguaje que se utiliza para crear una hoja de estilo que describe cón presentar los datos descritos en el documento XML en una página Web. XLS es la forma abreviadade Extensible Stylesheet Language (Lenguaje de hoja de estilo extensible).

XSLT / *XSLT*
Extensión de XSL que se utiliza para crear hojas de estilo que describen cómo transformar los documentos XML en otros tipos de documentos. XSLT es la forma abreviada de Extensible Style Language Transformation (Transformación de lenguaje de estilo extensible).

Y

Y2K bug / error de Y2K
Error de programación, o error de programa, que se produjo cuando la fecha de las computadoras cambió para el 1 de enero del 2000.

y-axis / eje *y*
El eje vertical, en donde, por ejemplo, se grafican los valores de los datos tal como los valores de las ventas.

yellow pages directory / directorio de las páginas amarillas
Sitio Web que le permite buscar información sobre empresas, incluyendo sus nombres, direcciones y números telefónicos.

yottabyte / *yottabyte*
Aproximadamente mil zettabytes. También se le conoce como YB.

Z

zero-insertion force / fuerza de inserción nula
Que no es necesario hacer fuerza para instalarla o extraerla. También se le conoce como ZIF.

zero normal form / formulario normal de cero
Formulario de una base de datos en la cual la base de datos está completamente no normalizada y todos sus campos de datos se incluyen en una relación o tabla. También se le conoce como 0NF.

zettabyte / *zettabyte*
Aproximadamente mil exabytes. También se le conoce como ZB.

zip disk / disco zip
Tipo de medio magnético removible que puede almacenar desde 100 MB hasta 750 MB de datos de forma portátil.

zip drive / unidad de disco Zip
Tipo de unidad de disco de alta capacidad, desarrollada por Iomega Corporation, que puede leer y escribir en un disco Zip.

zipped files / archivos "zipeados"
Tipo de archivo comprimido que, por lo general, tiene una extensión .zip.

zombie / *zombie*
Computadora que un *hacker* utiliza para ejecutar un ataque de denegación de servicio o ataque de denegación de servicio distribuido sin conocimiento del usuario legítimo.

zoom box / cuadro de acercamiento
Cuadro de texto grande que se puede usar para introducir texto, expresiones u otros valores al trabajar.